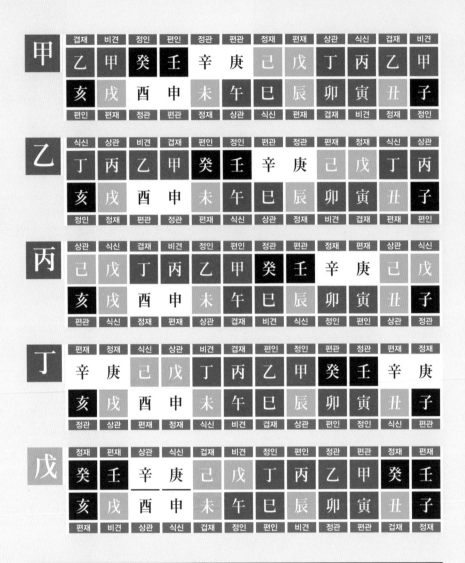

천간에 따라 구성되는 시주의 조합

▲ 만약 일간이 갑목일 경우, 시주는 갑자, 을축, 병인, 정묘, 무진, 기사, 경오, 신미, 임신, 계유, 갑술, 을
해시 중 하나로 구성된다. 나머지 일간별로 시주가 어떻게 구성되는지 살펴보면, 일간이 가진 가능
성을 가늠해볼 수 있다. 시주는 일간의 미래지향성을 담보하면서, 일간이 휘두르는 현실적인 도구
에 해당하기 때문이다.

시주는 구조상 ① 무진, 기축, 병오처럼 간여지동인 경우 ② 갑자나 임신, 정축처럼 시지나 시간이
상생하는 경우 ③ 을축이나 경오, 신사처럼 시지나 시간이 극하는 경우로 나눌 수 있다. 시주가 간
여지동으로 구성되면 신강, 신약에 상관없이 가장 강력한 에너지를 갖추게 되는 만큼 성패가 극단
적으로 나타날 수 있다 (참고로 갑진, 정미, 계축도 일종의 간여지동 형태로 보아야 한다).

시간과 시지가 상생의 형태일 때 가장 안정적이지만, 이 경우 생하는 방향을 잘 살펴야 한다. 천간

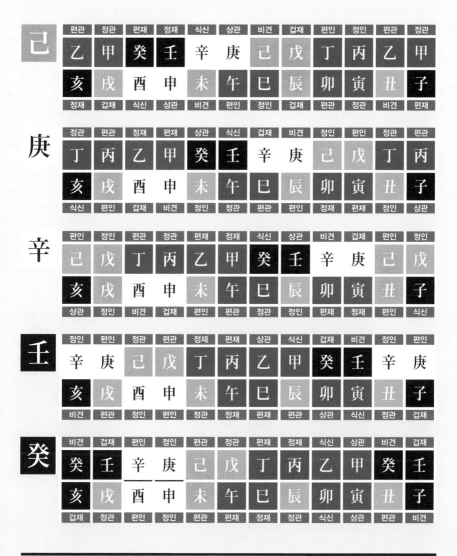

을 이상, 꿈, 욕망이라고 보고, 지지를 현실 영역으로 구분할 때, 간지의 힘이 집중된 방향이 어느 쪽인지에 따라 성취도와 만족도의 기울기가 조금씩 달라지기 때문이다. 시간이 시지를 생할 경우 현실적인 차원에서 가장 안정된 결과를 얻을 수 있겠지만, 시지가 시간을 생할 경우 현실의 성취도를 떠나 만족도가 더 높게 나타날 수 있다. 물론 이 역시 시간과 시지가 용희신인지 아닌지, 시간이 지지에 얼마나 튼튼하게 뿌리내리고 있는지, 시지가 충으로 인해 안정성을 잃은 건 아닌지 여부에 따라 얼마든지 달라질 수 있다.

시주가 상극 관계인 경우, 극을 당하는 쪽으로 긴장감과 밀도감이 높아지게 된다. 극이 일어난다고 해서 부정적으로만 볼 수는 없는 만큼, 우선 시간이나 시지가 고립되어 있는 건 아닌지를 잘 살펴야 한다. 극을 하는 쪽으로 응집력이 강해지기 때문에, 그 에너지를 얼마나 적절하게 구사할 수 있는지가 시주 통변의 포인트가 된다.

명리
나를 지키는
무기

중급편

명리, 나를 지키는 무기_중급편

© 초명

초판 1쇄 인쇄 2024년 7월 5일
초판 3쇄 발행 2024년 8월 5일

지은이 초명
펴낸이 박지혜

기획·편집 박지혜 **마케팅** 윤해승, 장동철, 윤두열 **경영 지원** 황지욱
디자인 박선향
제작 영신사

펴낸곳 (주)멀리깊이
출판등록 2020년 6월 1일 제406-2020-000057호
주소 03997 서울특별시 마포구 월드컵로20길 41-7, 1층
전자우편 murly@humancube.kr
편집 070-4234-3241 **마케팅** 02-2039-9463 **팩스** 02-2039-9460
인스타그램 @murly_books

ISBN 979-11-91439-51-9 03150

* (주)멀리깊이는 (주)휴먼큐브의 출판유닛입니다.

초명 지음

命 理

명리
나를 지키는
무기

武 器

중급편

멀리깊이

언제 멈추고 나아가야 할지를 읽어내는 지혜

잠시, 하늘에 연을 날리고 있다고 가정해보자. 연줄을 내가 원하는 곳으로 당길 수는 있지만, 바람이 반대로 불 때 세게 끌어당기다가는 자칫 줄이 끊어질 수도 있다. 많은 사람이 바람의 방향은 알지 못한 채 하늘에 연을 띄운다. 바람을 잘 만난 사람은 더 높이 연을 날리지만, 태풍이 부는 줄도 모르고 연을 띄운 사람은 모든 것을 잃고 망연자실 하늘만 쳐다보게 되는 법이다.

사람은 누구나, 삶이 뜻대로 풀리지 않는 시기를 겪는다. 그때마다 인생의 위기라 여기지만, 진짜 위기의 순간은 성공을 경험한 사람이 그것을 오로지 자신의 능력 때문이라고 여길 때 찾아온다. 오르막길이 있으면 반드시 내리막길이 있다. 성공한 사람은 오만함 속에서 자신의 능력을 과신하다 더 빨리 내리막을 맞이한다. 실패한 사람은 자신의 능력이나 노력이 부족했음을 탓한다. 지나고 보면 그때 가만히 멈추기만 했어도 될 것을, 모면하기 위해 발버둥 치다 더 큰 실패를 겪고 끝내 주저앉아 버린다. 나는 언제 멈추고, 언제 나아가야 할까? 살면서 겪게 될 실패를 최소화하고, 내가 원하는 삶을 향해 전진할 방법은 없을까? 다른 학문과 비교할 때 명리학이 가진 우위가 바로 여기에 있다. 개인이 맞이할 운과 타이밍, 각 시기별 행동지침에 대해 알 수 있다는 점이다.

《명리, 나를 지키는 무기: 기본편》이 내가 어떤 연인지를 탐구하는 과정을 담았다면, 이번 중급편은 바람이 부는 시기와 방향을 알아내어 적극적으로 이를 활용하는 방법을 다루고 있다. 개인적으로 명리학을 갓 접한 시기, 기본편에 해당하는 내용을 공부하는 동안 '나는 어떤 사람인가', '나는 무엇을 원하는가', '나는 어떤 가능성을 품은 존재인가'에 대해 자주 물었다. 태어나면서 내게 주어진 명(命)에는 나라는 사람의 본질이 담겨 있다. 이를 성찰의 도구로 삼아 나를 이해하고, 긍정함으로써 상처를 딛고 일어나 다시 나아갈 힘을 얻었다.

이 책에 해당하는 내용, 즉 용신(用神)과 운(運)을 공부하는 것은 '어떻게 하면 더 행복하고, 의미있는 삶을 살아갈 수 있을까'에 대한 답을 찾아가는 과정이라 할 수 있다. 사주를 공부할 때는 보통 음양, 오행, 천간, 지지, 지장간, 십성 같은 기본 개념을 먼저 익힌다. 이후 합과 충의 드라마틱한 변화를 근간으로 한 대세운과 용신이라는 마지막 허들을 넘어야 한다.

나 역시 명리학을 공부할 때 가장 어려웠던 부분이 합과 충, 그리고 용신이었다. 합과 충에 대한 이론은 외워서 알고 있다 하더라도, 막상 원국과 대세운을 놓고 해석하는 단계에 이르면 막막할 수밖에 없다. 시중에도 이에 대해 자세히 설명해놓은 책이 없어 더욱 그러했다(조심스럽게 추측컨대, 자신의 이론적 견해나 관법을 선명하게 드러낼 수밖에 없다는 점에서, 기존의 명리학자들이 이 부분을 자세히 서술하길 망설인 게 아닌가 싶다). 용신에 대한 해석은 학자들마다 견해가 달라 나만의 관점을 세우기까지 오랜 시간이 걸렸다. 고백하건대, 내가 명리학자나 상담가로 성장할 수 있었던 것은, 전적으로 좋은 스승님(명리학자 강헌)을 만난 덕분이다. 기본편에 이어 이번 중급편에 서술된 많은 해석 역시, 절대적으로 스승님께서 평생 쌓아올린 업적에 빚지고 있음을 다시 한 번 밝힌다.

이 책에서 내가 가장 공을 들인 서술이 합과 충, 그리고 용신에 대한 것이다. 1장은 원국의 합과 충, 2장은 용신에 대해 다루고 있다. 내 원국의 용신만 제대로 파악한다면, 3장부터 논의되는 원국과 대운의 관계를 심층적으로 통변할 수 있게 될 것이다. 나의 경우 이 단계에 이르자 작은 일에도 감사하는 마음이 생겨났고, 뜻대로 일이 풀리지 않을 때는 기다릴 줄 아는 여유도 갖게 됐다. 언제 어느 방향으로 바람이 불지, 내가 원치 않는 곳으로 바람이 불 때 어떻게 해야 하는지를 알게 됐기 때문이다.

누구나 운의 흐름을 읽을 줄 알게 된다면, 삶을 좀 더 겸허히 여기게 될 거라 생각한다. 내가 겪은 실패의 원인과 책임이 온전히 나에게만 있지 않듯, 내가 거머쥔 성취 또한 온전히 나만의 힘으로 이룩한 것도 아니다. 내가 내린 선택과 노력, 의지가 정말 중요하지만, 운의 영향을 무시할 수는 없다. 이 책도 그런 운의 영향에 대해 다루고 있다. 그럼에도 나는 역설적으로, 이 책을 읽는 독자들에게 무엇보다 자유의지가 중요함을 다시 한 번 강조하고 싶다.

운이 불리한 시기에는 잠시 발걸음을 멈추고, 손에 쥔 것들을 내려놓을 줄 아는 자세가 필요하다. 하다못해 미물이라 여기는 개구리도 힘껏 점프하기 전, 먼저 몸을 웅크린다. 느긋하게 마음을 먹고 여유롭게 준비하다 보면 다시 유리한 운이 들어오기 마련이다. 이때가 바로, 전속력을 내며 달려 나가야 할 때다. 운명을 활용할 줄 알게 된다는 건, 내가 행위의 주체자가 됨을 의미한다. 운명을 개척하는 힘은, 철저히 나의 의지에 달려 있다. 자기 존재를 스스로 규명하고 행동할 때, 운명에 직접적으로 개입할 수 있기 때문이다. 운명에 지배당하지 않고 오히려 활용하는 방법을 자각하는 것, 이것이 명리학이 우리에게 주는 가장 큰 지혜가 아닐까?

너무 많은 분량을 다루기 어려운 지면의 특성상, 이 책에서는 원국과 대운을 통변하기 위한 구체적인 방법들까지만 다룬다. 전왕과 용신 파트에 더 많은 명식을 싣지 못한 게 조금 아쉽긴 하지만, 책에 서술된 내용만 충실히 공부해도 시기별로 자신에게 맞는 삶의 전략과 전술을 어느 정도 세워나갈 수 있지 않을까 조심스레 전망해본다.

당연하지만, 기본편과 중급편을 모두 이해하고 있어야, 곧이어 출간될 심화편도 무리없이 읽어나갈 수 있을 것이다. 기본편과 이번 중급편 모두 명리학을 입문 단계 이상 공부했거나 언젠가 명리 상담가가 되길 희망하는 분들을 위해 서술한 만큼, 명리학적 용어나 개념들이 어렵게 느껴진다면 해당 부분을 다시 한 번 정독해보길 권한다. 참고로 세 번째 책 심화편에는 명리학을 입체적으로 이해하기 위한 신살이나 십이운성에 대한 이론은 물론, 유리한 운을 어떻게 활용하고 불리한 운에는 어떻게 방어할 것인지 구체적인 행동지침까지 자세히 다룰 예정이다.

이번 책《명리, 나를 지키는 무기: 중급편》은 기본편이 출간되기 전에 이미 써두었지만, 일부러 원고를 오래 묵혔다. 명리학습 공동체 철공소에서 내 강의를 수강하는 도반들이 무리 없이 읽어나갈 수 있는 시기에 출간하고자 했기 때문이다. 기본편에 이어, 이번 중급편 출간에 있어서도 많은 분들의 도움을 받았다. 격의 없는 논의와 치열한 연구를 통해, 명리학에 대한 나의 관점을 더욱 깊고 넓게 만들어준 명리학자 현묘와 제주도에서 심리상담센터를 운영하고 있는 명리학자 소림, 철공소 최소원 부사장 님, 명리상담가 이우원 님, 그리고 교정을 위해 원고를 꼼꼼하게 검토해준 도반 유지영, 박성혜, 이령희, 목민정 님에게도 깊은 감사의 마음을 전한다.

기본편을 낸 이후, 철공소에서 명리 강의를 진행하며 새로 인연을 맺게 된 도반 님들이 많이 생겨났다. 스승님께 처음 명리학을 배우며 부족함을 알게 되었다면, 수강생으로 합류한 도반 님들을 가르치며 어려움을 알게 됐다. 무엇보다 1기 기초반부터 함께하며, 짧은 시간 나를 더욱 크게 성장시킨 철공소의 여러 도반들께 고마움을 표하고 싶다.

기본편이 명리학의 뼈대를 이루는 개념을 담은 책이라면, 이번 중급편은 부족하나마 명리학자로서 내 관점을 정리하기 시작한 책이라 할 수 있다. 아쉽고 부족한 점들은, 앞으로 철공소에서 진행하는 강의와 도반들과의 연구를 통해 조금씩 채워 나가려 한다.

운명에 휘둘리지 않고, 자신만의 길을 걷고자 하는 분들에게 이 책을 바친다.

2장 원국을 분류하고 용신을 찾는 방법

3
장

**대운과 세운을
해석하는 방법**

4 장

오행과 건강의 관계를
해석하는 방법

원국의 합(合), 충(沖), 형(刑)을
해석하는 방법

命理
武器

1
장

천간의 합과 충 : 충돌과 융합이 빚어내는 두 가지 방정식

① 천간의 합 : 내면의 안정과 무의식의 방향

결합으로 발생하는 에너지의 확장

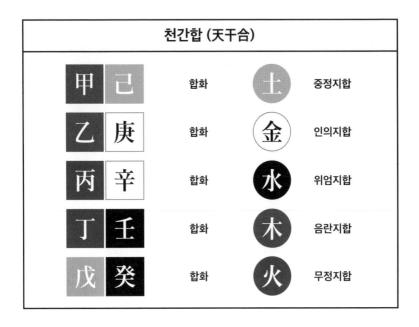

천간합 (天干合)

		합화	土	중정지합
甲	己	합화	金	인의지합
乙	庚	합화	水	위엄지합
丙	辛	합화	木	음란지합
丁	壬	합화	火	무정지합
戊	癸			

천간에서 일어나는 '합'은 다섯 가지다. 천간에서 갑목과 기토가 합화하면 오행 토로 바뀐다. 하지만 갑목과 기토가 만난다고 하더라도, 반드시 '합'이 되거나 '합화'가 되지는 않는다. 이 둘은 엄연히 다르다. 합은 갑목과 기토가 서로 묶인다는 뜻이고, 합화는 갑목과 기토가 서로 만나 갑목이 토 오행으로 바뀐다[化]는 뜻이기 때문이다. 합이 화학적 결합으로 두 개의 에너지가 묶이는 현상이라고 한다면, 합화는 새로운 기운이 생성되는 것으로 이해할 수 있다. 참고로, 합으로 두 오행이 묶이게 되면 변동성은 약해지지만, 안정성은 대폭 강화된다.

합을 하는 천간 중 음간을 기준으로 보면 오행적으로 '충'을 하진 않고, 전부 '극'을 하거나 '극을 당하는 관계'인 대상과 합을 한다. 어설프게 충을 해서 본인이 다치는 게 아니라, 합하여 자신과 같은 기운으로 변화시키거나, 전혀 다른 기운을 만들어내거나, 합을 하는 대상과 같은 기운으로 본인을 변화시킨다. 발산하는 에너지가 강한 양간과 달리, 음간은 약해 보이지만 부드러우며 더 실익이 있음을 천간합의 작용에서도 살필 수 있다. 천간합을 중정지합, 인의지합, 위엄지합 등으로 일컫기도 하는데, 사주 해석 시 전혀 활용할 수 없는 부분이므로 참고만 하면 되겠다.

천간에서 합화가 성립되기 위한 두 가지 최소 조건이 있다. 첫 번째는 **합화하는 글자들끼리 서로 옆에 붙어 있어야 한다는 것**이고, 두 번째는 **주변 오행의 세력이 그 합화를 방해하면 안 된다는 것**이다.

시	일	월	연
		甲	己

이렇게 월간과 연간이 서로 붙어 있다면, 갑목과 기토는 서로 갑기합화토가 되고 싶어한다. 하지만 갑목이 기토와 합을 하여 토 오행으로 바뀌기 위해서는, 즉 합화토가 되기 위해서는 주변의 상황이 우호적이어야 한다.

시	일	월	연
		甲	己
		戌	未

시	일	월	연
		甲	己
		戌	卯

연주와 월주만 살폈을 때 왼쪽과 오른쪽의 사주 중, 갑기합화토가 되는 경우는 어느 경우일까? 왼쪽은 연지와 월지도 모두 토 오행이다. 이

런 경우 갑목을 방해하는 세력이 없다면, 갑목은 갑기합화하여 토 오행으로 바뀐다. 오른쪽은 갑목이 갑기합화토를 하고 싶어하지만, 연지에 있는 묘목이 토 오행을 극해, 갑기합화를 방해한다. 따라서 오른쪽 사주는 갑기합화토가 되지 않는다. 사례를 하나 더 살펴보자.

시	일	월	연
		戊	癸
		午	巳

시	일	월	연
		戊	癸
		午	丑

위 사주 중 무계합화화가 되는 경우는 왼쪽과 오른쪽 중 어느 쪽일까? 왼쪽이다. 주변의 오행들이 전부 화여서 무계합화화를 방해하지 않고 오히려 돕고 있기 때문이다. 오른쪽 사주의 연지 축토는 화의 기운을 잘 설기하는 습토로, 무계합화화를 방해하기 때문에 무토와 계수는 합만 되지 합화는 되지 않는다. **정리하면, 원국에서 합이 일어나기는 쉬워도, 합화가 될 가능성은 매우 낮다. 주변의 모든 상황이 합화를 도와주어야 하기 때문이다.**

시주	일주	월주	연주
＊	＊	●	●
편관	본원	식신	정관
壬	丙	戊	癸
辰	午	午	巳
식신	겁재	겁재	비견
乙癸戊	丙己丁	丙己丁	戊庚丙

이 명식은 《적천수》의 저자 임철초의 사주로, 연간의 계수가 무계합

16

화하여 화 오행으로 바뀌는 구조를 이루고 있다. 연간의 계수는 정관인데, 화 오행으로 바뀌면 십성은 어떻게 되는 걸까? 합화하게 될 경우 오행의 성분이 완전히 변하기 때문에, 이 경우에는 비견과 겁재 둘 다로 해석해야 한다. 따라서 신강한 사주가 무계합화화로 인해 더욱 극신강해진 사주가 된다. 합화할 경우 십성을 양이나 음 중의 하나로 해석할 것이 아니라, 오행에 따라 비겁, 식상, 재성, 관성, 인성으로 묶어서 해석해야 한다.

사례 1

사례 2

시	일	월	연
	丙		辛

사례 3

　　사례 1에서 사례 3 중 병신합화수가 될 가능성이 가장 높은 사주는 무엇일까? 당연히 병화와 신금이 서로 붙어 있는 사례 1이 된다. 거리가 사례 2나 사례 3처럼 떨어져 있는 경우, 병신합화수가 되기란 거의 불가능하다. 주변 오행들 중 단 하나라도 병신합화수를 방해하는 오행이 있으면 안 되기 때문이다. 대신 사례 2나 사례 3은 병신합이 성립한다(병신합이 되지 않는 경우에 대해서는 충을 다루면서 자세히 설명할 예정이다).

일간, 변하지 않는 나의 본질

시	일	월	연
	甲	己	

시주	일주	월주	연주
	●	●	
편재	본원	정재	편재
戊	甲	己	戊
辰	辰	未	辰
편재	편재	정재	편재
乙癸戊	乙癸戊	丁乙己	乙癸戊

위 사주 모두 일간의 갑목과 월간의 기토가 합을 하고 있는 명식이다. 반드시 알아야 할 것은, **일간의 합은 그 어떤 경우에라도 합화가 될 수 없다는 것**이다. 심지어 오른쪽 사주처럼 일간을 제외한 모든 자리가 토 오행으로 되어 있다 하더라도, 갑목인 일간은 다른 오행으로 바뀌지 않는다. 그 이유가 무엇일까? 일간은 주체의 본질이기 때문이다(일간이 절대 합화되는 경우는 없지만, 대신 합으로 묶이는 경우가 있다. 역시 충을 다루면서 살펴보도록 하자).

합이 되는 일간 중에서 양간은 모두 정재와 합하고 음간은 모두 정관과 합한다. 갑목은 정재인 기토와, 병화는 정재인 신금과, 무토는 정재인 계수와 합을 한다. 경금은 정재인 을목과, 임수는 정재인 정화와만 합을 한다. 음간인 기토는 정관인 갑목과, 을목은 정관인 경금과, 신금은 정관인 병화와, 정화는 정관인 임수와, 계수는 정관인 무토와만 합을 한다. 정리하면 양간은 정재와, 음간은 정관과만 합을 하는데 이 합을 어떻게 봐야 할까?

'양은 기를 좇되 세력을 좇지 않으며[五陽從氣不從勢], 음은 의를 좇지 않고 세력을 추구한다[五陰從勢無情義]'라는 《적천수》의 구절을 음미해보자. 양간은 진취적인 추동성을, 음간은 안정성과 실리를 갖추었다는 점을 강조하는 구절로, 양간과 음간의 지향점이 다름을 의미한다.

정재와 합을 이룬 일간은 무의식적으로 정재적인 요소를 더욱 강하게 지향한다. 양간이 안정적이고 주도적으로 상황을 통제하고 싶어 한다는 뜻이다. 일간 양간이 정재와 합이 되어 있을 때, 남성의 경우 나이가 어린데도 이성과 결혼을 일찍 하고 싶어 하는 경우가 종종 있었다. 이성을 내가 주도적으로 통제하고 싶어 한다는 의미이다. 양간은 결국 진취적인 추동성을 바탕으로 자신이 원하는 목표(재성)를 만들어가려는 성향이 강하다고 보면 된다. 직장에 들어가거나 사업을 하더라도, 본인이 주도적인 역할을 하고 싶어 한다는 뜻이다. 무슨 일을 하든 주변의 상황을 꼼꼼하고, 완벽하게 통제하려는 성향이 기저에 깔리게 된다.

정관과 합을 이룬 일간(음간) 역시 마찬가지다. 이 경우에는 내가 상황을 주도적으로 끌고 가기 보다, 거처할 수 있는 세력이나 주변 환경을 통해 나를 드러내려 한다. 이때 양간보다 안정감을 크게 느낀다고 해석할 수 있다. 다소 거칠게 이야기하면, 음간은 특유의 수렴성을 통해 주변 환경에 묻어가려는 성향이 바탕에 깔려있다고 볼 수 있다. 정리하면, 일간이 합이 될 경우 양간은 진취적인 추동성을 바탕으로 더욱 재를 반기고(목표로 삼고), 음간은 관을 반기거나 기다리며 안정성을 추구한다.

시주	일주	월주	연주
	●●	●	
편재	본원	정관	상관
辛	丁	壬	戊
亥	亥	戌	戌
정관	정관	상관	상관
	●		
戊甲壬	戊甲壬	辛丁戊	辛丁戊

시주	일주	월주	연주
	*		*
편재	본원	정재	편관
辛	丁	庚	癸
亥	丑	申	酉
정관	식신	정재	편재
		▲	▲
戊甲壬	癸辛己	戊壬庚	庚辛

위 사주 중 안정적인 외부 환경을 더욱 반기는 쪽은 어디일까? 정관과 합을 이루고 있는 왼쪽 명식이다. 둘 다 극신약한 사주이지만, 왼쪽

의 명식이 여성이라면(상관의 기운이 강함에도 불구하고) 결혼 후에 이혼할 가능성이 적고, 안정적인 직장에서라면 이직이나 퇴사 등 변화를 선택할 가능성이 더 적을 수 있다.

일간의 합을 두고 무의식적인 지향이라 표현한 이유는, 현실에서 합의 양상이 드러날 수도 있고 드러나지 않을 수도 있기 때문이다. 예를 들면, 지지에 뿌리가 전혀 없는 위 사주의 경우 음간임에도 불구하고 극신약한 사주라 마치 본인이 극신강한 것처럼 사고하고 행동할 수도 있다. 게다가 비겁이나 인성의 기운이 대세운에서 들어올 경우 이전과는 달리 주도적으로 환경을 바꾸려 할 수도 있다. 여러 이유로, 일간합의 양상이 현실에서 두드러지게 드러나는 경우가 많지 않기 때문에, 단정적인 해석은 경계해야 한다.

참고로 많은 명리학 고전들이 편재와 편관은 천간의 투출을 반기고, 정재와 정관은 지지에 암장되는 것을 더욱 반겼다. 천간에 정재가 뜨면 일간과 합을 할 가능성이, 편재가 뜨면 일간과 충할 가능성이 높아진다. 어차피 정재와 달리 편재는 유동적이고 불안정하지만 규모가 큰 재물을 뜻하는 만큼, 차라리 충으로 활성화되는 걸 더욱 반긴 것은 아닌가 생각해볼 수 있다. 순차적으로 위로 올라가는 힘인 정관과 달리, 불시에 우두머리가 될 수도 있는 편관 역시 마찬가지 관점에서 해석할 수 있다. 이런 관점에 근거하여, 격국론에서도 지지에 뿌리를 갖춘 편재나 편관이 시간에 딱 하나 드러나 있는 것을 귀격으로 보아 '시상일위편재격'이나 '시상일위편관격'으로 분류한 게 아닌가 싶다.

그렇다면 정재와 정관은 왜 지지에 암장되는 것을 더욱 반겼던 걸까? 목표, 이상, 꿈 등을 뜻하는 천간에 간지가 투출하면, 일간의 지향성이 더욱 뚜렷해지기 때문에 외부에서도 쉽게 인지할 수 있게 된다. 정재는 안정적이고 실속은 크지만, 편재에 비하면 규모가 그리 크지 않은 재산이다. 이런 재산이 공개적으로 드러나는 걸 꺼렸던 만큼, 차라리 주머니에 황금을 숨기고 있는 것처럼 지지에 지장간으로 암장되는 걸 반기게 된 것 같다. 정관 역시 천간에 드러나 충을 맞고 깨지는 것보다, 지지에 숨어서 차라리 안정적인 기운으로 보호되는 것을 더욱 반기게 되었다고 해석해볼 수 있다.

안정성과 주체성, 그 사이의 균형

쟁합(爭合)은 둘 이상의 간지가 하나의 간지와 합하는 것을 의미한다. 마치 두 남자가 마음에 드는 여성을 차지하기 위해 서로 다투는 형국으로 이렇게 될 경우 합의 영향력, 즉 '합력'이 약해진다고 해석한다.

시주	일주	월주	연주
●		●●	●
정인	본원	식신	정인
丙	己	辛	丙
寅	卯	卯	寅
정관	편관	편관	정관
戊丙甲	甲乙	甲乙	戊丙甲

시주	일주	월주	연주
		●	●
편인	본원	식신	정인
丁	己	辛	丙
卯	卯	卯	寅
편관	편관	편관	정관
甲乙	甲乙	甲乙	戊丙甲

왼쪽 사주가 쟁합의 양상으로, 오른쪽 사주에 비해 병신합으로 묶이는 힘이 훨씬 더 약하다. 연간의 병화와 시간의 병화가 모두 월간의 신금을 양쪽에서 끌어당기는 양상이라 결속력이 느슨해졌기 때문이다. 연간과 시간의 병화를 한 묶음으로 보고 병화들이 힘을 합쳐 이 대 일로 신금을 끌어당기니 합력이 더욱 강해진다고 해석하면 절대 안 된다. 사주의 간지는 주체에게 배속된 기운임과 동시에, 각각 독립적으로 살아 움직이는 기운임을 잊지 말아야 한다(물론 위 사주 모두 지지가 전부 목이라 병신합화수는 되지 않고, 병신합만 된다).

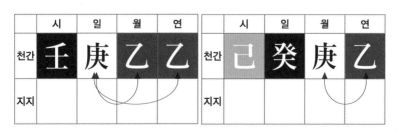

사례 1   사례 2

21

사례 3

사례 1에서 3 중 을목과 경금이 서로 합으로 묶이는 힘이 가장 강한 것은 몇 번일까? 합력은 서로 거리가 가깝고 쟁합보다 일 대 일로 합이 되어야 훨씬 강하다는 것만 기억하면 된다. 이들 사주 중 가장 합력이 강한 것은 일 대 일로 가장 가까이에서 합을 이루어지고 있는 사례 2 이다.

② 천간의 충 : 심리적·정신적 변화의 기폭제

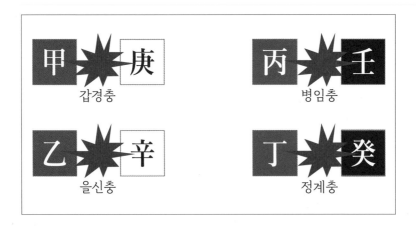

천간에서 일어나는 충은 네 가지다. 천간에서 갑목은 경금과 충하고, 을목은 신금과 충하며, 병화는 임수와, 정화는 계수와 충한다. 참고로 토 오행은 중용과 중재의 기운이라 충은 이루어지지 않는다. 충은 힘의 균형이 팽팽한 요소끼리 일 대 일로 부딪히며 각각의 기운이 더욱 활성화됨을 의미한다. 금은 목을 극하고, 수는 화를 극하니 충하는 요소들끼리 한쪽을 제압하여 기운을 완전히 꺾는 것이 아니라, 방향성만 다르

22

고 힘은 동일한 에너지가 충하는 것으로 봐야 한다. 천간은 심리적·정신적인 요소와, 지지는 현실적인 요소와 관련이 깊은 만큼, 천간에서 충이 일어나면 심리적·정신적인 변화가 활발히 일어난다.

갑목, 을목, 병화, 정화 모두 편관인 기운들과 충한다. 그리고 경금, 신금, 임수, 계수는 모두 편재인 기운들과 충한다. 편관은 나를 가장 가까이에서 위협하는 기운이고, 편재는 내가 적극적으로 지배하고자 하는 기운이다. 천간충은 내가 지배하거나, 나를 지배하려는 요소들과의 작용과 반작용으로써, 강한 직진성을 바탕으로 한 격렬함이 내재되어 있다.

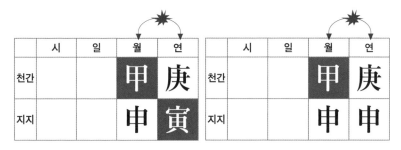

천간에서 일어나는 일 대 일 충은 에너지를 활성화시켜, 해당 간지의 십성적 요소를 더욱 두드러지게 만든다. 연주와 월주만 보면, 왼쪽과 오른쪽 사주 모두 천간에서 갑경충이 일어나고 있지만, 오른쪽 월간의 갑목은 충으로 인해 손상될 가능성이 높다. 갑목의 뿌리가 지지에 없기 때문이다. 왼쪽처럼 뿌리를 얻은 요소들끼리 천간과 지지에서 동시에 충이 일어나는 경우를 '천충지충'이라 한다. 천충지충은 지지에 강하게 통근한 요소들끼리 천간에서 일 대 일로 격렬히 부딪히며 물러설 수 없는 싸움을 하고 있다고 보면 된다.

거리에 얽매이지 않는 하늘의 기운

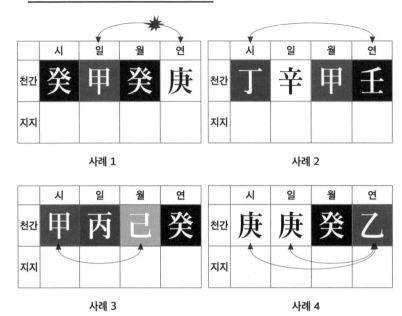

사례 1

사례 2

사례 3

사례 4

사례 1에서 4처럼 천간에서는 먼 거리에서 충이나 합이 일어나도 작용력이 크게 떨어지지 않는다. 지지는 현실의 기운이라 멀리 떨어져 충이나 합이 일어날 경우 그 힘이 반감되지만, 천간은 눈에 보이지 않는 기운이라 거리가 떨어져 있어도 지지에 비해 작용력이 더 크게 나타나기 때문이다. 참고로, 사례 4의 경우 쟁합이라 합의 힘이 사례 3보다 떨어진다.

충돌이 빚어내는 갈등의 심화 양상

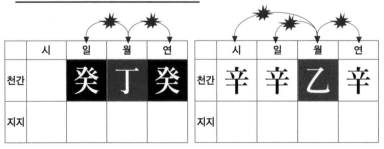

사례 1

사례 2

일 대 일로 선명한 충이 아니라 위 사주들처럼 이 대 일이나 삼 대 일 등으로 쟁충이 될 경우, 사상·심리·의지·사고·정신적인 활발함이 내면의 충동과 번밀로 이어지고, 쟁충을 당하는 기운이 깨져 부정성이 드러날 가능성이 매우 커진다. **쟁합은 합의 힘이 반감되지만, 쟁충은 충의 힘이 배로 커진다.** 쟁충의 힘은 파괴력으로 돌변하기에, 천간에서 쟁충을 당하는 간지가 지지에 뿌리가 없어 깨지는 건 아닌지 세심히 살펴야 한다.

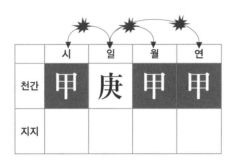

따라서 다른 간지도 물론이지만, 특히 일간이 쟁충을 당할 경우 무엇보다 일간의 오행과 관련된 건강 요소를 잘 살펴야 한다. 정신적인 불안정이나 스트레스가 일어날 가능성이 높기 때문이다. 만약 이런 구조에서 경금이 지지에 뿌리를 얻는다면 부정성이 줄어들겠지만, 그렇지않을 경우 대운이나 세운에서 목이 들어올 때 일간이 크게 손상당할 수있다(이를 방어하는 방법에 대해서는 후술하기로 하자).

③ 천간의 합충 : 잔존하는 하늘의 기운, 그 흔적

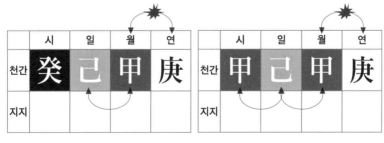

사례 1   사례 2

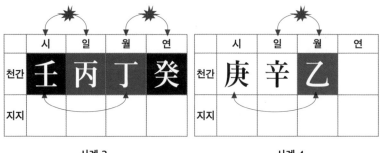

사례 3   사례 4

사례 1에서 4는 모두 천간에서 합과 충이 동시에 일어나고 있다. 이런 경우 합화는 말할 것도 없고, 합과 충 또한 모두 이루어지지 않는다. 다만 위 사주들처럼 원국에서 충과 합이 복잡하게 일어날 경우, 삶의 변화 변동이 커져 정신적으로 번다해지는 경우가 많다. 이처럼 충이나 합이 복합적으로 일어나는 경우를 쟁충합이라고 한다.

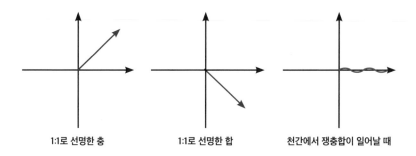

1:1로 선명한 충   1:1로 선명한 합   천간에서 쟁충합이 일어날 때

원칙적으로 '충과 합이 동시에 일어날 경우 충과 합 모두 이루어지지 않는다'라고 했지만, 그렇다고 충과 합의 기운이 모두 무효가 되어 사라지는 건 아니다. 잔잔한 호수에 던진 작은 돌 때문에 수면이 흔들리며 고요함이 깨지듯, 충합이 동시에 이루어질 때는 오히려 충의 활성화와 합의 안정화를 끊임없이 오가며 번잡함이 커지게 된다.

하늘의 기운, 그 흔적을 살피다

천간의 합충은 기본적으로 십성을 중심으로 해석하면 된다. 다만, 해석에 앞서 확실히 짚어야 할 것은 합과 충은 그 자체로 우주의 기운일

26

뿐, 절대 합은 좋고 충이 나쁜 것은 아니라는 것이다.

시주	일주	월주	연주
●	●●	●	
편인	본원	정재	비견
甲	丙	辛	丙
午	寅	卯	寅
겁재	편인	정인	편인
▲	▲		▲
丙己丁	戊丙甲	甲乙	戊丙甲

이 사주는 천간에서 병신합을 이루고 있다. 일간이 정재적인 요소를
지향한다는 의미가 있지만, 월간의 신금은 안타깝게도 지지에 전혀 뿌
리가 없어 미약한 기운이다. 정재적인 요소를 지향한다고 하나 현실에
서는 전혀 드러나지 않고, 심지어 사주의 주체조차 내재된 속성을 전혀
인지하지 못하고 있을 수도 있다. 정재적 요소를 드러낼 경우 계획을
세워 일을 순차적으로 처리하는 걸 선호하거나, 안전하고 확실한 금전
거래를 선호할 가능성이 있다.

시주	일주	월주	연주
○	●	＊	＊
정관	본원	정인	상관
庚	乙	壬	丙
辰	丑	辰	寅
정재	편재	정재	겁재
乙癸戊	癸辛己	乙癸戊	戊丙甲

이 사주는 일간 을목이 경금 정관과 합을 하고, 월간과 연간은 병임

충을 하고 있다. 일간이 정관과 합을 하고 있는 만큼 '법과 원칙을 중요시하고, 약속을 잘 지키는 등 정관적인 성향을 갖추고 있을 가능성이 있다' 정도로 해석할 수 있다. 덧붙여, 여성의 경우 남성에게 지나치게 의지하여 이혼해야 하는 상황에서도 결단을 내리지 못한다거나, 남성의 경우 조직이 곧 나를 내세우는 수단이라 여겨 취업해야 할 시기에 지나치게 눈을 높여 번번이 좋은 기회를 놓치고 있다고 해석할 수도 있을 것이다. 하지만 천간합은 주체의 내면이 어떤 방향을 지향하는지에 대한 단서를 제공할 뿐, 이를 두고 지나치게 확대해석을 해선 곤란하다. 왜냐하면, 천간합의 여부를 떠나 이 사주에서는 시간 경금이 시지 진토의 강력한 생조에 힙입어 무척 강해졌기 때문이다. 게다가 시간의 자리에 정관이 있다는 것은, 일간이 그 기운을 강력히 쓸 수 있다는 뜻이므로, 이 사주의 주체는 천간합을 떠나 정관적인 요소를 강하게 드러낼 수밖에 없다(물론 시간이 일간의 도구로 활용도 있게 쓰이려면, 시간이 지지에 뿌리를 두거나 주변의 생조를 받아 튼튼해야 한다).

눈여겨봐야 할 부분은 연간과 월간의 병임충이다. 병화는 인중 병화에, 임수는 진중 계수에 뿌리내리고 있어, 서로 만만치 않은 기세를 갖추고 있다. 이런 경우 사주의 주체가 정인과 상관의 기운을 비교적 선명하게 드러낼 가능성이 높다.

④ 천간의 극 : 기운의 억압, 또 다른 자극의 씨앗

갑무극   병경극   무임극

을기극   정신극   기계극

천간에서 일어나는 극은 갑무극, 을기극, 병경극, 정신극, 무임극, 기계극으로 총 여섯 가지다. 극은 오행의 상극 법칙에 의해 목이 토를, 화가 금을, 토가 수를 제압하는 기운이다. 토 오행은 중재와 중용의 기운이라 충이 아닌 극의 작용만 있다. 충이 충돌을 통한 운동 에너지의 활성화라면, 극은 '정신적인 중압감이나 스트레스로 인해 심적인 변화가 발생한다' 정도로 해석할 수 있다. 하지만 화를 내면 쌓였던 스트레스가 일시에 해소되듯, 천간에서 일어나는 충이나 합, 극 모두 정신적·심리적 작용이라 겉으로는 이를 읽어내는 게 쉽지 않다. 이런 이유로 해석상 큰 비중을 두지 않고, 천간은 배제한 채 극단적으로 지지만 살피는 학파도 있을 정도다. 하지만 천간과 지지가 상호작용을 하며 환경이나 행동의 변화로 이어지기 때문에, 현실에서 잘 드러나지 않는 기운이라 하여 해석상 천간을 배제해선 안 된다.

극이 원국에서 작용하는 요소는 크지 않지만, 대세운에서 충과 함께 극이 복잡하게 일어날 경우 주의해서 살펴야 할 때가 있다. 이에 대해서는 추후 자세히 살펴보기로 하자.

지지의 합과 충 : 주체, 격동의 기로에 서다

①지지의 합: 관계가 빚어내는 변화의 스펙트럼

삼합(三合) : 전혀 다른 존재들의 사회적 결속

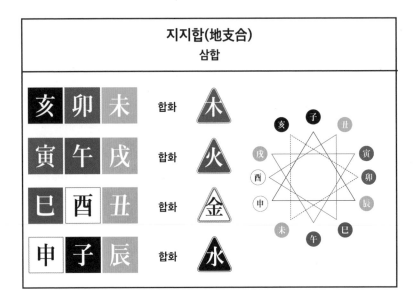

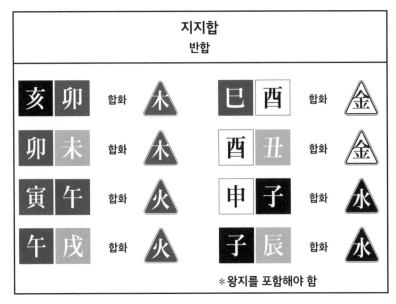

지지 삼합은 해묘미합, 인오술합, 사유축합, 신자진합 총 네 가지다. 삼합은 생지, 왕지, 고지가 모여 합을 이루는데, 가장 중요한 요소는 중심에 놓인 왕지이다. 원국에서는 첫째, 왕지가 있는지 둘째, 있다면 어느 위치에 있는지에 따라 삼합의 성립 여부가 결정된다. 군인으로 치면 활동성 강한 생지는 신병, 왕지는 장교, 고지는 노병에 비유할 수 있다. 생지와 고지만 모였을 때는 합이 성립되지 않는다. 지휘관(왕지)이 없기 때문에, 신병(생지)과 노병(고지)만으로는 전투를 치를 수 있을 만큼 결속력이 강하지 않다고 이해하면 된다.

참고로, 네 살 터울은 궁합도 안 본다는 이야기는 삼합에서 유래된 속설이다. 삼합이 성립되는 간지는 모두 네 번째 칸에 위치해 있다. 예로 돼지띠[亥]와 토끼띠[卯], 양띠[未]는 궁합이 좋다고 하는 식이다 (사주 전체가 아닌, 연지로만 궁합을 살피는 건 잘못된 접근이다).

사례 1   사례 2

사례 1과 2 중 신자진합의 힘이 더 강한 사주는 사례 1이다. 월지에 왕지인 자수가 있기 때문이다. 하지만 신자진합화수, 즉 일지 신금과 연지 진토가 수 오행으로 변화하려면, 나머지 연간, 월간, 일간, 시주에 신자진합을 방해하는 요소가 있으면 안 된다. 즉 수의 기운을 설기하는 화나 토, 또는 목 오행이 주변에 있다면 신자진합화수는 이루어지지 않고 신자진합만 성립하게 된다.

사례 3   사례 4

사례 3은 왕지인 유금이 빠졌기 때문에 합이 전혀 성립하지 않는다. 사례 4는 사화가 없지만 왕지인 유금과 축토가 만나 유축 반합을 이룬다. 삼합에서는 왕지와 삼합의 다른 요소가 하나만 있다면 합을 이룬다. 이런 경우를 반합이라고 한다.

사례 5   사례 6

사례 5처럼 월지가 삼합의 왕지라 하더라도, 한 칸 떨어진 자리에 삼합의 다른 요소가 있을 경우 합은 성립되기 어렵다. 사례 6 역시 축토와 미토의 충으로 인해, 나머지 모든 자리가 목 오행으로 이루어졌다 하더라도 묘미 반합은 이루어지지 않는다. 이처럼 지지에서 충이 일어나거나, 천간에서 합을 방해하는 요소가 하나라도 있을 경우 합이 이루어지기는 지극히 어렵다.

사례 1

시주	일주	월주	연주
편인	본원	편인	비견
甲	丙	甲	丙
午	寅	午	戌
겁재	편인	겁재	식신
▲	▲	▲	▲
丙己丁	戊丙甲	丙己丁	辛丁戊

사례 2

시주	일주	월주	연주
●			
식신	본원	편인	비견
戊	丙	甲	丙
子	寅	午	戌
정관	편인	겁재	식신
✳ ●	▲	▲ ✳	▲
壬癸	戊丙甲	丙己丁	辛丁戊

사례 3

시주	일주	월주	연주
식신	본원	비견	식신
丙	甲	甲	丙
寅	子	午	戌
비견	정인	상관	편재
▲	✳	▲ ✳	▲
戊丙甲	壬癸	丙己丁	辛丁戊

월지에 왕지가 있다고 해서 무조건 합이나 합화가 되는 건 아니다. 사례 1에서 3 모두 월지에 오화가 있고, 나머지 자리에 인목과 술토가 있다. 이 중 사례 1은 인오술합화화가 되어 지지가 전부 화의 기운으로 변한다. 천간이 지지의 합화화를 방해하기는커녕, 적극적으로 돕고 있기 때문이다. 사례 1은 연지에 있는 술토가 화 오행으로 변했기 때문에, 사주 전체가 불덩이인 사주로 해석해야 한다. 일종의 양신성상격* 인 사주로, 비겁전왕이다.

• 191쪽 '양기상생격' 참고

사례 2와 3은 모두 다른 자리에 수의 왕지인 자수가 월지 오화와 충을 한다. 사례 2와 사례 3 중 인오술합조차 되지 않는 사주는 몇 번일까? 바로, 오화와 자수가 바로 양옆에서 충을 하는 사례 3이다. 사례 2는 자수가 오화를 멀리서 충하긴 하지만, 시간의 무토가 자수를 극하고 인목이 자수를 설기하여 자오충을 바로 옆에서 가로막고 있다. 또한 연주, 월주, 일주 모두 인오술합화를 적극적으로 돕고 있기 때문에, 사례 2는 3과 달리 인오술합은 성립한다고 봐야 한다.

방합(方合) : 비슷한 무리들의 끈끈한 결속

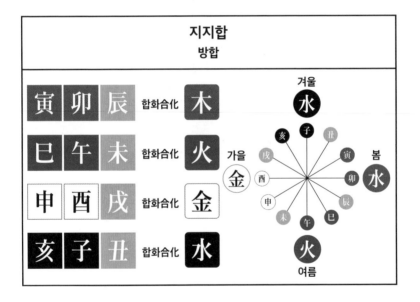

방합은 각 계절을 뜻하는 요소들끼리 모여 그 계절의 기운을 더욱 강하게 드러내는 합이다. 토 오행은 중용과 중재의 기운이기에, 각 계절의 요소들이 모이면 자신의 성향을 버리고 계절의 오행으로 따라간다.

	시	일	월	연
천간				
지지	未	巳	午	

사례 1

	시	일	월	연
천간				
지지	巳	午		未

사례 2

방합 역시 삼합과 마찬가지로, 월지에 왕지가 놓여야 더 강력한 합이 형성된다. 두 사주 모두 월지에 왕지가 있지만, 사례 2보다 사례 1의 방합력이 더 강하다고 해석해야 한다. 월지가 뜻하는 각 계절의 기운은, 사주에서 조후를 좌우하는 시지와 어우러졌을 때 더 강력하게 드러나기 때문이다. 같은 의미로 인묘진, 사오미, 신유술, 해자축 방합 모두 각각 왕지가 월지에 있고, 나머지 방합을 이루는 간지들이 연지 대신 일지와 시지에 자리할 때 방합력은 더욱 강해진다.

다만, 삼합과는 달리 방합은 전왕사주가 아니고서는 합을 이루더라도 합화가 되기란 지극히 어렵다. 예를 들어 인묘진 방합이 되어 진토가 목으로 화하려 할 때, 나머지 자리에 목의 기운을 설기하는 화, 토, 금 오행이 있으면 합화가 방해되기 때문이다.

시주	일주	월주	연주
※		*	
정인	본원	상관	식신
癸	甲	丁	丙
酉	申	酉	戌
정관	편관	정관	편재
■	■	■	■
庚辛	戊壬庚	庚辛	辛丁戊

예를 들면, 이 사주는 유금 왕지가 월지와 시지를 차지하여 방합을

이루기 쉬운 구조다. 하지만 연지에 있는 술토는 천간의 방해로 금 오행으로 변하기 어렵다. 연간, 월간의 병정화가 지지를 극하여, 술토가 금 오행으로 화하는 것을 방해하기 때문이다.

시주	일주	월주	연주
겁재	본원	겁재	비견
丙	丁	丙	丁
午	巳	午	未
비견	겁재	비견	식신
■	■	■	■
丙己丁	戊庚丙	丙己丁	丁乙己

사례 1

시주	일주	월주	연주
*	●	●✶	
겁재	본원	정관	정재
甲	乙	庚	戊
申	酉	申	戌
정관	편관	정관	정재
■	■	■	■
戊壬庚	庚辛	戊壬庚	辛丁戊

사례 2

시주	일주	월주	연주
정인	본원	겁재	겁재
辛	壬	癸	癸
亥	子	亥	丑
비견	겁재	겁재	정관
■	●■	■	●■
戊甲壬	壬癸	戊甲壬	癸辛己

사례 3

　사례 1에서 3 모두 지지에서 방합이 형성된 사주다. 모두 전왕사주*로, 사례 1은 연지 미토가 사오미방합으로 묶인 후 연간과 월주의 작용

으로 인해 화 오행으로 화했다. 사례 2는 연지 술토가 지지에서 방합으로 묶여 금으로 변했기 때문에, 연간 무토와 시간 갑목이 지지에서 뿌리를 잃고 금 전왕이 되었다. 사례 3 역시 천간은 물론, 지지의 방향 또한 전부 수를 향하게 되어 축토가 수 오행으로 화한 전왕사주다.

• 삼합과 방합의 차이

삼합은 요소가 전혀 다른 것들이 하나의 목표를 위해 이루어진 강력한 합으로, 어느 지역에 천재지변이 발생하여 이재민이 속출하게 되었을 때, 민관군이 협동하여 빠른 시일 내에 피해를 복구하는 상황에 비유할 수 있다. 삼합을 보통 사회적 합이라 일컫는데, 하나의 목적을 두고 전혀 다른 요소들끼리 모여 더 강한 영향력을 만들어내기 때문이다. 방합은 핏줄이 같은 형제들끼리 모여 더 강한 색채를 드러내는 것으로 볼 수 있다. 방합은 가족끼리의 합이라, 각자 살아가는 역할과 방향이 다른데 성향이 비슷하여 이유없이 무리지어 있는 것에 비유할 수 있다.

삼합과 방합을 두고 어떤 합이 더 결속력이 강하다고 볼 수 있을지 학자마다 입장이 다르다. 나의 경우 왕지가 어떤 자리를 차지했는지, 원국에서 방해받는 합은 없는지 여부에 따라 삼합이나 방합 각각의 합력이 다르게 나타난다고 본다. 그러나 대체적으로 완벽하게 이루어진 삼합을 깨는 것이 더 어렵다고 판단한다(물론 대운이나 세운에서 왕지가 와서 충을 하는 경우에는 합이 깨지기 쉽다. 이 경우는 추후에 살펴보기로 하자).

게다가 방합은 거리가 떨어져 있을 경우, 삼합보다 합화하는 것이 어려운 경우가 많다. 가족이나 형제간의 합이라는 비유적 설명과는 달리, 삼합에 비해 주변 환경에 더 민감하여 쉽게 깨지는 경우가 많다는 뜻이기도 하다. 그리고 왕지만 있다면 합의 다른 요소가 하나 더 있을 때 반합을 이루는 삼합과 달리, 방합은 왕지가 있고 다른 방합의 요소가 하나 더 있다 하더라도 합을 이루었다고 보지 않는다. 묘목과 진토가 붙어 있다고 하여, 묘진합으로 보지 않는다는 이야기다.

육합(六合) : 여섯 쌍의 지지, 음양의 조화를 꿈꾸다

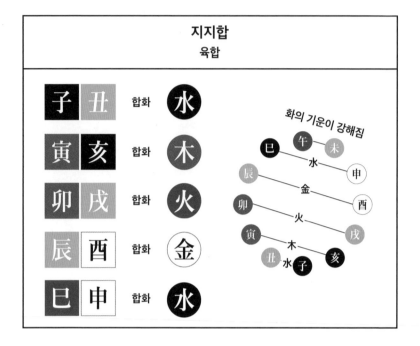

전통적으로 육합은 인해합, 묘술합, 진유합, 사신합에 자축합과 오미
합까지 총 여섯 가지로 분류한다. 육합을 인정하지 않는 학파도 있는
데, 나의 경우 자전운동에서 육합이 비롯되었다는 기원설에 강한 의문
을 가지고 있을 뿐 자축합과 오미합을 제외한 나머지 네 가지 합은 방
해하는 요소만 없다면(충으로 이를 깨는 요소만 없다면) 대운이나 세운에서
특히 합화가 쉽게 일어난다고 본다.

- 오미합과 자축합
다만, 오미합과 자축합은 학파에 따라 다음과 같이 의견이 분분하다.

오미합	자축합
· 오미합은 일어나지 않는다	· 자축합은 일어나지 않는다.
· 오미합은 존재하지만, 그렇다고 미토가 합화진다 않는다.	· 자축합은 존재하지만, 그렇다고 자수가 합화진다 않는다.
· 오미합이 되면, 미토가 합화하여 화로 바뀐다.	· 자축합이 되면, 축토가 합화하여 토로 바뀐다
	· 자축합이 되면, 축토가 합화하여 수로 바뀐다.

　나는 원국에서 오화와 미토가 만나면 합은 하지만, 그렇다고 하여 미토가 토의 기운을 버리고 완전히 화 오행으로 변한다고는 보지 않는다. 하지만 사주 구조에 따라 미토가 토의 기운을 버리지는 않되, 원국의 화 기운을 강하게 키울 때가 있다. 원국에서 자수와 축토가 만나면 합은 하지만, 그렇다고 하여 축토가 토의 기운을 버리고 완전히 수 오행으로 변한다고도 보지 않는다. 또한, 역시 사주 구조에 따라 축토가 토의 기운을 버리지는 않되, 원국의 수 기운을 강하게 키울 때가 있다 (원국에서 자축합이 일어날 경우, 축토가 수로 화할 때가 있긴 하나 극히 예외적이다).

　먼저, 아래 사주를 통해 오미합을 살펴보자.

시주	일주	월주	연주
정인	본원	편인	정인
乙	丙	甲	乙
未	午	申	丑
상관	겁재	편재	상관
*			*
丁乙己	丙己丁	戊壬庚	癸辛己

　나의 사주로, 일지와 시지에서 오미합이 일어나고 있다. 연지와 시지에서는 거리가 멀지만 축미충이 존재한다. 이 경우 합과 충이 함께 일어나고 있기 때문에, 오미합과 축미충 모두 성립하지 않는다고 봐야 한

다. 하지만, 천간은 정신적인 영역이라 거리가 멀더라도 충이나 합이 일어나는 반면, **지지는 현실적인 영역이라 거리에 따라 충이나 합의 작용이 쉽게 반감된다.** 오미합과 축미충 중에 오미합의 여파(餘波)가 조금 더 남아 있다는 뜻이다.

안 그래도 조토인 시지 미토는 오화의 뜨거운 기운 때문에 더욱 뜨거워져, 전체적으로 사주에 화기를 더하는 역할을 하고 있다. 내 원국에서 오화와 미토는 합하여 미토가 화로 변한다기보다, 시지 미토가 토 오행의 기운을 유지한 채 전체적으로 사주에 화 기운을 더하고 있다고 해석해야 한다(나는 상관이 강한 사주인데, 강의나 상담 시 말을 길게 할수록 사주를 더욱 뜨겁게 하는 오미합의 작용 때문인지 얼굴이나 팔의 저림 증세로 곤혹스러운 상황을 자주 겪는다. 화는 혈관 질환이나 심장과 관련이 깊다).

사주에서 반드시, 또는 무조건 어떤 작용이 일어난다고 보기보다, 어우러지는 각 기운들이 전체적으로 사주에 어떠한 영향을 미치는지를 세세히 살펴봐야 한다. 일단, 오미합은 사오미 방합, 자축합은 해자축 방합의 한 요소로 생각해보자.

• 지지에서 서로 다른 합이 함께 일어날 때

시주	일주	월주	연주
정인	본원	식신	편관
辛	壬	甲	戊
丑	子	子	申
정관	겁재	겁재	편인
●●	▲●	▲●	▲
癸辛己	壬癸	壬癸	戊壬庚

위의 사주는 자월의 축시로, 전체적으로 수 기운이 강한 구조로 이루어졌다. 월지 자수뿐만 아니라, 일지 자수 또한 바로 옆에서 축토와 합을 하고 있어, 축토가 수로 변할 가능성이 아주 높은 사주다. 자축합은

지지에서 쟁합으로 일어나고 있는데, 쟁합은 일 대 일 합보다 합력이 약하지 않느냐 반문할 수도 있겠다. 하지만, 연지에 있는 신금이 자수와 신자합을 하고 있다. 이렇게 지지에서 일어나는 두 가지 이상의 다른 합이 모두 하나의 기운을 향하고 있을 때는, 천간의 강력한 방해만 없다면 합력이 매우 강하게 일어난다. 이 사주의 경우 같은 관점에서, 지지가 강력히 수국(水局)을 형성했다고 볼 수 있다. 여기서 축토는 모양만 토 오행이지, 거의 80~90퍼센트는 수 오행으로 변했다고 해석한다. 만약 시간이 무토나 기토였다면, 물을 극하거나 흐리게 하는 현상이 일어나 축토가 수 오행으로 가는 걸 방해했을 것이다. 자축합화수의 여부는, 원국에 얼마나 수 기운이 강한지를 함께 살펴봐야 알 수 있다. 대운과 세운에 따라, 자축합을 어떻게 해석해야 하는지에 대해서는 추후 자세히 살펴보기로 하자.

시주	일주	월주	연주
		●	
정인	본원	정인	편인
辛	壬	辛	庚
丑	子	巳	寅
정관	겁재	편재	식신
●	●	○	
癸辛己	壬癸	戊庚丙	戊丙甲

사례 1

시주	일주	월주	연주
겁재	본원	정인	편인
乙	甲	癸	壬
丑	子	丑	子
정재	정인	정재	정인
●●	●●	●●	●●
癸辛己	壬癸	癸辛己	壬癸

사례 2

사례 1은 일지와 시지에서 자축합이 일어나고 있지만, 월지가 여름의 기운으로 접어들기 시작한 사화다. 자축합은 이루어져 있지만, 시지 축토가 겨울의 축토가 아닌 이상에야 자축합이 이루어져 있다고 해서 합화수가 되지는 못한다. 따라서 이 사주에서 시지 축토는 진흙이나 뻘처럼 수 기운을 어느 정도 품고 있는 토 오행으로 해석해야 한다.

사례 2는 지지에서 자축쟁합이 일어나고 있다. 육합은 지지합 중 암합을 제외하고 힘이 가장 약한데, 같은 종류의 합이 쟁합으로 일어나니 합력은 더욱 약해질 수밖에 없다(만약 반합과 육합이 함께 일어날 경우, 육합만 쟁합으로 일어나는 것보다 훨씬 합력이 강해진다). 축월 축시라 전체적으로 수 기운이 조금 더 강해졌다고는 하지만, 시지 축토가 완전히 수로 화했다고 볼 수는 없다. 단, 월지 축토는 주변에 수의 세력이 워낙 강성하여, 거의 수로 휩쓸려버렸다. 추운 겨울 꽁꽁 얼어붙은 진흙 땅의 형국이다. 시지 축토가 눈과 얼음이 쌓인 땅이긴 하지만 본질인 토의 기운을 잃지 않았고, 시간 을목이 시지 축토에 뿌리내려 전왕사주가 되지 못했다. 다른 학자들과는 달리, 나의 경우 자축합의 방향을 토가 아닌 수로 보고 있음에도 불구하고, 명주와 만나 임상을 했을 때 원국 내 축토가 완전히 수로 바뀌었다고 보기 힘들었다. 원국 내 합화는 쉽게 이루어지지 않는다는 것을 보여주는 사례다.

- 욕망을 현실로 끌어오는 운반체

기본편에서 상세히 다루었듯[*], 월지는 인간의 무의식, 잠재력, 욕망의 그릇에 해당한다. 명리학자 강헌은 월지와 육합하는 지지를, 월지에 잠재된 욕망을 현실 영역으로 끌어오는 트리거로 해석한다(이번 책을 통해, 역시 스승님의 주요 이론을 짧게나마 소개할 수 있게 되어 기쁘게 생각한다).

시	일	월	연
	甲		
		戌	

예를 들어, 일간이 갑목인데, 월지가 술토 편재인 사주가 있다고 가정해보자. 술토와 육합하는 지지는 묘목이다(묘술합). 이때 일간이 가진 편재적 욕망을 현실 영역에서 구현하는 것은 묘목 겁재가 된다. 원국 내에 묘목이 있을 경우 주체성이나 독립성을 상징하는 비겁의 힘을

통해 프리랜서로 일하거나, 직장에서 일하더라도 독립적인 영역에서 편재와 관련된 일(영업, 금융업 등)에 종사할 가능성이 높아진다.

잠재적 욕망의 구현 여부에 따라 삶에 대한 만족도나 행복감은 크게 달라진다. 당연히 원국에 묘목이 있다 하더라도, 연지, 일지, 시지 중 어디에 있는지에 따라 풍부한 해석이 가능하다.

시주	일주	월주	연주
	●	●●	●
편관	본원	정재	비견
甲	戊	癸	戊
寅	申	亥	申
편관	식신	편재	식신
* *			
戊丙甲	戊壬庚	戊甲壬	戊壬庚

방송인 김어준의 명식이다. 월지에 있는 해수와 시지에 있는 인목이 육합하는 관계에 놓여 있다. 이렇게 시지에 월지와 육합하는 글자가 있다는 것은, 욕망을 구현하는 가장 강력한 기제를 도구로 꼭 쥐고 있는 것과 같다. 미래지향성을 상징하는 시주는 원국을 추동하는 힘이 가장 강한 자리다. 이때 시지 인목은 삶을 이끄는 가장 강력한 원동력이자, 월지에 있는 욕망을 현실 영역으로 운반하는 강력한 격발장치가 된다.

김어준은 '21세기 명랑사회 구현'이라는 캐치프레이즈를 내걸고 딴지일보를 창간한 후, 〈나는 꼼수다〉라는 시사 팟캐스트를 통해 대중에 큰 영향을 미쳤다. 현재도 방송을 통해 편관이 의미하는 정치 권력을 비평하며 부와 인기를 끌어오고 있다. 방송이 아니었다면 만나기 힘들었을 다양한 사람들과 관계를 맺고 있기도 하다. 목 편관을 기제로, 해수 편재적 욕망을 실현했다고 볼 수 있다.

일지는 일간이 발 딛고 있는 현실의 터전으로 건강, 배우자, 직업을 상징하는 자리다. 이런 일지와 월지가 육합관계에 있는 것은 어떻게 해석해야 할까? 이 경우 합의 작용으로 인해 내가 가진 욕망이나 꿈이 안정성에 묶여 발전 가능성이 낮아지거나, 더 이상 확장이 일어나지 않을 수 있다. 목표를 크게 세우지 않고, 현실 상황에 쉽게 안주하는 것이다. 이때는 당연히 운에서라도 충이 들어와 합을 깨주는 것이 반갑다. 변화가 없다면, 이른바 고여서 썩는 물이 될 수도 있기 때문이다.

만약 월지가 일지나 시지와 충의 관계에 놓여 있다면, 욕망의 에너지는 크지만 좌충우돌하는 양상을 보일 수 있다. 지지는 천간과 달리 현실의 영역이기에, 가까이 붙어 있어야 합이나 충의 작용이 강하게 드러난다. 따라서, 월지와 일지가 충하는 것이 훨씬 더 안정성이 떨어질 수 있다. 참고로 지지에서 이 대 일이나 삼 대 일로 쟁충이 일어나면 욕망의 가열점은 낮아지게 된다.

무의식의 영역인 연지와 월지가 육합을 하는 건, 부모나 스승, 또는 어릴 적 내게 큰 영향을 미친 특수관계인들의 욕망이 연료가 되어, 내 욕망을 더욱 뜨겁게 자극할 수 있다는 뜻이다. 예를 들어 자식 역시 의사가 되길 바라는 의사 부모가 있다고 가정해보자. 이 경우 부모가 자녀의 가능성을 이끌어주면서, 자녀 역시 '부모님처럼 멋진 의사가 되어야지'라고 생각할 수 있다. 참고로, 같은 무의식의 영역인 연지와 월지가 육합을 할 때는, 다른 자리와의 육합에 비해 욕망이 잘 드러나지 않을 가능성이 높다. 위의 예시에서, 만약 부모가 길을 제시해주지 않았다면 본인이 어떤 욕망을 품고 있는지도 알지 못했을 수 있다는 이야기다. 일반적으로 월지가 연지와 합할 경우 사주 원국의 주인이 일지가 의미하는 범주의 직업을 가지지 못할 가능성이 있다.

월지를 무의식의 터전, 일지를 현실 영역의 터전으로 볼 때, 아무래도 일월지 육합보다 월시지 육합일 때 더욱 다양한 가능성을 꽃피울 수 있다. 불가근불가원(不可近不可遠)이라는 말처럼, 일월지 두 사령부는 합으로 묶이거나 충을 하기보다 서로 적절한 거리를 유지할 때 각자 최상의 상태를 유지할 수 있기 때문이다. 게다가 월시지 육합일 경우, 보다 합목적인 형태로 자신이 가진 독자적인 에너지를 꾸준히 자가발전 시켜나갈 여지가 크다. 덧붙이면, 합화의 방향이 용희신이 아니라 기구신, 또는 한신일 경우에는 자신의 꿈을 제대로 펴지 못하거나, 꿈을 펼치더라도 험난한 고비를 넘을 가능성이 높아진다.

암합(暗合) : 겉으로 드러나지 않는 은밀한 결속

• 천간과 지지의 암합

암합은 눈에 보이지 않는 합으로, 지장간 내부의 합을 말한다. 비유하자면, 대학이나 회사에서 선후배나 동료들 몰래 비밀연애를 하는 커플과 같다. 합화하지는 않지만, 합을 통해 긴밀한 유대감을 이루고 있기 때문에 암합하는 간지들끼리 정서적 친밀감이 강하다고 볼 수 있다.

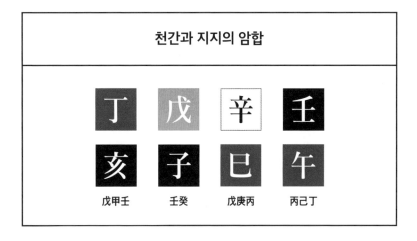

천간과 지지 사이에서 일어나는 암합은 정해, 무자, 신사, 임오이다. 예를 들면, 신사일주의 경우 천간 신금과 지지 사중 병화 사이에서 암합이 일어나고 있다. 신사일주는 사중 정기인 병화 정관과 합을 하는 만큼 승진, 명예에 대한 내면의 욕망이 강하며, 정관적인 속성이 강한 조직(공직이나 교육계 등)으로 진출하면 성장할 수 있는 힘이 강하다고 해석할 수 있다.

- 지지의 암합

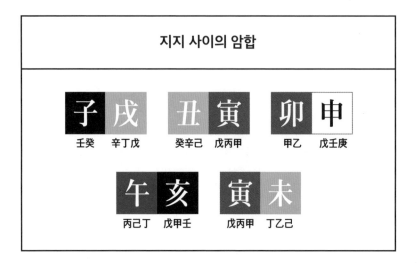

지지 사이의 암합 중에서는 자술과 축인 암합의 결속력이 가장 강하다. 지장간들의 모든 요소들이 서로 합을 이루고 있어서다. 예를 들어 축인 암합의 경우 무계합, 병신합, 갑기합이 동시에 일어난다. 다만, 암합의 결속력이 강해질수록 간지의 성향은 더욱 드러나지 않게 된다. 합을 이루는 모든 지장간들끼리 서로가 서로의 발목을 붙잡아, 이동성이 떨어지는 상황이 되어버리기 때문이다. 합은 시위 현장에서 참여자들이 스크럼(scrum)을 짜는 것과 같다. 스크럼을 짤수록 공동의 목소리는 높아지지만, 개인의 개성은 점차 흐릿해진다. 또한 경찰들이 강제력을 동원해도, 시위 해산에는 시간이 걸리기 마련이다. 참고로, 지지에서의 암합은 서로 가까운 자리에 붙어 있어야 제대로 성립하며, 하나의 요소라도 다른 간지와 충을 할 때는 합이 되지 않는다. 축인, 인미 암합은 갑기합으로, 묘신 암합은 을경합으로 인해 목이나 금의 방향으로 힘이 기울게 된다.

덧붙이자면, 지지 합력의 세기는 간지가 원국 어디에 있는지에 따라 크게 달라지겠지만 일반적으로 삼합, 방합, 반합, 육합, 암합의 순서대로 강하다.

	시	일	월	연
천간		丙		
지지	卯	申		

일간이 병화일 때 묘목은 정인이고 신금은 편재가 된다. 표면적으로 해석하여 인간관계, 흥미, 재물을 뜻하는 편재가 학문성을 뜻하는 정인을 극하니, 사업활동이나 학업에 장애가 있다고 볼 수도 있다. 하지만 이는 일차원적인 해석으로, 두 요소가 적절한 균형을 이루고 있거나, 위 사주처럼 암합의 관계일 경우 오히려 사업을 통해 벌어들인 재물을 부동산이나 장기채권의 형태로 바꿔 재화를 안정적으로 유지할 수 있는 힘이 될 수도 있다. 임수 일간인 경우 묘목은 상관, 신금은 편인이 된다. 편인의 독특한 끼나 개성, 예술적 감각이 상관의 표현력을 만나니, 예술적으로 크게 성공할 가능성이 높다고도 볼 수 있다.

명리영역 기출문제

1. 천간의 합에 대해 나눈 대화 중 옳지 않은 것을 고르면? (난이도 하)

① 영현: "일간이 합을 하는 경우는 많아도, 합화하여 다른 오행으로 바뀌는 경우는 절대 없어."

② 승효: "여성인 을목 일간이 천간에서 경금 정관과 합을 할 경우, 다른 건 몰라도 남편 복 하나는 타고났다고 할 수 있어."

③ 전주: "정임합을 음란지합이라 하는데, 정임합이 되어 있다고 해서 음란한 마음을 품고 있다는 식으로 해석하는 건 무척 곤란한 일이야. 예를 들어 천간이 정재와 합을 할 경우, 사주 주체가 정재적인 요소를 지향할 가능성이 있다고 해석해야 해."

④ 민향: "천간합은 정신, 심리, 내면의 영역을 뜻하기 때문에, 현실에서 그 영향력이 명확하게 드러나지 않는 경우가 많지 않을 것 같은데?"

⑤ 지효: "만약 정화일간의 사주에서 갑기합화가 일어나 갑목이 토 오행으로 바뀌었다고 해볼게. 그러면 갑목이 화한 토 오행은 식신과 상관, 둘 다로 해석해야겠지?"

2. 지지는 제외하고 천간만 고려했을 때, 각 보기의 경금 입장에서 을경합의 힘이 강한 것부터 약한 것까지를 순서대로 나열하면? (난이도 하)

	❸					❹			
	시	일	월	연		시	일	월	연
천간	癸	己	乙	庚	천간	壬	乙	乙	庚
지지					지지				

① ❸ → ❶ → ❹ → ❷
② ❸ → ❹ → ❷ → ❶
③ ❸ → ❹ → ❶ → ❷
④ ❹ → ❸ → ❶ → ❷
⑤ ❹ → ❸ → ❷ → ❶

3. 다음 중 아래 보기와 관련된 대화 중 가장 옳지 않은 것은? (난이도 중)

시주	일주	월주	연주
●	●		
정재	본원	식신	식신
辛	丙	戊	戊
卯	寅	午	戌
정인	편인	겁재	식신
◉	▲	▲	▲◉
甲乙	戊丙甲	丙己丁	辛丁戊

시주	일주	월주	연주
편인	본원	비견	비견
庚	壬	壬	壬
子	辰	子	申
겁재	편관	겁재	편인
▲	▲	▲	▲
壬癸	乙癸戊	壬癸	戊壬庚

① 강은: "왼쪽 사주는 지지에서 인오술 삼합은 물론, 멀리 떨어져 있긴 하지만 묘술합도 함께 일어나고 있네. 너무 뜨거운 사주이니 만큼, 시간 신금도 화로 바뀐 걸로 봐야 해."

② 찬미: "오른쪽 사주는 지지에서 신자진 삼합이 일어나고 있잖아.

이런 경우, 일지 진토도 거의 수 오행으로 바뀌었다고 봐야 하지 않겠어?"

③ 정주: "위 사주들처럼 월지에 왕지가 있어 삼합이 일어나는 경우, 그냥 삼합이 일어날 때보다 무척이나 강력한 합이라 할 수 있어."

④ 정은: "만약 오른쪽 사주의 경우 천간에 수의 기운을 설기하는 토나 화의 간지가 있었다면, 지지에서 신자진합이 일어나기 어려울 수도 있지 않을까? 또는 지지에 자수를 충하는 오화가 있어도 신자진합은 성립하기 어려울 것 같아."

⑤ 동찬: "왼쪽 사주의 일간 병화는 신금과 합을 하고 있네. 이런 경우 지지에 삼합이 강력히 일어나고 있다 하더라도, 합화의 방향이 다른 천간의 기운이, 전왕으로 가려는 기운을 방해하지 않을까?

4. 다음 중 아래 보기와 관련된 대화 중 가장 옳지 않은 것은? (난이도 중)

시주	일주	월주	연주
●			
식신	본원	편인	비견
戊	丙	甲	丙
子	寅	午	戌
정관	편인	겁재	식신
*●	▲	▲*	▲
壬癸	戊丙甲	丙己丁	辛丁戊

시주	일주	월주	연주
식신	본원	비견	식신
丙	甲	甲	丙
寅	子	午	戌
비견	정인	상관	편재
▲	*	▲*	▲
戊丙甲	壬癸	丙己丁	辛丁戊

① 혜련: "위 사주 모두 지지에서 인오술이 존재하는데, 바로 옆에서 자수가 오화를 충하고 있는 오른쪽 사주가 훨씬 더 인오술합이 되기 어려울 것 같아. 지지에서는 천간과 달리 거리가 가까울

50

수록 충이나 합의 영향이 더욱더 큰 법이잖아?"

② 여진: "오른쪽 사주는 오화가 술토와 오술반합을 하니, 자오충의 영향이 그리 세진 않을 것 같은데?"

③ 민오: "왼쪽 사주는 자수가 오화를 충하려고 해도, 인목이 가로 막고 있어서 충을 하기 쉽지 않은 상황이네. 게다가 시간 무토가 자수를 극해서, 자수의 힘이 많이 떨어져 있는 것 같아."

④ 이환: "오른쪽 사주도 전부 목이나 화로만 이루어져 있어서, 일지 자수가 자기 목소리를 강하게 드러내지 못할 것 같네. 일지가 건강, 배우자, 직업을 상징하는 만큼 관련된 분야에서 불리한 흐름이 있을 것 같아."

⑤ 주혼: "위 사주 모두 인오술합의 중심인 오화가 월지를 차지했잖아? 그런데 왼쪽 사주의 경우 인오술 간지들이 서로 붙어 있고 그 위의 천간도 목이나 화인 만큼 인오술합화화가 완벽히 성립됐다고 봐야 해."

풀이 노트

1. → 정답은 ②번이다. 천간합은 주체의 내면이 어떤 방향을 지향하는지에 대한 단서를 제공할 뿐, 단순히 을목 일간이 경금 정관과 합을 한다고 하여 남편 복이 많다는 식으로 단정지을 순 없다. 정관과 합을 이룬 여명의 경우, 정관이 용신이거나, 정관의 힘이 강한 경우에 한해 그런 해석을 할 수는 있겠지만, 이 역시 대운과 세운을 포함하여 사주의 여러 요소를 종합적으로 파악해야 알 수 있는 부분이다.

2. → 충은 일 대 일 충보다 이 대 일, 삼 대 일처럼 쟁충이 될 경우 파괴력 있게 돌변하지만, 합은 쟁합이 될 경우 합의 힘이 반감된다. 일 대 일로 선명하게, 그것도 바로 옆에서 합을 이루고 있는 ❸번이 가장 합력이 강하다. ❹번은 쟁합으로 ❸번보다 합력이 더 떨어진

다.

❶번과 ❷번은 모두 갑경충, 갑경쟁충으로 인해 경금은 을목과 합을 하지 못한다. 갑경쟁충이 되고 있는 ❷번이 ❶번보다 을경합을 더욱 크게 방해하고 있다. 따라서 을경합의 힘이 가장 강한 것부터 나열하면 ❸, ❹, ❶, ❷번이 되며, 정답은 ③번이 된다.

3. → 정답은 ①번이다. 왼쪽 사주는 인오술합과 묘술합이 함께 일어나 지지가 전부 불바다가 되었다. 하지만 시간의 신금은 병화와 합을 하여 불구덩이 속에서 녹아내린 것이 아니라, 미약하긴 하지만 자신의 기운을 유지한 채 버티고 있다고 봐야 한다. 이렇듯 사주 원국에서 합이 되기는 쉽지만, 간지가 다른 오행으로 완벽하게 변하는 합화가 되기란 지극히 어렵다.

4. → 정답은 ⑤번이다. 보기의 사주 모두 인오술합이 지지에서 일어나고 있긴 하나, 월지 오화를 충하는 자수 때문에 인오술합이 완벽하게 성립되었다고 보기는 힘들다. 하지만, 대운이나 세운에서 인오술합의 중심을 이루는 오화가 들어온다면, 위 사주 모두 엄청나게 뜨겁게 된다. 이에 대해서는 대세운 편에서 추후 자세히 살펴보도록 하자. 참고로, 만약 왼쪽 사주의 시지가 자수가 아니라 인목이나 오화, 또는 술토였다면 인오술합화화가 일어나 사주 전체가 더욱 뜨겁게 되었을 것이다.

② 지지의 충 : 현실에 기반한 변화의 도화선

지지에서의 충은 왕지의 충인 자오충, 묘유충과 생지의 충인 인신충, 사해충, 그리고 고지의 충인 진술충, 축미충으로 총 여섯 가지다. 천간의 충은 일 대 일로 선명하게 일어날 때 에너지가 활성화하는데, 쟁충이 일어날 때는 정신적인 불안정이나 스트레스가 동반되는 경우도 있다. 현실을 뜻하는 지지는 일 대 일로 충한다고 하더라도 지장간의 요소들이 다 함께 에너지를 발생시키기 때문에 변화와 변동의 가능성이 더욱 커져 예측불가능한 측면이 있으며, 주거나 가정, 직업, 건강상의 변화를 암시하기도 한다.

고서에서는(특히《적천수》) 지지의 충을 실제적인 불안정으로 해석하여 천간의 충은 반기고, 지지의 충은 대체적으로 꺼렸다. 천간의 글자들은 순수한 기운으로 이루어져 이상적 기운이 활성화되지만, 지지의 글자들은 천간의 요소가 섞여 있기 때문에 복잡성이 증대한다고 본 것이다. 하지만 충과 합 모두 우주의 변화 작용일 뿐, 무엇이 좋고 나쁘다고 단정지을 수는 없다. 예를 들면, 일지가 용희신에 해당하는데 원국 내에서 합이 되어 있으면, 긍정성이 조금 떨어질 수 있다. 이 경우 대세운에서 충이 일어나 합으로 묶여 있는 용신을 풀어주면 좋다. 이런 식으로 합충을 반기는 경우와 합충을 꺼리는 경우에 대해서는 추후 자세히 살펴보기로 하자. 참고로, 대체적으로 지지는 충보다는 기운의 흐름, 즉 오행의 생조를 더 반긴다.

자오충과 묘유충(왕지충): 계절을 대표하는 수장들의 만남

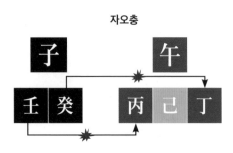

자오충

자오충이 정신과 관련된 내면의 충이라면, 묘유충은 신체와 관련된

묘유충

외부의 충이다. 모두 계절을 대표하는 왕지의 충이라 극단적으로 보이지만, 지장간의 요소끼리도 일 대 일로 충을 하니 산뜻하고 깔끔한 충이라 할 수 있다. 같은 힘을 가진 간지끼리 일 대 일로 충이 전개될 때, 충은 부정적인 요소로 작용하기보다 오히려 활성화되어 서로의 힘을 빛낸다.

수와 화는 호르몬이나 혈액 순환계와 연관이 있고, 목과 금은 간과 근육, 폐나 뼈, 관절과 관련성이 있다. 수와 화는 보이지 않는 비물질적 영역을, 목이나 금은 눈에 보이는 물질적 영역을 상징한다고 볼 수 있다. 자오충이 일어나면, 정신적인 영역이 활성화되어 새로운 영역에 도전하거나 이전의 일을 말끔히 정리하고 다시 시작하는 기운으로 작용한다. 고전에서 대체적으로 천간의 병화와 임수의 충을 반겼던 것도, 수와 화의 충을 긍정적으로 바라봤기 때문이다.

묘유충은 직접적으로 삶에 영향력이 매우 큰 충으로 분류된다. 묘유충은 물질계를 상징하는 지장간의 요소들끼리 깔끔하게 충을 하기 때문에, 지속력은 짧으나 영향력이 파괴적이라 할 수 있다. 전 재산을 날리고 새로운 사업을 시작하거나, 이혼을 하고 새 가정을 꾸리는 것에 비유할 수 있을 만큼 성패의 극단성을 암시하기도 한다. 특히 묘유충은 원국에서 목 기운이나 금 기운이 약한 경우 간이나 뼈, 폐와 관계된 건강 문제가 발현될 수도 있기 때문에 행방을 잘 살펴야 한다.

인신충과 사해충(생지충) : 계절의 문을 여는 개척자들의 만남

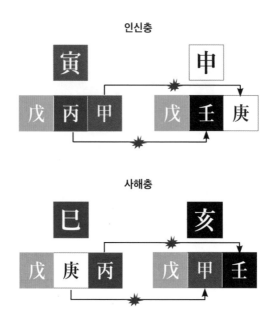

인신충

사해충

인신충이 조금 더 외향적인 충이라면, 사해충은 정신적인 충이라 할 수 있다. 인신충, 사해충 모두 지장간들끼리 병임충, 갑경충을 한다. 하지만 사화의 경우 십이지지 중 유일하게 정기가 중기를 극하는 간지인데, 이 상황에서 해수와 만나 갑경충과 병임충을 하니, 인신충에 비해 충이 선명하지 않고 조금 더 복잡한 양상을 띤다. 충과 합, 극이 복잡하게 전개될 때, 충은 정신적인 스트레스나 불안정적인 요소로 작용할 가능성이 더 높아진다.

인신충은 가장 활동적인 생지의 충으로서, 고전적으로 주거, 직장, 가정 내의 변화나 예측하지 못한 사건, 질병이나 신체와 관련된 사고를 암시하는 기운으로 여겨졌다. 하지만 인신충이라고 하여 단순히 꺼릴 게 아니라, 쟁충이 되는지, 원국 내에서라면 사령부인 일월지가 함께 충하는지 등을 고루 살펴보고 판단해야 한다. 지지에서 특정 간지가 합으로 묶여서 힘을 쓸 수 없는 상황이라면 충으로 이를 풀어주는 것이 마땅하기 때문이다.

쟁충으로 어떤 간지가 이 대 일로 공격받는 상황이 펼쳐질 때 합이

56

일어나면, 충의 에너지가 반감되어 원국은 어느 정도 안정을 되찾을 수 있다. 지지에서의 충은 천간과 달라서, 실질적인 변화와 변동으로 이어지는 경우가 많다. 지지 중 월지는 무의식, 내면, 욕망을 상징하고, 일지는 건강, 배우자, 직업을 의미한다. 시지는 미래지향의 터전이기도 한데, 천간과 달리 현실을 뜻하는 지지에서의 충이 복잡하게 일어날수록 예측불가능성 또한 더욱 높아지게 된다.

다만, 앞서 강조했듯이 충과 합은 그 자체로 우주 변화의 양상일 뿐, 무엇은 좋고 무엇은 나쁘다는 잣대를 들이댈 순 없다. 심지어 충과 합이 복잡하게 얽혀 현실에서의 불안정성이 높아진다고 해도 말이다. 실제 임상을 해보면, 지지에서 합충이 복잡하게 일어나고 있는 명식이, 그렇지 않은 명식에 비해 직업이나 전공이 바뀌는 경우가 많았다. 삶의 안정성은 떨어질 수 있겠지만, 자신의 욕망을 좇아 주체적으로 살아가기에 그때그때 행복한 삶을 추구할 가능성이 높아지는 것이다.

시주	일주	월주	연주
비견	본원	편인	식신
丙	丙	甲	戊
申	申	寅	寅
편재	편재	편인	편인
**	**	**	**
戊壬庚	戊壬庚	戊丙甲	戊丙甲

이 사주는 원국 내의 지지가 모두 인신쟁충을 하고 있다. 일반적으로 일 대 일 충보다 쟁충이 될 경우나 일간의 사령부라 할 수 있는 일월지가 서로 충을 할 경우에 충의 복잡성이 부정적인 방향으로 더욱 높아진다. 위의 사주는 학창시절 팔이나 다리가 자주 부러져 매년 병원 치료를 받아야 했던 지인의 명식으로, 뼈나 관절에 자주 부상을 입는 것은 인신쟁충의 영향 때문이라고 해석할 수 있다. 다만 인신충을 두고 교통

사고와 연결짓기도 하는데, 대세운에서도 인신충이 일어난다고 하여 무조건 뼈, 관절, 근육, 척추와 관련된 사고가 난다고 단정지으면 안 된다. 원론적으로는 충으로 인해 생지가 함의하는 역마의 기운이 더욱 활성화되니 더 자주 돌아다니게 되어 사고 확률이 높아진다고 해석하는 것이 합리적이다. 지인 역시 축구를 좋아하여 매년 깁스를 한 채로도 기어이 운동장에 나왔던 터라, 더 자주 사고에 노출될 수밖에 없었다.

이런 사주를 가진 사람은 운전을 할 때도 경차나 오토바이를 몰기보다 안전한 차량을 타는 것이 나을 것이다. 지인도 학창시절에 축구보다 차라리 수영처럼 수와 관련된 활동을 했다면, 금생수 수생목으로 지지의 기운이 순환되어 건강에 더욱 좋지 않았을까 싶다.

진술충과 축미충(붕충): 계절의 문을 닫는 수습 요원들의 만남

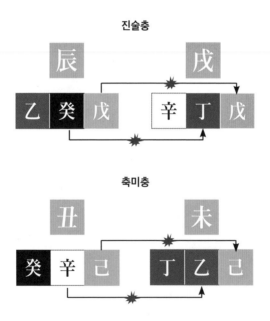

진술충

축미충

진술충과 축미충은 같은 정기(무토, 기토)를 공유하는 같은 오행의 충이라 하여 붕충(朋沖)이라 한다. 친구가 충하는 것처럼 충의 영향이 크지 않다고 하지만, 사실 외관상으로만 그리 보일 뿐 지장간에서 손상이 일어난다. 붕충을 잘 살펴야 하는 이유는, 지장간들끼리 충하는 오행

중에 원국에 없는 오행이 문제를 일으킬 가능성이 높기 때문이다.

시주	일주	월주	연주
	●		●
편인	본원	편관	정관
己	辛	丁	丙
丑	未	酉	申
편인	편인	비견	겁재
▲*	*	▲	
癸辛己	丁乙己	庚辛	戊壬庚

　예를 들면, 이 사주는 일지와 시지에서 축미충이 일어나고 있다. 월지와 시지에서 유축합이 일어나긴 하지만, 거리가 멀어 실제 축미충의 영향이 크다고 볼 수 있다. 축미충은 지장간 내부에서 수와 화의 충인 정계충, 목과 금의 충인 을신충으로 이루어진다. 이 사주에서는 금과 화 오행은 존재하지만, 수와 목 오행은 존재하지 않는다. 이런 경우 붕충으로 인해 축중 계수와 미중 을목이 손상되어 수와 목으로 인한 건강 문제가 발생할 가능성이 높다고 봐야 한다. 수는 생식계 기관과 머리카락, 우울증 증상과 관련이 깊고, 목은 척추, 간, 눈과 연관되어 있다. 단, 다행히도 이 사주는 연지 신중 임수가 존재하여, 수로 인한 건강문제는 크게 염려하지 않아도 괜찮다. 지장간에서 붕충이 일어날 때는 사실 대운과 세운에서 이 대 일 또는 삼 대 일로 붕충이 일어나는 상황을 잘 살펴야 한다.

시주	일주	월주	연주
*	**	*	
편관	본원	편관	정관
壬	丙	壬	癸
辰	戌	戌	巳
식신	식신	식신	편관
**	*	*	
乙癸戊	辛丁戊	辛丁戊	戊庚丙

　진술쟁충으로 인해 을신충과 정계충의 파괴력이 두 배가 되었다. 지장간 속에서 이 대 일 쟁충으로 공격받는 간지는 을목과 계수다. 다행히 수 오행은 원국에 존재하지만, 목 오행은 다른 간지의 지장간에서조차 찾아볼 수 없어 을목이 손상당하는 것은 피할 수 없게 되었다. 이 경우 목 오행과 관련된 신체 부위가 약해지거나, 건강상 문제가 불거질 수 있다. 나아가 을목이 상징하는 인성의 기운이 약해지거나, 드물지만 육친과 관련된 쪽으로도 부정성이 드러날 수 있다. 물론 초년에 대운이 목 오행으로 흐르거나, 목 기운이 강한 특수관계인 또는 주변 환경의 도움을 받는다면 큰 문제는 생기지 않는다. 하지만, 역시 대운이나 세운에서 술토가 또 들어와 원국에 있는 진토와 삼 대 일로 충하는 상황을 조심해야 한다. 자세한 내용은 이 책의 후반부에서 상세히 살펴보도록 하자.

③ 지지의 합충 : 주체에게 작용하는 격동의 불씨

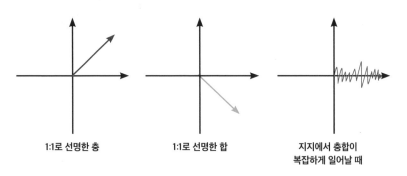

| 1:1로 선명한 충 | 1:1로 선명한 합 | 지지에서 충합이
복잡하게 일어날 때 |

원칙적으로 충과 합이 동시에 일어나면 충과 합 모두 이루어지지 않는 다고는 했지만, 그렇다고 하여 충과 합의 기운이 완전히 사라지는 건 아니라고 설명한 바 있다. 천간은 정신이자 내면의 영역이고 지지는 현실의 영역이기 때문에, 천간보다 지지에서 합충이 복잡하게 일어날 때 상황은 더욱 예측불가능하게 흐른다. 충이 활성화된 방향과 합이 안정화된 방향을 더욱 큰 폭으로 널뛰기하며 오가기 때문이다. 특히 지지에 쟁충과 쟁합이 섞여 있을 때 현실의 안정성은 전시에 준할 만큼 떨어지게 된다.

• 지지의 합충을 해석하는 방법

지지의 합충 역시 기본적으로 십성을 중심으로 해석하면 된다. 일 대 일로 충이 되면 해당 간지들의 십성이 더욱 활성화되지만, 이 대 일이나 삼 대 일로 쟁충이 되면 간지의 기운이 공격당하는 형국이 된다. 쟁충당하는 간지의 십성적 특성이 잘 드러나지 않거나, 해당 간지에 배속된 오행과 관련된 건강상 문제가 표면화될 가능성이 높아진다는 뜻이다.

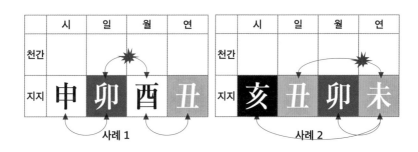

사례 1　　　　　사례 2

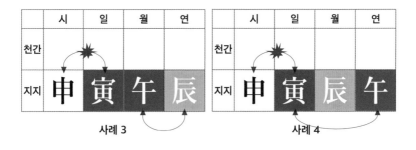

사례 3　　　　　사례 4

천간보다 지지의 합충이 더 복잡한 이유가 있다. 지지 지장간이 전부 천간의 요소로 구성되는 데다, 지지의 합이 훨씬 더 다양하기 때문이다. 지지에서의 충이나 합은 천간과 달리 거리가 멀어질수록 더욱 약해진다.

사례 1의 경우 묘유충이 일월지에서 일어나고 있는데, 연월지에서는 유축 반합이, 일시지에서는 묘신암합도 존재한다. 사실 암합은 합력이 너무 약해서, 지지에서 아무리 많이 일어난다고 해도 충을 무효화시킬 수는 없다. 그래서 사례 1의 묘유충은 암합 때문이 아니라, 유축합으로 인해 묘유충이 무효화된 경우로 봐야 한다(물론 충합은 무효라고 표현했지만, 그렇다고 묘유충의 기운이 아예 사라진 건 아니다).

사례 2는 묘목이 월지에 있어, 해묘미합이 보다 강력하게 형성될 가능성이 있다. 하지만 변수가 되는 연지와 일지의 축미충으로 인해 해묘미는 합화는 되지 못했고, 약하게나마 합만 이루었다고 봐야 한다. 삼합 파트에서 다루었듯, 만약 축토의 자리에 유금이 있어, 왕지인 묘목을 충한다면 해묘미는 더 강력한 방해로 인해 서로 합을 이루지 못하게 된다.

사례 3과 사례 4중 인오반합이 더 강하게 일어나는 것은 몇 번일까? 둘 다 인신충이 존재하지만, 정답은 인오반합이 더 가까운 자리에서 일어나는 사례 3이다. 사례 3과 사례 4 역시 충과 합 모두 무효가 된다.

다만, 지지에서 이 대 일이나 삼 대 일로 쟁충이 된다 하더라도, 천간에도 해당 오행이 있어 간여지동을 이루거나, 거리가 멀다하더라도 천간의 생조를 받는 경우 쟁충에 의해 심하게 공격당한다고 보기 어렵다.

시주	일주	월주	연주
식신	본원	편재	비견
戊	丙	庚	丙
戌	寅	寅	申
식신	편인	편인	편재
	*	*	
辛丁戊	戊丙甲	戊丙甲	戊壬庚

이 사주에서는 월지와 일지의 인목이 연지 신금과 이 대 일로 쟁충을 한다. 지지에서 신금은 이 대 일로 공격을 당하는 양상이지만, 다행히 월간에 정기인 경금이 투출하여 이 대 일 쟁충 상황에서도 자신을 지킬 수 있게 되었다. 이런 경우 사주에서 인목이 뜻하는 편인과 신금이 뜻하는 편재적 요소가 더욱 선명하게 드러난다고 볼 수 있다.

시주	일주	월주	연주
	＊＊		
편재	본원	편관	편관
己	乙	辛	辛
卯	酉	卯	酉
비견	편관	비견	편관
＊＊		＊＊	
甲乙	庚辛	甲乙	庚辛

이 사주는 천간의 을신쟁충에 더해, 지지에도 묘유쟁충이 일어나 원국 전체가 거의 전쟁에 준하는 상황이 되어버렸다. 이런 경우 두 오행을 중재할 수 있는 수 인성의 기운이 무척 중요하다. 금 편관의 기운을 설기하여 일간을 돕기 때문이다. 용신은 금 관성을 녹이는 화 식상이지만, 한신인 수 인성 역시 용신에 준하는 역할을 한다.

천간과 지지의 합과 충 : 꿈과 현실의 변화 양상

① 일주와 월주의 충 : 주체의 힘과 욕망의 활성화

시주	일주	월주	연주
●		*	
정인	본원	편재	정인
戊	辛	乙	戊
子	酉	卯	辰
식신	비견	편재	정인
▲●	●	*	▲●
壬癸	庚辛	甲乙	乙癸戊

사례 1

사주	일주	월주	연주
편인	본원	정관	정관
甲	丙	癸	癸
午	午	亥	亥
겁재	겁재	편관	편관
	●	●	●
丙己丁	丙己丁	戊甲壬	戊甲壬

사례 2

사례 1처럼 원국 내에서 월주와 일주의 천간과 지지 모두 일 대 일로 충할 경우, 생애 전반에 걸쳐 직업이 여러 번 바뀔 가능성이 상당히 높다. 주체가 가진 에너지와 욕망 모두가 엄청나게 강해지기 때문이다. 무의식의 영역과 현실의 영역이 충한다는 것은 두 요소의 영역이 엄청나게 활성화된다는 뜻이다. 사례 1은 월주가 상징하는 편재적 욕망뿐만 아니라, 이 욕망을 도구로 사용하여 자신을 드러내려는 주체의 힘이 만만치 않게 부딪히고 있다. 편재는 넓은 활동 무대와 흥미, 즉흥성 등을 상징하는 만큼, 사례 1은 다양한 직업을 추구하게 된다. 사례 2처럼 연주와 월주, 일주와 시주의 에너지가 극단적으로 다를 경우에는, 생의 전반부와 후반부가 칼로 무 자르듯 완전히 다른 양상으로 발현될 가능성이 매우 높아진다. 외국에서 직업을 갖거나 이민을 가는 등 큰 변화나 변동이 모두 포함된다.

② 천간삼합 : 하늘과 땅, 사회적 만남을 이루다

시주	일주	월주	연주
●○	●	●●	
편관	본원	비견	정관
丁	辛	辛	丙
酉	巳	丑	申
비견	정관	편인	겁재
▲	▲●●	▲	●
庚辛	戊庚丙	癸辛己	戊壬庚

　위쪽 명식의 경우, 지지에서는 사유축 삼합이 일어나지만, 왕지인 유금이 월지가 아닌 시지에 있어 삼합의 힘이 약해 보인다. 하지만 변수는 월간과 일간에 있다. 천간에 있는 신금이 지지로 내려오면 유금의 정기가 되는 만큼(유금은 초기가 경금, 정기가 신금이다), 이렇게 신금이 나란히 천간에서 병존할 경우 천간과 지지가 호응하여 사유축삼합의 기운을 만들어내기 때문이다. 사중 병화가 연간에 투간해 있지만, 왕지인 유금이 사화를 더 강하게 당겨오고, 사신합은 거리가 머니, 천간삼합으로 인해 사화와 축토가 합으로 묶여 있다고 봐야 한다. 이런 경우, 대세운에서 유금이 들어올 경우 천간삼합이 합화의 방향으로 기우는 만큼, 원국에는 금의 기운이 매우 강하게 작용한다.

원국의 형 : 나를 죽이는 무기인가, 살리는 무기인가?

① 인사신 삼형 : 극단화되는 지배와 권력의 기운

인사신 삼형은 역마의 기운이 강한 생지들이 모여 만들어내는 기운이다. 고전에서는 인사신 삼형을 사건, 사고, 구속, 법정 송사, 수술, 질병과 관련된 무척 부정적인 기운으로 바라봤다. 비유하자면 봄의 돌격대, 여름의 특공대, 가을의 선발대처럼 각각 목적과 방향이 다른 생지들이 만나니, 차고 넘치는 에너지를 도저히 통제할 수 없다고 본 것이다. 인사신 삼형은 보통 지배욕 또는 권력욕과 관련된 기운으로, 삼형이 성립되면 내면의 욕망이 과잉된다고 해석한다. 하지만 과거와는 달리, 요즘에는 강한 활동성을 바탕으로 자기의 기운을 온전히 드러내는 것이 성공의 요인이 되었다. 삼형의 기운을 잘 활용할 경우 조직에서 남보다 빠르게 승진하거나 출세하기 쉽고, 다른 사람의 생명을 다루는 의사나 형벌을 부여하는 군검경 조직에 종사할 경우 큰 성취를 이루어낸다고 본다. 실제 상담에서도 전투기 조종사나 우주항공 또는 초정밀 분야의 엔지니어 등 고도의 정신력과 체력, 전문지식을 요구하는 직업 종사자를 많이 만났다. 아무나 쉽게 접근할 수 없는 전문 분야에서 삼형의 기운을 잘 활용한 덕분이다.

	시	일	월	연
천간				
지지	申	寅	戌	巳

사례 1

	시	일	월	연
천간				
지지	申	寅	寅	巳

사례 2

	시	일	월	연
천간				
지지	巳	寅	子	申

사례 3

	시	일	월	연
천간				
지지	申	午	巳	未

사례 4

사례 4를 제외하고, 사례 1에서 3은 인사신 삼형이 성립된 원국이다. 인사신 삼형은 생지의 활동성에 바탕을 둔 기운이라 연월일시에 인목, 사화, 신금이 있을 때 성립된다. 사례 2처럼 인사신 중 하나의 간지가 더 있어도 마찬가지로 성립된다. 사례 3은 월지 자수가 연지 신금과 신자반합을 하는데, 이런 경우 역시 인사신 삼형이 작용하는 원국이라 볼 수 있다. 다만 사례 2는 인사신 간지들이 전부 자기의 활동성을 강하게 드러내는 반면, 사례 3은 신금의 활동성이 신자합으로 인해 떨어진다. 결국 둘 다 삼형은 성립되지만 사례 2에 비해 3의 삼형이 조금 더 약하게 작용한다고 봐야 한다. 참고로 사례 2처럼 무의식과 욕망의 터전인 월지의 글자가 삼형을 이루게 되면, 권력이나 지배욕이 굉장히 강해진다. 사례 4는 인사신 중 사화와 신금만 원국에 있어 삼형이 성립되지 않는다.

시주	일주	월주	연주
	●	*	*●
편관	본원	정인	정재
甲	戊	丁	癸
寅	申	巳	亥
편관	식신	편인	편재
*	●	*●	*●
戊丙甲	戊壬庚	戊庚丙	戊甲壬

위쪽처럼 인신사해 생지를 모두 갖춘 사주를 사맹격(四孟格)이라 한

다. 통상 인사신의 활동성을 뛰어넘는 어마어마한 힘을 갖추고 있다고
해석하여 제왕의 사주라고도 한다. 사주의 기운은 양면성이 있어서, 내
가 제대로 쓰지 못하면, 반대로 그 힘에 지배당할 수도 있다. 원국에서
인신사해를 모두 갖출 경우 운의 부침이 극단적으로 드러날 수 있기 때
문에, 대세운을 잘 살펴야 한다.

② 축술미 삼형 : 극단화되는 갈등과 구속의 기운

축술미 삼형은 삼합을 마무리하는 역할을 담당하는 고지들의 모임
이다. 고전에서는 축술미 삼형을 불신, 배신, 원망, 모함 등으로 인해 관
계에 장애가 발생하거나, 재산이나 재물이 불안정해지는 기운으로 해
석했다. 비유하자면 금 기운을 가득 품은 축토, 화 기운을 저장하고 있
는 술토, 목 기운을 끌어안고 있는 미토가 자기 기운을 숨긴 채 고집스
럽게 버티고 있으니, 내부 갈등이 극에 치달아 자기 발을 스스로 묶는
다고 본 것이다. 축술미 삼형이 원국에 있을 경우, 토 오행과 관련된 십
성이 부정적으로 드러날 가능성이 있다. 정리하면, 인사신 삼형은 밖으
로 펼쳐지는 기운이고, 축술미 삼형은 안으로 수렴되는 기운이라 할 수
있다. 인사신의 지장간은 전부 양간으로, 축술미의 지장간은 일부 토
오행의 정기를 제외하면 전부 음간으로 이루어져 있다.

	시	일	월	연
천간				
지지	未	午	戌	丑

사례 1

	시	일	월	연
천간				
지지	未	戌	未	丑

사례 2

	시	일	월	연
천간				
지지	卯	子	未	戌

사례 3

	시	일	월	연
천간				
지지	丑	辰	戌	未

사례 4

　사례 1과 2는 축술미 삼형이 이루어진 원국이다. 축술미 삼형은 고지들이 모여 원국의 활동성을 방해하는 기운이라, 연월일시에 축토, 술토, 미토가 있을 때 성립된다. 사례 2처럼 축술미 중 하나의 간지가 더 있어도 마찬가지로 성립된다. 사례 3은 축술미 중 하나의 요소가 빠져서 삼형이 성립되지 않은 원국이며, 사례 4는 진술축미가 모두 원국에 있어 삼형이 성립되지 않는다. 사례 4처럼 구성될 경우 사형살, 또는 사고격이라 하여 인신사해 사형살처럼 제왕의 사주로 분류했다. 잘못하면 동서남북 사방의 창고를 도둑맞을 수도 있지만, 기운을 잘 활용하면 동서남북 사방에 내 창고를 두어 엄청난 부를 일구거나 높은 사회적 성취를 거머쥘 수 있는 사주로 보았다.

시주	일주	월주	연주
●			●
정재	본원	겁재	편인
庚	丁	丙	乙
子	未	戌	丑
편관	식신	상관	식신
●	＊		＊ ●
壬癸	丁乙己	辛丁戊	癸辛己

　위쪽은 식상이 축술미로 이루어진 사주다. 이런 경우 축술미에 해당하는 십성의 기운이 부정적으로 드러날 가능성이 있다. 어렸을 적 식상이 상징하는 언어장애로 고생을 했고, 자녀 입태(入胎)에 어려움을 겪었

다. 정미일주의 경우 식상이 지지에 있어 자기 표현능력이 강한 일주로
봐야 하지만, 축술미가 식상으로 형이 될 경우 표현능력이 저하될 수
있다.

원국을 분류하고 용신을 찾는 방법

命理
武器

2
장

용신이란 무엇인가? : 더 행복한 삶을 향한 운명의 나침반

시주	일주	월주	연주
	●	●	
편재	본원	정재	편재
戊	甲	己	戊
辰	寅	未	辰
편재	비견	정재	편재
	●	●	
乙癸戊	戊丙甲	丁乙己	乙癸戊

용신의 용(用)은 쓴다는 의미이며, 신(神)은 기운을 나타낸다. 용신은 거저 주어지는 것이 아니라, 내가 적극적으로 써야 하는 기운이라는 뜻이다. 어느 한 기운으로 치우친 사주는 그 기운과 관련된 단점이 두드러지게 된다. 예를 들어, 위의 사주는 토 재성의 기운이 지나친 편이다. 정재와 편재가 다르게 나타나지만, 보통 재성의 기운이 잘 발달되어 있으면 공통적으로 이재(理財)에 밝아 현실적인 판단력이 뛰어나며, 일을 처리할 때도 마무리가 깔끔하다. 하지만 재성이 지나치면 정반대로 가치 판단력이 약해지고, 일은 크게 벌이는데 마무리를 잘하지 못할뿐더러, 매듭을 짓더라도 현실적인 이익과 연결되지 않을 가능성이 크다. 남자의 경우 재성이 육친으로 여성이다 보니, 이성 관계가 복잡해져 애정 문제가 불거질 확률도 높다.

하지만 상담을 하는 사람이라면, 사주가 저런 구조라 하여 '흠, 이 사람은 이성 문제가 복잡하여 살면서 한두 번은 꼭 이혼을 하겠군'이라거나, '재성이 많으니 불필요한 인간관계 때문에 쓸데없이 돈만 잔뜩 빠져 나가겠군' 하고 섣불리 판단해선 안 된다.

단점을 일부 늘어놓긴 했지만 '반드시 그렇다'라고 하지 않고, '그럴 가능성이나 확률이 높은 편이다'라고 서술한 이유가 있다. 사주가 그 사람의 성정을 나타내긴 하지만, 현실의 영역에는 언제나 '인간의 의지와 노력'이 개입되기 때문이다.

미리 이야기하면, 위 사주의 용신은 인성이다. 인성은 참고 기다리며 끝까지 버텨내는 성찰과 지혜의 힘이다. 재물욕에 사로잡혀 감당할 수 없을 만큼 위험한 투자를 감행하려 할 때는(재성이 지나치게 강해 부정성이 드러날 때는), 누구든 마음의 욕심을 다스리고, 다른 사람의 이야기에 귀 기울이며, 자신이 처한 상황을 객관적으로 바라보는 지혜(인성)가 필요한 법이다.

정리하면 용신은 치우쳐진 사주의 균형을 잡아주는 기운이자, 내가 더 나은 삶을 살아갈 수 있도록 끊임없이 추구해야 할 전략적 지침이라 할 수 있다. 용신을 돕는 기운을 '일간이 반기는 기운'이라 하여 희신(喜神)이라 하고, 용신을 극하는 기운을 '꺼리는 기운'이라 하여 기신(忌神)이라 한다. 대체로 기신은 그 사주에서 지나치게 차고 넘쳐, 부정성이 드러날 가능성이 높은 기운을 의미한다. 따라서 위 사주에서는 토 재성이 기신이 된다. '기신을 돕는 기운'을 원수나 적을 의미하는 단어를 써서 구신(仇神)이라 하는데, 위 사주에서는 토 재성의 기운을 키워주는 화 식상이 구신이다. 마지막으로 한신(閑神)은 용희신도 아니고 기구신도 아닌 기운으로서, '한가하다'는 뜻이 담겨 있다. 위 사주에서는 목 비겁이 한신인데, 때에 따라서는 한신이 기신을 극하므로 매우 중요한 역할을 담당하기도 한다.

참고로 대운이나 세운에 용신이 들어올 때 마치 로또복권에 당첨된 것처럼 지금까지 힘들었던 인생이 180도 달라질 거라는 환상을 품는 경우가 있다. 용신은 내 사주의 부족한 부분을 보완하여 일간이 가진 잠재력을 가장 폭발력 있게 쓰도록 돕는 요소이지, 결코 만병통치약이 아님을 반드시 알아야 한다. 각 사주의 십성이 지나치게 강할 때 드러나는 단점과 이를 보완할 수 있는 방법, 대운과 세운에 오는 운은 어떻게 해석해야 할지 추후 상세히 살펴보도록 하자.

평범한 차도 드림카로 만드는 튜닝의 공식

여기 자동차가 한 대 서 있다고 가정해보자. 사주를 파악하는 건 그 자동차의 용도가 무엇인지, 최대 마력은 얼마이며 얼마나 빠른 속도를 낼 수 있는지, 다른 자동차에 비해 차체가 얼마나 큰지, 현재 사용하는 타이어는 여름용인지 겨울용인지 등을 살피는 것과 같다. 이것저것 살펴본 끝에 당신은 이 자동차가 일반 도로가 아니라, 산이나 강을 낀 험지를 주파할 때 최적의 효율을 낼 수 있는 오프로드용 자동차라고 결론을 내렸다. 높은 마력과 거대한 크기, 각진 차체는 일반 도로를 주행하기보다 비포장도로에 특화된 개성을 분명하게 드러내고 있었다.

하지만 타이어를 잘못 선택해 오프로드를 달리기에는 조금 부실해 보인다 치자. 진흙탕에서 몰게 된다면 필시 얼마 못 가 바퀴가 수렁에 빠질 게 분명하다. 이때 당신이 자동차의 운전자이자 소유주라면, 가장 먼저 무엇을 해야 할까? 당연히 타이어부터 교체해야 한다.

일간을 운전자로, 사주의 나머지 일곱 글자를 자동차로 비유해보자. 같은 자동차라 하더라도 쓰임새와 목적을 파악하는 것이 사주를 살피는 행위라면, 차량의 부족한 부분을 구체적으로 찾는 것은 용신을 파악하는 행위가 된다. 용신을 파악하고 용신을 추구한다는 건, 내 사주를 더욱 조화롭게 만들기 위해 주체적으로 노력하는 것을 의미한다.

기신은 '나에게 차고 넘쳐 부정성을 드러내기 쉬운' 기운이다. 지나치게 큰 차체와 필요 이상으로 높은 마력을 기신이라 할 수 있다. 차체가 너무 크면 일반 도로를 주행하기 번거롭고, 마력이 쓸데없이 높으면 기름만 빨리 소진한다. 하지만 오프로드를 달릴 요량이라면, 넓은 진흙탕이나 강가를 주행할 때만큼은 역으로 큰 차체와 높은 마력이 자동차의 개성이자 차량을 빛내는 요소가 된다. 이렇듯 기신이라 하여 반드시 꺼리고 버려야 할 기운은 아니다. 가장 넘치는 기운이라 익숙함과 동시에, 나를 가장 나답게 만드는 요소가 되기 때문이다.

절대적으로 완벽한 사주란 존재하지 않기에, 인간은 음양의 우주적 변화 속에서 무의식적으로 조화로움을 추구한다. 바로 이 지향성으로부터 명리학적인 용신의 개념이 등장한다. 고전에서는 용신이 사주에 없으면 천격인 사주라 단정지었지만, 나는 그렇게 보지 않는다. 용신이 내 사주에 없더라도, 나의 노력과 의지를 통해 얼마든지 용신의 기운을 생성시킬 수 있기 때문이다.

덧붙이면, 나에게 없다고 해서 내게 꼭 필요하거나 추구해야 할 기운이 되는 것은 아니다. 물론, 사주에 특정 기운이 없다는 것은 그 기운을 쓰기 어렵다는 뜻도 된다. 하지만 인간이라면 누구나 조금이라도 넘치는 기운(기신)을 갖추고 있기 마련이다. 부정적인 요소가 쉽게 드러날 수 있는 빌미인 동시에, 언제든 내가 자유롭게 꺼내 쓸 수 있는 도구가 바로 기신이다.

인간은 늘 넘치거나 부족한 기운으로 인해 흔들리며 불안정해지는 존재다. 하지만 그런 인간이 조금씩 더 나은 상태로 거듭날 수 있는 이유는, 삶에는 늘 조화로움을 향한 주체의 노력과 의지가 중요하게 작용하기 때문이다. 풍요로운 삶을 향해 적극적으로 정진하면, 그리하여 기신의 부정성을 조금이나마 덜어내고 용신의 기운을 추구해 나간다면, 그게 누구든 **기신은 나의 도구로, 용신은 나의 무기**로 활용할 수 있다.

예를 들어, 나의 사주에서는 가장 기운이 넘치는 화 비겁이 기신으로 작용한다. 비겁은 독립성과 주체성을 상징하지만, 부정적으로 작용하면 조그만 간섭도 꺼리기 때문에 규율이 강한 직장에서는 쉽게 피로감을 느낀다. 게다가 오만과 독선이 지나쳐 다른 사람의 이야기에 귀 기울이지 않고, 내 주장만 옳다고 내세우며 동료들과 멀어질 수도 있다.

하지만 나의 경우, 통제받지 않을 때 높은 효율을 보이는 비겁의 특성이 내 단단한 영역을 만들어가려는 욕망에 부응해 오히려 내 능력을 크게 빛내는 도구가 되었다. 높은 충성도를 요구하고 규율도 엄격하며 업무강도도 높은 직장에 들어갔지만, 그 안에서 가장 독립적인 업무를 도맡았기 때문이다. 게다가 남들의 이목을 잘 끌 수 있고, 관심과 칭찬에 민감한 비겁의 성향을 바탕으로 나는 화 오행과 관련이 큰 사진과 방송 미디어 분야에서 10년간 전문성을 쌓았다. 내가 직장생활을 했던

시주	일주	월주	연주
정인	본원	편인	정인
乙	丙	甲	乙
未	午	申	丑
상관	겁재	편재	상관
*	*	*	*
丁乙己	丙己丁	戊壬庚	癸辛己

99	89	79	69	59	49	39	29	19	9
편인	정인	비견	겁재	식신	상관	편재	정재	편관	정관
甲	乙	丙	丁	戊	己	庚	辛	壬	癸
戌	亥	子	丑	寅	卯	辰	巳	午	未
식신	편관	정관	상관	편인	정인	식신	비견	겁재	상관
묘	절	태	양	장생	목욕	관대	건록	제왕	쇠

시기는 29세 신사대운으로, 용신과 기신의 기운이 동시에 작용하는 시기였다. 내가 주어진 사주에 어떻게 대응하며 살아왔는지에 대해서는 추후 곳곳에서 설명하도록 하겠다.

용신의 종류 : 구조에 따라 달라지는 특별한 무기

① 억부용신(행운용신) : 넘치면 덜어내고, 부족하면 채운다

억부는 억강부약(抑强扶弱)의 준말로, 넘치는 것은 덜어내고, 모자라는 것은 채워준다는 의미이다.

시주	일주	월주	연주
●		●	
편관	본원	겁재	비견
甲	戊	己	戊
寅	辰	未	辰
편관	비견	겁재	비견
戊丙甲	乙癸戊	丁乙己	乙癸戊

예를 들면 위의 사주처럼 토 기운이 넘치는 경우 목의 기운으로 토의 기운을 눌러주는 것보다, 토의 기운을 살살 달래 금의 기운으로 빼주는 것이 더 자연스럽다. 사주에서 이처럼 넘치는 기운을 자연스럽게 덜어내는 기운을 억부용신이라고 한다. 일간이 억부용신과 관련된 행위를 추구하거나, 억부용신을 만날 경우 운이 유리하게 흐르기 때문에 이를 행운용신이라고도 한다.

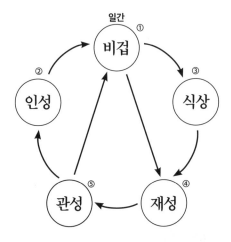

행운용신을 구할 때는 일간(나)이 신강한지, 신약한지를 우선 판별해야 한다. 일간의 힘을 키워주는 것은 ①일간과 같은 힘인 비겁과 ②일간을 생해주는 인성이다. 일간의 힘을 소모하는 것은 ③일간이 생하는 식상과 ④일간이 극하는 재성, ⑤일간을 극하는 관성이다.

사주에서 일간의 세력이 되어주는 인성과 비겁의 힘과, 반대로 일간의 힘을 소모하는 식상, 재성, 관성의 힘이 각각 얼마나 큰지를 잘 판단해야 한다. 일간 주변에 인성과 비겁이 많다면 일간이 힘이 강해지니 **신강한 사주**가 된다. 일간 주변에 식상, 재성, 관성이 많다면 일간의 힘이 약해지니 **신약한 사주**가 된다. 일간 주변에 인성과 비겁은 물론, 식상, 재성, 관성도 적당히 섞여 있다면 이 일간의 힘은 적당하다고 할 수 있다. 이런 사주를 **중화사주**라 한다.

시주	일주	월주	연주
편재	본원	비견	겁재
壬	戊	戊	己
子	戌	辰	巳
정재	비견	비견	편인
▲●	*●	▲*	
壬癸	辛丁戊	乙癸戊	戊庚丙

사례 1

시주	일주	월주	연주
	●		
상관	본원	정관	상관
乙	壬	己	乙
巳	午	卯	未
편재	정재	상관	정관
■	■●	▲	■
戊庚丙	丙己丁	甲乙	丁乙己

사례 2

시주	일주	월주	연주
●			●
편재	본원	편관	겁재
癸	己	乙	戊
酉	亥	丑	戌
식신	정재	비견	겁재
▲		▲	
庚辛	戊甲壬	癸辛己	辛丁戊

사례 3

　사례 1은 신강사주로 일간 무토의 주변에 토 오행이 가득하다. 일간을 제외한 사주 일곱 글자 중 토 오행은 모두 네 개로 사주에서 가장 중요한 사령부인 월지와 일지를 차지하고 있다. 한눈에 봐도 토 오행의 세력이 가장 강하기 때문에 신강한 사주로 분류된다.

　사례 2는 신약사주로 일간 임수가 전부 자신의 기운을 빼앗아가는 식상, 재성, 관성에 둘러싸여 있다. 게다가 지지에도 일간에 힘이 되어주는 금 인성이나 수 비겁이 없어 한눈에 봐도 일간인 임수의 힘이 너무 미약한 신약한 사주로 분류된다.

사례 3은 중화사주로 금 식신과 수 재성, 목 편관의 기운이 토 오행과 팽팽하게 대치하며 힘의 균형을 이루고 있는 사주다. 후술하겠지만 **일지와 월지 중 하나라도 인성이나 비겁으로 이루어져야만 중화사주가 될 수 있는 최소 조건이 갖추어진다.** 중화사주라 하더라도 음양과 오행의 완벽한 조화란 결코 있을 수 없기 때문에, 중화사주는 중화 신약, 또는 중화 신강으로 구분된다.

사실 중화사주의 경우, 용희기구한신에 얽매이기보다 사주상 드러나는 내담자의 욕망과 마음의 상태, 원국의 강점과 부족한 점, 가능성 등을 살펴 그때그때 운에서 들어오는 기운들을 보다 더 잘 쓸 수 있도록 조언하는 것이 나을 수도 있다.

일간의 강약에 따라 달라지는 내면의 양상

신강사주는 인성과 비겁이 강한 사주라는 뜻으로 자기 중심성과 신념이 강하다는 특징이 있다. 주관이 뚜렷하고, 옳다고 생각하는 일을 끝까지 밀어붙일 만한 뚝심이 있으며 독립심 또한 남다르다. 배짱이 두둑하고 시원하게 일을 처리하기 때문에, 매사 자신감은 물론 생동감이 넘치는 느낌이다.

하지만 어떤 일을 하든 환경이나 조건을 크게 신경 쓰지 않기 때문에, 주변과 마찰이 잦다는 것이 최대 단점으로 꼽힌다. 누가 뭐라 해도 쉽게 흔들리지 않는 견고한 성향과 뚜렷한 주관이 신강한 사주의 장점인 동시에 단점이 되는 것이다. 사주에서 모든 기운은 음과 양의 양면성이 있기 때문에, 내가 그 힘을 잘 통제하는지, 반대로 끌려다니는지에 따라 인생의 성패가 나뉠 수 있다.

신약사주는 인성과 비겁의 힘은 약한 대신 식상, 재성, 관성의 힘은 훨씬 강하다. 인성과 비겁의 힘이 약하니, 신강한 사주와 반대로 환경에 비해 자기 중심성이 무척 약하다는 특징이 있다. 신강한 사람은 의사결정이 빠른 편이지만, 신약한 사람은 주저하고 머뭇거리다 주변 환경에 소극적으로 휩쓸릴 수 있다.

하지만 모든 일을 세밀하게 따지고 계획성 있게 처리하니, 예상치 못한 실패의 위험을 크게 줄일 수 있다는 큰 장점이 있다. 한발 물러나 주변 환경과 조건에 자신을 맞추고, 때를 기다리며 시류에 편승하므로 현실 적응력 또한 무척 뛰어난 편이다. 자기 주도적인 힘이 약하고, 외부 환경에 민감하게 반응하니 일관성이 떨어질 수는 있겠지만, 신중한 성격을 긍정적으로 사용할 경우 어떤 어려운 환경에서도 최상의 결과를 이끌어낼 수 있다.

중화사주는 인성과 비겁, 식상과 재성, 관성의 힘이 서로 균형을 이루는 사주다. 어느 한쪽으로도 크게 치우치지 않았기 때문에, 신강한 사주나 신약한 사주가 지닌 단점이 거의 드러나지 않고 조화를 이루고 있다고 할 수 있다. 중화사주는 인생에 큰 굴곡이 거의 없으며, 공무원, 교사, 전문직 등 안정적인 직업에 종사하는 경우가 많다. '어제와 같은 오늘, 오늘과 같은 내일'이라는 말처럼 늘 흐름이 비슷한 삶을 살아가는 것이다. 그만큼 안정적인 삶을 사는 것이 큰 장점이지만, 삶에 큰 변화가 없다는 점에서 단점이 될 수도 있다.

신강사주, 신약사주, 중화사주 모두 일간이 가진 힘의 세기에 따라 구분한 것일 뿐, 이를 좋고 나쁘다는 이분법적 시각으로 바라볼 수는 없다. 신강한 사주라면 신약한 사주처럼, 신약한 사주라면 신강한 사주처럼 살아가기 위해 노력할 때, 중용의 미덕을 갖추어 더욱 지혜로운 삶을 영위할 수 있을 것이다. 강한 것은 덜어내고, 부족한 것은 채워 나간다는 생각으로 내 사주를 끌고 나가는 것이 풍요로운 삶을 사는 지름길이다.

조후론이 중요했던 시대적 배경 살피기

조후용신은 일간이 처한 **기후의 조건**을 살펴, 치우친 한난조습(寒暖燥濕)의 균형을 맞추는 기운을 일컫는다. 조후에서는 일간이 추운 겨울인 해자축(亥子丑)월에 태어나면 따뜻한 화가, 더운 여름인 사오미(巳午未)월에 태어나면 수를 필요로 한다고 본다. 문제는 조후적 관점하에 서술된《궁통보감》*조차 오로지 일간과 월지만을 기준 삼아 용신을 획

---

* 《궁통보감(窮通寶鑑)》은 중국 명나라 때 쓰인 작자미상의 《난강망(欄江網)》이 원저로 알려져 있다. 청나라 초 천문학을 담당하던 관리에 의해 《조화원약(造化元鑰)》으로 편저되었다가, 이를 바탕으로 청나라 말 여춘대(余春台)가 다시 《궁통보감》으로 편저하여 출간했다. 근대에 대만의 명리학자 서락오(徐樂吾)가 1937년에 해설한 《궁통보감 평주》를 발간하면서 널리 읽히기 시작했다. 서락오는 《자평진전》, 《궁통보감》, 《적천수》 등을 해제했고, 명리학의 거의 모든 이론을 총괄하는 《자평수언(子平粹言)》을 남겼다. 현대의 5대 용신(억부, 조후, 격국, 전왕, 병약)의 틀을 체계적으로 정리한 사람도 서락오다.

일적으로 적용하고 있다는 점이다.

얼마나 획일화가 잘 되어 있는지, 조후에 따라 용신을 잡는 공식(?)만 외우면 누구나 51만 8,400가지나 되는 사주의 용신을 단 1초 만에 잡는 고수로 거듭날 수 있다. 게다가 상담 시 약간의 스토리텔링을 가미하여 '그대의 사주를 보니 한겨울에 태어난 나무라 무엇보다 따뜻한 태양을 필요로 할 것이야!'라는 식으로 첫 마디를 꺼낸다면 사주를 전혀 모르는 이들을 제법 그럴 듯하게 홀릴 수도 있다.

조후법이 널리 활용된 이유를 거칠게 말하면, 용신을 잡기가 쉽고(누구든 한 시간 안에 배울 수 있다!) 상담 시 스토리텔링을 하기 편리했기 때문이 아닌가 싶다. 더 나아가 내가 잡은 용신이 정답이라는 생각에 내담자의 삶이 어떠한지 질문하지 않고, 자신의 견해 역시 비판적으로 성찰하지 않은 채로 고전을 그대로 답습하기만 한 것이 조후법을 우선시하는 병폐로 굳어져왔다고 본다.

시	일	월	연
	庚		
		未	

시주	일주	월주	연주
정관	본원	식신	정관
丁	庚	壬	丁
亥	午	寅	巳
식신	정관	편재	편관
戊甲壬	丙己丁	戊丙甲	戊庚丙

《궁통보감》에서는 왼쪽의 예시처럼 미월에 태어난 경금 일간이면 무조건 정화가 용신이고, 갑목은 보조용신(희신)으로 봐야 한다고 말한다. 사주에 정화가 있으면 좋은 사주고, 정화나 갑목이 없으면 문제인 사주라는 식으로 사주의 빈부귀천을 나눈다. 만약 오른쪽 예시처럼 극단적으로 나머지 자리에 목이나 화가 있는 경우 일간의 뿌리가 거의 없음에도 불구하고 정화와 갑목을 용신으로 써야 할까? 미월에 경금일

경우 다른 요소를 볼 필요도 없이 무조건 정화를 용신으로 써야 한다는 관점에는, 관성만이 최우선의 가치를 지니던 옛 시대의 사고방식이 그대로 녹아들어 있다 (갑목 일간이면 무조건 도끼로 쪼개어 대들보로 써야 한다는 식의 서술에도 역시 마찬가지의 관점이 담겨 있다).

현대의 조후론자들이 월지뿐만 아니라 시지까지 고려하여 조후법을 적용한다고 하지만 이런 관점은 지금 시대에 맞지 않고, 이 경우에도 연주는 제외하고 사주 중 삼주만 중점적으로 살피는 우를 범하게 된다 (물론 사주의 전체를 살피는 억부법으로 본다면, 경금일간이 미월에 태어났다 하더라도 사주 전체를 살펴 정화나 갑목이 용신이 되는 경우도 많다). 사주의 전체적인 상황을 제대로 살피지 않을 바에야 사주팔자가 아니라, 삼주육자라고 하는 게 더 나을 것이다.

스물두 개의 간지 중 오로지 병화가 조후용신의 만병통치약처럼 쓰이거나, 고전들이 월지를 유독 중요하게 여기던 사유의 바탕에 대해서는 앞서 기본편*에서도 다룬 바 있다. 조후법에 여러 문제가 있지만, 억부법을 우선해야 하는 이유를 간단히 들자면 조후법만으로는 운의 유불리를 제대로 살필 수 없기 때문이다. 억부로는 운세의 유불리를, 조후로는 마음의 안정을 살필 수 있다며 애써 조후의 효용을 강조하는 관점이 있기는 하다. 하지만, 다시 한 번 강조하자면 조후를 우선으로 하는 시각은 사주의 쓰임새는 물론, 일간의 희기(喜忌)를 판단할 때 크게 도움이 되지 않는다.

《궁통보감》에서는 '겨울에 태어난 갑목이나 을목에게는 화가 필요하다'라고 서술하고 있다. 하지만, 현장에서 겨울나무인데 사주에 화가 없으니 아무런 쓰임새가 없다고 단정지어선 안 된다. 오히려 북반구의 추운 지방에서만 자라나는 자작나무처럼, 척박한 환경 속에서 자랐기 때문에 갖는 고유한 특성을 살펴 더 가치 있는 삶을 살아갈 수 있도록 조언해줄 수 있기 때문이다. 참고로, 자작나무 껍질은 기름기가 많기 때문에 습기에 강하고 불에 잘 타며, 방수성이 우수해 배를 비롯한 각종 생활도구의 재료로 활용되어 왔다. 천연 감미료의 원료인 자

---

* 《명리, 나를 지키는 무기: 기본편》 '조후용신의 만병통치약, 병화'(36쪽), '월지의 지위를 다르게 해석해야 하는 이유'(281쪽) 참고

일리톨 성분으로 사랑받기도 하는 자작나무는 우리나라의 특정 지역에서도 군락을 이루고 있다.

정리하면, 일간이 추운 겨울이나 더운 여름에 태어났다 하더라도 억부법을 우선 적용하여 용신을 살펴야 한다. 억부법만으로 판단하기 애매한 중화사주인 경우라면, 억부법을 우선 적용하고 조후법은 보조적으로 참고하는 것이 옳다.

명리영역 기출문제

1. 다음 중 일간이 가진 힘의 세기에 따라 사주를 분류했을 때, 각 사주가 할 수 있는 말로 가장 알맞은 것은? (난이도 하)

① 신강사주: "무슨 일을 하든 돌다리도 두들겨보고 건너는 게 좋지 않겠어?"

② 신약사주: "내가 생각한 게 맞아. 그냥 내가 말한 대로 빨리 시작하자."

③ 신강사주: "삶에 있어 모험은 중요하지 않아. 난 그냥 하루하루 어제와 같은 오늘, 오늘과 같은 내일, 늘 똑같은 삶을 사는 게 제일 좋아."

④ 신강사주: "지금 와서 다시 안 된다고 하면, 팀원들이 모두 날 싫어하겠지?"

⑤ 극신약사주: (도박을 하면서) "못 먹어도 가야지! 이거 묻고 더블로 가!"

2. 다음 중 용신과 관련된 설명 중 가장 거리가 먼 것을 고르면? (난이도 하)

① 가영: "억부용신의 핵심은, 일간을 기준으로 치우친 사주의 균형을 맞추어 전체적으로 조화를 이룰 수 있는 기운을 찾는 거야."

② 지훈: "억부용신은 운에서 만나거나 내가 추구할 때 더 유리한 국면을 만들어낼 수 있기 때문에 행운용신이라고도 불려."

③ 준을: "원국에 용신이 없다면, 그건 이미 아무짝에도 쓸모없는, 소위 망한 사주가 될 수밖에 없어."

④ 지열: "고전의 관점과 달리 용신을 잡을 때는 가급적 억부법을 우선으로 하되, 조후법은 보조적으로 참고하는 것이 가장 좋아."

⑤ 대영: "통상적으로 일간의 힘이 약한 신약한 사주는 보통 비겁이나 인성을, 일간의 힘이 강한 신강한 사주는 식상, 재성, 관성을 용신으로 쓴다고 할 수 있어."

풀이 노트

1. 정답은 ⑤번 극신약사주이다. 극과 극은 통한다는 이치에 따라, 극신약사주는 극신강한 것처럼 말하고 행동할 때가 많기 때문이다. 보기 중 ①, ③, ④번은 신약한 사주가 할 법한 말이고, ②번은 보통 신강한 사주에 어울리는 말이다. 신약한 사주는 자아가 외부 환경보다 약하며, 신강한 사주는 자아가 외부 환경보다 훨씬 강하다. 똑같이 말하고 행동하더라도 신약한 사주는 다른 사람들이 어떻게 생각하고 판단할지를 더 중요하게 여기는 반면, 신강한 사주는 정반대로 내 생각을 더 중요시한다.

2. 정답은 ③번이다. 고전에서는 용신이 원국에 없는 경우 천격으로 분류했으나, 당시는 가문에 따른 신분과 직업적 제약이 절대적인 영향을 미쳤기 때문에 개인이 주체성을 내세우기 힘든 사회였다. 하지만 현대에는 개인의 노력과 의지가 크게 작용하기 때문에, 사주에 용신이 없다 하더라도 내가 그 기운을 추구할 경우 큰 성취를 이룰 수 있다.

일간의 힘을 파악하는 보조적 방법

극신강(極身强)	85
신강(身强)	54
중화(中和)	40~53
신약(身弱)	25
극신약(極身弱)	6

15	본원	15	4
시간	일간	월간	연간
시지	일지	월지	연지
15	22.5	22.5	6

＊천간의 경우 통근 여부에 따라 가점

극신강 85점 이상, 신강 54점 이상, 중화 40점~53점, 신약 25점 이하, 극신약 6점 이하

일간의 신강, 신약의 정도를 제대로 파악하려면 일간의 득령, 득지, 득세＊, 지장간의 투출, 천간의 통근 여부는 물론, 합과 충, 형의 양상 등도 종합적으로 살펴야 하지만, 쉬운 이해를 위해 간단히 점수표를 만들어보았다. 시중에 유통되는 사주 앱 중 용신을 잡아주는 서비스 대다수가 이런 식의 점수표를 바탕으로 제작되었다고 보면 된다. 당연히 합이나 충은 물론, 천간이 뿌리내린 간지와 얼마만큼 떨어져 있는지 등 여부는 세밀히 살피지 않기 때문에 정확도가 무척 떨어지는 편이다. 시중의 앱들이 안내하는 용신의 정확도는 좋게 봐야 40퍼센트 정도일 것이다. 그것도 아주 신강하거나 아주 신약한 사주인 경우에만 보조적으로 참고가 가능할 뿐이다.

학자마다 천간과 지지 중 어디를 더 중요하게 보는지, 연주나 시주, 또는 일지나 월지의 영향력을 얼마나 인정하는지에 따라 점수 배점이 조금씩 다르다. 위의 점수표를 보면 월지와 일지의 점수가 특히 높은데, 여기에는 그만큼 월지와 일지가 중요하며 일간에 대하여 서로 비등한 영향력을 갖고 있다는 관점이 반영되어 있다.

천간에 있는 간지가 지지에 뿌리를 두면, 즉 통근하면 당연히 더 강한 힘을 갖는다. 지지의 지장간 중 천간이 초기, 중기, 정기 중 어디에

＊ 득령, 득지, 득세를 명확하게 이해하고 싶은 분들은 '득령, 득지, 득세'(104쪽)를 참고하면 좋겠다.

뿌리를 뒀는지, 뿌리를 내린 간지가 얼마나 가까이에 있는지에 따라서도 당연히 점수는 달라진다.

앞서 기본편에서 지지가 인성이나 비겁이 아님에도 불구하고 간여지동급으로 강한 예외적인 일주로 갑진, 정미, 계축 일주가 있다고 설명한 바 있다(참고로 신축 일주의 경우 간여지동급까지는 아니지만, 위 세 일주 다음으로 일간의 뿌리가 강한 일주로 해석해야 한다). 일간이 갑목, 정화, 계수일 때 각각 일지로 만나지 않더라도 진토, 미토, 축토는 일간의 뿌리가 되어준다는 것도 유념해야 한다.

일주	월주		일주	월주		일주	월주
	●		＊	＊		＊	●
본원	편재		본원	비견		본원	겁재
丁	辛		丙	丙		乙	甲
酉	未		寅	子		卯	戌
편재	식신		편인	정관		비견	정재
				▲			●●
						●	
庚辛	丁乙己		戊丙甲	壬癸		甲乙	辛丁戊

사례 1 사례 2 사례 3

사례 1에서 3 중 각 일간의 힘이 강한 것부터 약한 것까지 순서를 매기면 어떻게 될까? 사례 3 → 사례 2 → 사례 1의 순서가 된다. 사례 3은 을목이 묘목의 정기에 뿌리를 내리고, 역시 일지에 뿌리를 둔 갑목을 옆에 두고 있기 때문이다. 사례 2의 병화는 일지인 인목의 중기인 병화에 뿌리가 있다. 사례 3과의 차이점은 일간이 정기가 아닌 중기에 뿌리를 두고 있다는 점이다. 일간은 지장간의 중기보다 정기에 뿌리를 두었을 때 더 힘이 강해진다. 나아가 인목은 생지이고, 묘목은 계절의 기운이 가장 왕성한 왕지이니, 사례 3처럼 왕지와 같은 오행 위에 서있는 을목이 사례 2의 병화보다 더 힘이 세다고 하겠다.

덧붙이면 양간은 발산하는 기운이고 음간은 수렴하는 기운이다. 인성이나 비겁처럼 자신에게 힘이 되는 기운들이 주변에 비슷하게 있을 경우, 양간보다 음간이 훨씬 더 이들을 자기 세력화하려는 속성이 더 강하다.

사례 1은 정화가 월지 미토에 강하게 뿌리내리고 있긴 하지만 일지나 월간이 자신의 힘을 빼앗아가는 오행으로 되어 있어 사례 2나 3에 비해서는 일간의 힘이 훨씬 더 약하다.

위에 제시한 점수표에 맞춰 사례 1에서 3까지 각각 일간의 점수를 구해보자. 사례 1은 월지가 미토 식신이지만 정화가 뿌리내릴 수 있는 간지라 22.5점, 사례 2와 3은 각각 지지에 통근하고 월간에 자기 편을 두고 있기 때문에 37.5점(22.5점 + 15점)이 된다. 하지만 점수만 그러하지, 실제로 월주와 일주만 놓고 보면 사례 2와 사례 3 중 3의 을목이 더 힘이 강하다.

시주	일주	월주	연주
*			
편인	본원	편재	정인
乙	丁	辛	甲
巳	酉	未	子
겁재	편재	식신	편관
▲	▲		
戊庚丙	庚辛	丁乙己	壬癸

사례 1

시주	일주	월주	연주
편재	본원	비견	상관
庚	丙	丙	己
寅	寅	子	巳
편인	편인	정관	비견
戊丙甲	戊丙甲	壬癸	戊庚丙

사례 2

시주	일주	월주	연주
정재	본원	상관	겁재
戊	乙	丙	甲
寅	卯	寅	辰
겁재	비견	겁재	정재
戊丙甲	甲乙	戊丙甲	乙癸戊

사례 3

점수표에 맞추어 다시 사례 1에서 3마다 일간의 점수를 구해보자. 사례 1은 56.5점(15+15+22.5+4), 사례 2는 58.5점(15+22.5+15+6), 사례 3은 64점(15+22.5+22.5+4)이 된다.

참고로 사례 1은 일간이 자신의 뿌리를 시지와 월지에 튼튼하게 두고 있으며(정화는 미토를 만나면 강하게 뿌리내린다), 지지에 있는 유금이 천간에도 투출해 있어 재성의 기운 또한 강하다. 이런 사주를 일컬어, 신왕하고 재왕한 사주라 한다. 사례 2는 병화가 일지와 시지 인목으로부터 생조받고 있는데, 중기인 인중 병화에도 튼튼하게 뿌리를 두고 있다. 연지 사화의 정기인 병화가 월간으로도 투출해 있으니, 비겁과 인성으로 자기 세력이 넘치는 신강한 사주다.

정리하면 신강한 사주는, 일간이 지지에도 비겁으로 강하게 뿌리를 두고, 주변에 있는 인성으로부터도 강하게 생조받는 사주를 말한다. 신왕한 사주는 일간이 지지에서 비겁으로만 강하게 뿌리를 두어 튼튼할 때를 일컫는다. 둘 다 일간의 강약을 일컫는 용어이고 학자마다 크게 구별해서 사용하고 있지는 않지만, 일간이 강할 경우 보통 '신강하다'라는 표현이 더 넓은 의미로 사용된다.

강한 비겁과 인성을 덜어내는 방법

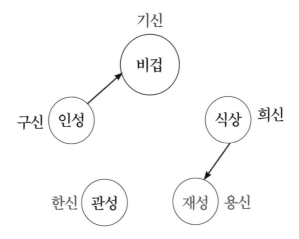

비겁이나 인성이 강한 신강한 사주는 75퍼센트 이상 재성이 용신이 된다. 이때 재성은 용신, 식상은 희신, 관성은 한신이 된다. 비겁은 기신, 인성은 구신이다. 기신이나 구신이 대세운에서 들어올 때는 운이 불리하게 흐르고, 반대로 용희신이 들어올 때는 유리하게 흐른다.

강조하고 싶은 것은, 운이 불리하게 흐르는 이유를 결정론적으로 생각하면 안 된다는 것이다. 기구신 대세운에서는 비겁이나 인성과 관련된 부정성이 크게 드러날 수 있다. 이는 내가 성급하게 내린 결정과 행동들이 사람들과의 관계를 어렵게 만들고, 내가 원했던 것과 정반대로 불리한 결과를 가져올 확률이 높다는 뜻이다.

이럴 때 한신의 기운이 필요하다. 한신 또한 용신의 기운을 조금 덜어가기는 하지만 기신을 극하는 기운이라 잘만 활용하면 큰 힘이 될 수 있기 때문이다. 비겁과 인성의 기운이 강해져 내가 독단적으로 무언가를 결정하려 할 때, 관성(나를 절제하는 힘)의 힘으로 한 발 물러나 찬찬히 상황을 살피면 큰 실수를 막을 수도 있다. 결국 용신, 희신, 한신을 내 편으로 삼고, 기신과 구신을 적으로 돌리면 삼 대 이로 유리한 국면을 끌어낼 수 있다는 이야기다(최종적으로는 한신을 잘 쓸 줄 알아야 명리학의 진정한 고수가 될 수 있다).

신강한 사주의 용신을 관성으로 쓰는 경우는 7퍼센트 정도로 매우 드문데, 명리학이 발전하던 시대에는 정반대로 신강하면 대체적으로 관성을 용신으로 썼다. 당시에는 과거 급제만이 출세하는 유일한 수단이었기 때문이다. 심지어 관직을 통해 권력을 등에 업기만 하면 재성, 즉 재물도 얼마든지 끌어들일 수 있는 시대였다. 따라서 관성은 최고의 길신으로 대접받았다. 당연히 관성을 깨는 상관이나 관성에 대항하는 비겁은 용신으로 여겨지지 않았다. 청나라 시대의 고전 중 격국 중심의 관점에서 탈피하여 억부의 체계를 세웠다고 평가받는《적천수》조차 비겁을 용신으로 삼지는 않았다. 시대적 한계를 벗어나 사고한다는 게 얼마나 어려운 일인지를 다시 한 번 생각하게 만드는 대목이다.

지금은 과거의 신분제도가 폐지되고, 자신이 원하기만 하면 얼마든지 노력을 통해 큰 성취를 이룰 수 있는 사회다. 이런 시대에 신강한 사주가 재성을 용신으로 쓴다는 것을 어떻게 이해해야 할까? 신강한 사람이라면 누구나 독립된 한 사람의 어른으로서, 남에게 기대기보다 오로지 자신의 힘으로 떳떳하게 재화활동을 해 나가야 한다는 뜻이다. 재성은 재화이면서도, 사람들과 관계를 맺는 힘이 되기도 한다. 나 혼자만의 활동이 아니라, 나와 전혀 다른 사람들과의 활발한 교류를 통해 일간이 가진 욕망을 구현해 나간다는 의미로 해석할 수도 있다.

명리학적으로 보면, 신강한 사람은 자신을 향해 수렴하는 기운이 넘치는 사람이다. 이런 사람은 사회적으로 크게 성공할 확률도 높지만, 반대로 과신하다 실패의 진창에 빠져 허우적댈 확률도 높다. 신강한 경우, 몇 날 며칠을 바깥 사회와 단절하고 무기력하게 집에만 있을 때 가장 위험하다. 그 단단한 칼날이 자신을 향하면, 거리낌없이 자기 자신을 해칠 수도 있기 때문이다. 할 일이 없다고 웅크려 있기보다, 해가 뜨면 돌멩이라도 주워오겠다는 심정으로 밖에 나가 몸을 움직여야 한다.

사주에서 강한 기운을 덜어내기 위해서는 극하기보다 살살 달래서 힘을 빼주는 것이 더 좋다. 왕자희설(旺者喜泄), 즉 강한 자는 억누르는 것보다 설기되는 것을 더욱 반기기 때문이다. 제압하려는 힘과 설기하려는 힘을 용신으로 쓰는 것은 전혀 다른 문제다. 공격하기 위해서는 수비할 때보다 훨씬 많은 힘을 소모할 수밖에 없는데, 이마저도 자칫 잘못

공격했다가는 많은 기운에 제압당하여 내가 용신으로 쓰고자 했던 기
운들이 형체도 없이 사라져버릴 수도 있다. 원래 수레의 섶단에 붙은 불
을 한 잔의 물로 끄려 하면, 오히려 더 크게 일어나는 법이다.

시주	일주	월주	연주
비견	본원	비견	비견
壬	壬	壬	壬
寅	子	子	子
식신	겁재	겁재	겁재
戊丙甲	壬癸	壬癸	壬癸

97	87	77	67	57	47	37	27	17	7
비견	정인	편인	정관	편관	정재	편재	상관	식신	겁재
壬	辛	庚	己	戊	丁	丙	乙	甲	癸
戌	酉	申	未	午	巳	辰	卯	寅	丑
편관	정인	편인	정관	정재	편재	편관	상관	식신	정관
관대	목욕	장생	양	태	절	묘	사	병	쇠

사례 1

남, 신강

시주	일주	월주	연주
***	※	※	※
편재	본원	비견	비견
丙	壬	壬	壬
午	子	子	子
정재	겁재	겁재	겁재
***	※	※	※
丙己丁	壬癸	壬癸	壬癸

97	87	77	67	57	47	37	27	17	7
비견	정인	편인	정관	편관	정재	편재	상관	식신	겁재
壬	辛	庚	己	戊	丁	丙	乙	甲	癸
戌	酉	申	未	午	巳	辰	卯	寅	丑
편관	정인	편인	정관	정재	편재	편관	상관	식신	정관
관대	목욕	장생	양	태	절	묘	사	병	쇠

사례 2

위 사주들 모두 명리학 고전《명리정종(命理正宗)》에 나오는 명식이다. 사례 1은 부자, 사례 2는 거지의 사주로 소개되는데 모두 화 재성이 용신, 목 식상은 희신이 된다. 두 사주 모두 대운의 흐름이 같은데 사례 1은 화 운에서 발복하여 높은 관직에 오른 반면, 사례 2는 사주에 있는 강한 비겁들이 재물을 빼앗는 군겁쟁재 현상을 일으켜 거지가 되었다고 서술한다(2번은 군겁쟁재가 되기 쉬운 사주지만, 나는 저런 구조의 사주라 하여 반드시 거지가 된다고 생각하지 않는다. 군겁쟁재의 구조를 잘 활용하는 방법이 있기 때문이다. 저 시절에는 패자부활전이 없었기 때문에, 한 번의 실패에 크게 주저 앉았다가 다시 일어나지 못한 것이 극단적인 해석의 원인이 아닌가 싶다). 사례 1은 시지에 있는 인목이 원국의 수 기운을 설기시켜 사주의 흐름을 원활히 만들고 있다. 사례 2는 용신이라 하더라도, 시주의 화 기운이 원국의 수 기운과 강하게 대치하다 보니 불이 일어났지만 더 큰 물에 모두 꺼지는 그림이 되었다. 어설프게 극하는 것보다, 강한 기운은 살 살 달래서 빼주는 게 더 낫다는 뜻이다.

시주	일주	월주	연주
*			*
정관	본원	비견	겁재
癸	丙	丙	丁
巳	戌	午	丑
비견	식신	겁재	상관
	▲	▲	
戊庚丙	辛丁戊	丙己丁	癸辛己

위쪽의 사주는 일간이 월지를 비겁으로 두고, 주변에도 화 기운을 강하게 두르고 있다. 이런 경우 어설프게 수 관성을 용신으로 삼아 불을 끄려하기보다, 금 재성을 용신으로, 토 식상을 희신으로 쓰는 것이 더 좋다. 당연히 용신을 금 재성으로 잡았지만, 운의 흐름에 따라 토 식상, 특히 화의 기운을 가장 잘 설기시키는 습토가 오는 것이 어설프게 금 재성이 오는 것보다 훨씬 큰 도움이 된다.

이제부터 재성을 용신으로 써야 하는 사주의 구조를 여러 경우로 나누어 살펴보도록 하자.

• 재성 용신(75퍼센트 이상)
비겁이 세력을 이루어 일간의 힘이 강한 경우 : 신강

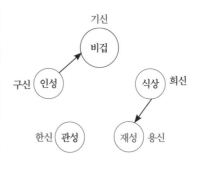

시주	본원	편관	연주
편인	본원	비견	비견
庚	壬	壬	壬
子	子	寅	子
겁재	겁재	식신	겁재
壬癸	壬癸	戊丙甲	壬癸

→ 용신은 재성, 희신은 식상, 한신은 관성, 기신은 비겁, 구신은 인성이 된다. 대다수 신강한 사주는 75퍼센트 이상 재성을 용신으로 쓰면 된다.

비겁과 인성이 혼잡되어 일간의 힘이 강한 경우 : 인다신강

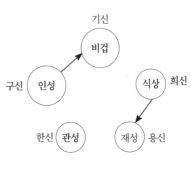

시주	일주	월주	연주
겁재	본원	정인	비견
己	戊	丁	戊
未	午	巳	辰
겁재	정인	편인	비견
丁乙己	丙己丁	戊庚丙	乙癸戊

→ 인성도 많고, 일간도 사주 전체에 전부 뿌리를 내려 매우 신강한 사주다(지지의 지장간에 전부 무토나 기토가 있다). 이런 경우 역시 용신은 재성, 희신은 식상이다. 재성이 비겁의 힘을 덜어내고, 인성의 기운은 눌러주기 때문이다. 식상 역시 비겁을 설기하고, 자신을 극하는 인성의 기운을 덜어낸다. 이런 인다신강 사주는 기신이 비겁, 구신은 인성,

한신은 관성이 된다.

일간은 약해도 인성이 엄청나게 강한 경우 : 인다신약

시주	일주	월주	연주
	●		●
편인	본원	편인	정관
辛	癸	辛	戊
酉	酉	酉	寅
편인	편인	편인	상관
庚辛	庚辛	庚辛	戊丙甲

한신
비겁

기신 인성   식상 희신

구신 관성   재성 용신

→ 주변의 인성으로부터 강하게 생조받고 있지만, 일간 계수는 지지의 지장간에서조차 뿌리내리지 못해 인다신약한 사주가 되었다. 이런 경우 용신은 재성, 희신은 식상이지만, **인다신강과 달리 한신이 관성이 아니라 비겁이 된다.** 인다신약한 사주는 신약하여 비겁의 뿌리가 약하기 때문에, 비겁이 운에서 들어오는 것도 반기기 때문이다. 신강, 신약의 기준은 인성의 힘이 얼마나 강한지와 상관없이, 일간이 얼마나 지지에 튼튼하게 뿌리내리고 있는지에 달려 있다.

시주	일주	월주	연주
＊			＊
상관	본원	편인	정인
丙	乙	癸	壬
戌	亥	丑	辰
정재	정인	편재	정재
＊			＊
辛丁戊	戊甲壬	癸辛己	乙癸戊

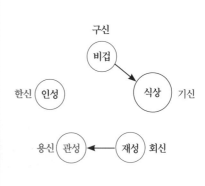

문재인 전 대통령의 명식. 연주 임진과 월간 계수의 영향으로 인해, 월지 축토는 수 기운이 강하다. 전체적으로 인성은 매우 강하지만, 비겁의 뿌리가 너무 약해 신약한 사주다. 인성은 통찰과 사유의 힘이지만, 비겁의 힘이 약할 때는 인성의 긍정성을 기대하기 힘들다. 마치 물(인성)이 많으면 나무(비겁)가 썩거나, 아궁이에 나무(인성)가 많으면 불(비겁)이 쉽게 꺼지는 것과 같다. 인다신약한 사주는 험난한 상황을 자신의 강한 주체성으로 돌파해야 할 때, 의존적 성향을 보이거나 망설일 가능성이 있다. 실제 그는 정치 입문 이후 5~6년 동안 야당의 원톱 대선후보였고 여의도 정치의 주역이었지만, 줄곧 권력의지를 내비치지 않아 정치판에서 한 발 비켜 서 있는 느낌을 자아냈다. 참고로 인다신약한 사주는 본인의 생각에만 매몰되다, 판단이 흐려져 잘못된 선택을 할 위험이 있다.

• 관성 용신(7퍼센트)
일간이 강하게 뿌리를 내려 자신을 지킬 수 있고, 식상도 강한 경우: 신왕식왕

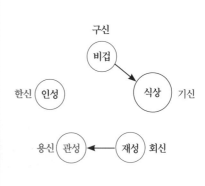

98

→ 일간인 갑목이 일지와 시지에도 강하게 뿌리내리고 있고, 화 식상의 기운 또한 강한 사주다. 이렇게 일간이 비겁으로 일지나 월지 중하나를 득하여, 자신을 튼튼하게 지킬 수 있을 경우 신왕하다고 표현한다. 이렇게 신왕한데 식상도 강한 경우에만 관성을 용신으로, 재성을 희신으로 쓴다. 사주에서 가장 넘치는 기운인 식상이 기신이 되며, 식상의 기운을 돕는 비겁이 구신이 된다. 식상을 극하는 인성은 한신이다. 이런 사주는 식상의 기운이 너무 강해 신강하다고 볼 수 없으므로, 신왕하고 식왕한 사주라 한다.

관성 용신의 의미

일간이 왕하고 식상이 강한 경우에는 관성을 용신으로 쓴다. 잠깐 개인적인 이야기를 하자면, 상담 시 내담자에게 관성을 용신으로 써야 한다고 이야기하는 것을 별로 좋아하지 않는 편이다. 그 이유는 삶의 행복과 관련이 큰 식상을 기신으로 돌려야 한다는 뜻이기 때문이다.

십성 중 식상은 나를 자연스럽게 표현하는 힘으로, 자녀와 가족, 의식주는 물론, 식욕, 성욕, 수면욕 등 기본적인 욕구를 뜻하기도 한다. 식상의 기운은 자신이 원하는 것을 찾아 삶을 여유롭게 살아가려는 자세를 추구하기 때문에, 삶의 행복과도 밀접한 관련이 있다.

반대로 관성은 내가 표현하고 싶은 감정, 하고 싶은 행동을 통제하는 힘이다. 따라서 식상과는 정반대의 역할을 한다. 관성을 용신으로 쓸 때 권력을 손에 얻거나, 출세하기는 쉬운 편이지만, 늘 분주하며 막상 사회적으로 원하는 성공을 얻었다고 해서 행복해지지 않는다는 단점이 있다. 끊임없이 조직이나 사회가 요구하는 틀에 맞추며, 자신을 소모시켜야 하기 때문이다.

명리학이 발전을 거듭하던 시대에는, 식신이 길신으로 대접받았던 것처럼 무엇보다 먹고 사는 게 가장 시급한 문제로 여겨졌다. 하지만 과거와는 달리 개인의 행복이 가장 중요해진 시대에, 식상이 뜻하는 낙천성이나 행복, 삶의 기쁨을 포기하면서까지 재성과 관성이라는 현실의 욕망을 추구할 필요는 없다.

비현실적인 무능력함으로 여겨질 수도 있지만, 행복해지기 위한 나의 자연스러운 감정과 욕망을 지나치게 통제하면서까지 남들에게 인정받고(관성), 손에 쥐지도 못할 만큼 넘치는 재물(재성)을 탐할 필요는 없다는 뜻이다. 이른바 출세하기 위해 부와 권력을 손에 쥐는 것만이 인생의 전부가 될 수는 없다.

덧붙이자면, 격국의 관점으로는 관성과 재성이 선명하고 용희신으로 쓸 수 있는 사주를 부귀영화를 오래 누릴 사주로 여겼다. 소수만이 부귀를 누릴 수 있는 사회에서, 얼마나 많은 사람이 천한 삶을 강요받았는지 떠올려보면, 재와 관만을 좇는 사회는 필연적으로 다수가 불행해지는 사회가 될 수밖에 없다. 철학적인 측면으로도, 내게 주어진 사회적 역할을 어른으로서 책임지며 수행해 나간다는 의미에서 관성은 용신보다 한신 정도로 두는 게 낫다. 관성을 구체적으로 어떻게 내 편으로 가져와 쓸 수 있는지에 대해서는, 추후에 상세히 살펴보기로 하자.

• 식상 용신(7퍼센트)

일간이 강하게 뿌리를 내려 자신을 지킬 수 있고, 관성도 강한 경우 : 신왕관왕

시주	일주	월주	연주
	**	*	*
편재	본원	편관	편관
己	乙	辛	辛
卯	酉	卯	酉
비견	편관	비견	편관
**	**	**	**
甲乙	庚辛	甲乙	庚辛

희신 비겁 → 식상 용신
한신 인성
기신 관성 ← 재성 구신

→ 일간인 을목이 월지와 시지에 강하게 뿌리내리고 있어 신왕한데, 금 관성도 만만치 않은 사주다. 이렇게 신왕하고 관왕한 데다가 일간이 강하게 뿌리내리고 있어 관의 기세에 대항할 수 있는 경우에 한해 식상을 용신으로 쓴다. 화 식상이 용신, 목 비겁이 희신, 관성은 기신, 재성은 구신이 된다. 보통 용신을 극하는 기운을 기신으로 보지만, 이 경우에는 용신인 식상을 극하는 인성을 기신이 아니라 한신으로 봐야 한다. 수 인성이 금의 강한 기세를 설기하여 일간에 힘을 불어넣어주기 때문이다. 신왕하긴 하지만 결국 신약한 명식은 인성과 비겁, 식상 중 하나가 용신이 된다. 다시 말해 신약한 경우 대부분 이 셋의 기운을 모두 내 편으로 쓸 수 있다는 뜻이다.

비겁 용신은 틀을 완전히 바꾸고 상황을 극복하려는 힘을 뜻하며, 인성 용신은 무엇인가를 지속적으로 추구하는 힘을 의미한다. 식상 용신은 비겁의 힘을 바탕으로 내가 속해 있는 환경을 조금 더 주도적으로 바꾸어 나가겠다는 의지를 말한다. **참고로, 갑진, 정미, 계축일주 중 관성이 너무 강한 경우에도 대부분 용신을 식상으로 쓴다.** 이 부분에 대해서는 후에 다시 한 번 살펴보기로 하자.

위 사주는 통관법으로 수 인성만 용신이 될 수 있다고 주장할 수도 있으나, 통관용신이 되려면 설기해야만 하는 기운이 생을 받는 쪽보다 압도적으로 강해야 한다. 위 사주는 금 편관의 기운이 강하긴 하지만, 간여지동이 된 위치가 연주이기 때문에 목 비겁과 비교했을 때 금 관성의 기운이 압도적으로 강하다고 보긴 힘들다. 그래서 이런 사주는 통관 용신으로 수를 쓰는 게 아니라, 억부용신으로 화 식상을 쓰는 것이 온당하다.

식상 용신의 의미
식상이 용신이라는 이야기는, 신왕하고 관왕한 사주라는 뜻이다. 관성이 강한 사람은 본인이 조금 손해를 보더라도 조직의 안위를 우선시하며 조직의 규율에 순응한다. 규칙적이고 안정적인 삶을 추구하려는 성향이 강하고, 대의 명분이나 공공의 가치를 중요시하는 점은 큰 장점이다. 하지만 강압적인 환경 속에서도 자신의 목소리를 내지 않고, 다른 사람의 시선을 너무 의식하다 보니 극도의 스트레스를 안고 살아갈 가능성이 높다.

마치 국회의원 배지를 달게 된 정치인이 큰 권력은 얻었지만, 늘 분주하고 피곤한 삶을 감당해야 하는 것과 같다. 이름이 널리 알려진 사람이라면, 이전처럼 친구들과 동네 술집에서 편하게 술을 마시거나 클럽에서 춤을 추기는 어려울 것이다. 식상이 용신이라는 이야기는, 직장에서 승진에 목을 매고 명예를 얻기 위해 애쓸 게 아니라, 자신을 규정하는 사회적 틀에서 벗어나 조금 더 삶에 여유를 가지라는 뜻과 같다. 식상 용신을 구체적으로 어떻게 쓸 수 있는지에 대해서는, 추후에 상세히 살펴보기로 하자.

• 투간(透干), 투출(透出), 통근(通根)

지지의 관점에서 일간을 제외하고, 지장간의 간지가 다른 천간에 떠 있는 것을 두고 투출 또는 투간이라 한다.

일주	월주
*	●
본원	겁재
乙	甲
卯	戌
비견	정재
●	●●
甲乙	辛丁戊

소개한 사주를 예로 들면, '묘중 갑목이 월간에 투간했다', 또는 '묘중 갑목이 월간에 투출했다'고 말한다. 묘중 을목이 일간에도 투출, 또는 투간된 거 아니냐고 할 수도 있겠지만, 지장간에 있는 간지가 일간에 있는 건 투출이나 투간이라 말하지 않는다.

투간이나 투출이 지지의 관점에서 일컫는 용어였던 것과 반대로, 통근은 천간이 기준이 된다. 즉, 예시의 사주는 월간의 갑목이 일지 묘목에 통근한 경우다. 나아가, 일간 을목은 묘중 을목에 통근했다거나, 을목이 묘중 을목에 뿌리를 내리고 있다고도 말할 수 있다. 이해를 돕기위해 월주와 일주로만 구성된 사주를 예시로 든 것뿐 투간, 투출, 통근이란 용어는 거리가 얼만큼 떨어져 있는지와는 관계 없이 사용할 수있다. 투간이나 투출, 또는 통근이 되면 천간과 지지의 요소가 서로 호응하기 때문에, 해당 오행이나 간지의 힘이 엄청나게 강해진다고 해석한다.

참고로, 학자에 따라 투간과 투출을 엄밀히 구분하기도 한다. 투간은 월지에 있는 간지가 월간에 떴을 때처럼 원국 내 가까운 위치에만제한하여 쓰고, 투출은 이외 거리가 멀거나 대세운에서 호응하는 천간이 올 때 사용한다. 덧붙이면, 원국 내 지장간에는 을목이 있는데 천간에는 을목 대신 갑목만 있을 때도 투출이라는 용어를 사용할 수 있다.예를 들어 월지에 미토가 있고 시간에는 갑목이 있을 경우, 미중 을목이 변격해 시간에 갑목으로 투간했다고 말한다. 정리하면 투간보다는투출이, 투출보다는 통근이 훨씬 더 넓은 개념이다.

대운		시주	일주	월주	연주
				*	
비견		식신	본원	편관	비견
己		辛	己	乙	己
卯		未	亥	亥	酉
편관		비견	정재	정재	식신
*					
甲乙		丁乙己	戊甲壬	戊甲壬	庚辛

위 명식의 경우 일단 '해중 갑목이 월간에 을목으로 투출했다', 또는'시지 미중 기토가 대운에서 투출했다'고 표현할 수 있다.

하지만 투간이라는 용어를 더욱 제한하여 사용하는 학자라면, 미중 기토가 연간 기토로 투출했다고는 할지언정, 투간했다고 말하지는 않을 것이다. 연주, 월주, 시주처럼 동주해 있는 곳의 지지가 바로 위에 뜬 게 아니라면 투간이라는 용어조차 사용해선 안 된다고 보기 때문이다. 나아가 격국을 중요하게 보는 학자 중에는, 오직 월지에 있는 지장간이 월간에 떴을 때에 한해서만 투간이라고 보는 견해도 있다.

이 책에서는, 원국 내에서 천간과 지지가 같은 간지로 호응하는 경우에는 투간 또는 투출로, 원국 내 요소가 대세운의 천간과 같은 간지로 호응하는 경우에는 투출로 표기했음을 밝힌다.

일지와 월지의 투간

사주를 통변할 때는 지지 지장간의 투간 여부를 잘 살펴야 한다. 특히 기본편에서도 서술했듯 사주의 연주와 월주는 무의식의 영역으로, 일주와 시주는 현실의 영역으로 나뉜다. 이런 관점에서 각 영역의 사령부인 일월지 지장간의 투간 여부가 사주의 많은 요소를 선명하게 드러내기 때문이다. 예를 들어 일지에 있는 비겁이 천간에 투간한 경우, 자영업이나 프리랜서, 또는 운동선수나 배우 등 몸을 쓰는 분야에서 직업적으로 강력한 힘을 발휘할 수 있다. 또는 일지가 용신인 경우 큰 조력 속에서 배우자와 원만한 관계를 지속하거나, 건강함을 유지할 가능성이 매우 높다고 해석할 수 있다. 일지 투간은 일지가 뜻하는 직업, 배우자, 건강의 영역으로 해석이 제한될 수 있지만, 월지 투간은 전체 원국의 구성과 향방을 결정짓는다.

• 득령(得令), 득지(得地), 득세(得勢)

득령은 일간을 기준으로 월지가 비겁이나 인성일 때, 득지는 일지가 비겁이나 인성일 때를 말한다. 반대로 월지나 일지가 일간의 편이 아닐 경우에는(식상, 재성, 관성일 때) 실령, 실지했다고 말한다. 득세는 주변에 인성이나 비겁이 많아 자기 세력이 강할 때를 말하며, 반대로는 실세했다고 한다.

사례 1. 득령, 득지, 득세한 극신강 사주

시주	일주	월주	연주
정재	본원	상관	겁재
戊	乙	丙	甲
寅	卯	寅	辰
겁재	비견	겁재	정재
■	■	■	■
戊丙甲	甲乙	戊丙甲	乙癸戊

시주	일주	월주	연주
편재	본원	비견	겁재
壬	戊	戊	己
子	戌	辰	巳
정재	비견	겁재	편인
▲●	*●	▲*	
壬癸	辛丁戊	乙癸戊	戊庚丙

시주	일주	월주	연주
비견	본원	겁재	식신
壬	壬	癸	甲
寅	子	酉	子
식신	겁재	정인	겁재
戊丙甲	壬癸	庚辛	壬癸

모두 일지와 월지가 비겁이나 인성이며(득령, 득지), 주변에 일간과 같거나 일간을 생해주는 오행이 많아 세력을 이루고 있다(득세). 위 사주 모두 용신은 재성, 희신은 식상, 관성은 한신이 된다. 위 사주는 모두 세 개의 오행으로 이루어졌지만, 사주가 극단적으로 하나의 기운으로만 강하게 이루어졌을 때는 전왕사주라 하여 억부용신을 쓸 수 없게 된다. 이런 구조의 사주에 대해서는 후에 살펴보기로 하자.

사례 2. 실령했지만, 득지, 득세한 신강사주

시주	일주	월주	연주
편재	본원	비견	상관
庚	丙	丙	己
寅	寅	子	巳
편인	편인	정관	비견
戊丙甲	戊丙甲	壬癸	戊庚丙

시주	일주	월주	연주
비견	본원	겁재	겁재
甲	甲	乙	乙
戌	寅	酉	丑
편재	비견	정관	정재
		▲	▲
辛丁戊	戊丙甲	庚辛	癸辛己

시주	일주	월주	연주
		●	
편재	본원	비견	정관
壬	戊	戊	乙
戌	戌	子	丑
비견	비견	정재	겁재
●	●●●	●	
辛丁戊	辛丁戊	壬癸	癸辛己

모두 월지가 식상, 재성, 관성으로 내 편이 아니나(실령), 일지는 내 편이고(득지), 일간 주변에도 일간과 같거나 일간을 생해주는 오행이 큰 세력을 이루고 있다(득세). 위 사주 모두 신강한 사주로 역시 용신은 재성, 희신은 식상, 관성은 한신이 된다.

사례 3. 실지했지만, 득령, 득세한 신강사주

시주	일주	월주	연주
	✳		✳
편인	본원	편인	편재
庚	壬	庚	丙
子	戌	子	寅
겁재	편관	겁재	식신
●	●●	●	
壬癸	辛丁戊	壬癸	戊丙甲

사례 1

시주	일주	월주	연주
겁재	본원	겁재	겁재
壬	癸	壬	壬
子	未	子	寅
비견	편관	비견	상관
壬癸	丁乙己	壬癸	戊丙甲

사례 2

시주	일주	월주	연주
✳	●		✳
편재	본원	비견	편인
壬	戊	戊	丙
子	子	戌	戌
정재	정재	비견	비견
	●●	●	
壬癸	壬癸	辛丁戊	辛丁戊

사례 3

　　모두 일지가 식상, 재성, 관성으로 내 편이 아니나(실지), 월지는 내 편이고(득령), 일간 주변에 일간과 같거나 일간을 도와주는 오행이 큰 세력을 이루고 있다(득세). 참고로, 마지막 사주는 특히 재성의 세력도 강하기 때문에, 이런 경우 역시 신왕재왕한 사주라 말한다. 사례1과 2 모두 용신은 재성, 희신은 식상, 관성은 한신이 된다. 사례 3은 신왕하고 재왕한 사주인데, 비겁과 재성의 세력 중 어떤 세력이 더 강한지를 판단해야 한다. 월주를 차지한 토 오행의 기운이 수 오행의 기운보다 훨씬 강하므로, 역시 용신은 재성, 희신은 식상, 관성은 한신이 된다.

사례 4. 실령, 실지했으나 득세한 중화사주

시주	일주	월주	연주
식신	본원	비견	비견
丙	甲	甲	甲
寅	戌	戌	寅
비견	편재	편재	비견
戊丙甲	辛丁戊	辛丁戊	戊丙甲

사례 1

시주	일주	월주	연주
	●	●	
편인	본원	비견	겁재
己	辛	辛	庚
丑	巳	巳	午
편인	정관	정관	편관
	●	●	
癸辛己	戊庚丙	戊庚丙	丙己丁

사례 2

시주	일주	월주	연주
편인	본원	비견	편인
甲	丙	丙	甲
午	辰	子	午
겁재	식신	정관	겁재
*	▲	▲※※	*
丙己丁	乙癸戊	壬癸	丙己丁

사례 3

모두 득세를 했기 때문에 얼핏 신강해 보이지만, 실령, 실지하여 (중화)신약한 사주가 되었다. 조금 어려운 내용이므로, 이에 대해서는 추후 신강한 사주의 조건에 대해 논하면서 자세히 살펴보도록 하자.

사례 5. 득지 또는 득령은 했으나, 득세하지 못한 신약사주

시주	일주	월주	연주
●		*	*●
편인	본원	정관	상관
戊	庚	丁	癸
寅	辰	巳	亥
편재	편인	편관	식신
		*	
戊丙甲	乙癸戊	戊庚丙	戊甲壬

사례 1

시주	일주	월주	연주
●	●●	●	●
식신	본원	정재	정재
壬	庚	乙	乙
午	寅	酉	未
정관	편재	겁재	정인
▲●	▲		
丙己丁	戊丙甲	庚辛	丁乙己

사례 2

시주	일주	월주	연주
●●	●		
정관	본원	편재	비견
庚	乙	己	乙
辰	亥	丑	丑
정재	정인	편재	편재
乙癸戊	戊甲壬	癸辛己	癸辛己

사례 3

　　모두 일지나 월지를 내 편으로 두었으나(득령 또는 득지), 주변에 일간을 돕는 세력이 약하다(실세). 신약하다는 건, 일간의 힘이 약하다는 뜻이다. 억부법으로는 가장 약한 기운을 더해주어 사주의 전체적인 균형을 맞춰줄 수 있는 기운이 용신이 되기 때문에, 이런 구조의 사주는 일간과 같은 오행이 용신이 된다. 즉 용신은 비겁, 희신은 인성이다. 신약한 사주에 대해서는 추후에 자세히 살펴보기로 하자.

사례 6. 실령, 실지, 실세한 극신약사주

시주	일주	월주	연주
	●	●	
편재	본원	정재	편재
戊	甲	己	戊
辰	午	未	辰
편재	상관	정재	편재
乙癸戊	丙己丁	丁乙己	乙癸戊

사례 1

시주	일주	월주	연주
●		●●	●
정인	본원	식신	정인
丙	己	辛	丙
寅	卯	卯	寅
정관	편관	편관	정관
戊丙甲	甲乙	甲乙	戊丙甲

사례 2

시주	일주	월주	연주
●			●
식신	본원	편재	정관
戊	丙	庚	癸
戌	申	申	亥
식신	편재	편재	편관
辛丁戊	戊壬庚	戊壬庚	戊甲壬

사례 3

일간이 일지와 월지 모두에 자신의 편을 하나라도 두지 못했고(실령, 실지), 주변에도 일간을 돕는 세력이 없다(실세). 이렇게 극신약한 사주의 경우 극과 극은 통한다는 음양의 이치에 따라, 사주의 주체가 때론 극신강처럼 행동하기도 한다. 극신약한 경우 역시 일간을 지키는 게 최우선이기 때문에, 일간과 같은 오행이 용신이 된다. 하지만 5퍼센트 정도의 경우 역시 사주가 일간과 다른 하나의 기운으로만 극단적으로 강하게 이루어졌을 때 전왕사주라 하여 가장 강한 기운이 용신이 된다. 이에 대해서는 추후에 자세히 살펴보기로 하자.

현실과 욕망의 터전, 일월지의 중요성

신강한 사주가 되는 최소 조건은 첫째, 일간이 득령 득지하고 둘째, 나머지에 한 자리라도 비겁이나 인성을 둘 때다. 이 말은 일간이 득령, 득지를 했다면 중화사주일 수는 있어도, 최소한 신약한 사주는 아니라는 뜻이다.

시주	일주	월주	연주
●	✻	✻●	
겁재	본원	편재	식신
壬	癸	丁	乙
戌	亥	亥	丑
정관	겁재	겁재	편관
		●	
辛丁戊	戊甲壬	戊甲壬	癸辛己

사례 1

시주	일주	월주	연주
●			
식신	본원	상관	정인
戊	丙	己	乙
子	寅	卯	亥
정관	편인	정인	편관
●	▲		▲●
壬癸	戊丙甲	甲乙	戊甲壬

사례 2

시주	일주	월주	연주
	✻	✻	✻✻
편재	본원	비견	편관
辛	丁	丁	癸
丑	巳	巳	丑
식신	겁재	겁재	식신
癸辛己	戊庚丙	戊庚丙	癸辛己

사례 3

사례 1은 일간이 득령, 득지하고 나머지 한 자리(시간)에 겁재를 두어 신강한 사주다. 사례 2는 신강사주의 조건은 갖추었으나, 병화가 인목의 정기가 아닌 중기에 뿌리를 두고 있고, 자기 편인 인성을 멀리 연간에 두고 있기 때문에 힘의 강도로만 보면 사례 1보다 일간의 힘이 조금 더 약하다고 볼 수 있다. 사례 3은 사례 1과 사례 2보다 훨씬 일간의 힘이 강하다. 간여지동으로 이루어진 월주 전체를 내 편으로 두고 있기 때문이다. 위 사주 모두 신강한 사주로, 용신은 재성이 된다.

<u>득령과 득지, 득세의 양상</u>

• 득세는 했지만 실령, 실지한 경우

만약 일간이 실지하고 실령했다면, 극단적으로 나머지 모든 자리를 전부 일간의 편으로 가져가더라도 신강할 수 없다. 이런 경우 튼튼해 보이는 건물이라도, 기둥은 빈약하여 바람이 불면 무너지기 쉬운 구조라 할 수 있다. 일지는 내 건강, 직업, 배우자를 상징하는 현실의 터전이며, 월지는 내 잠재력, 가능성, 무의식적인 욕망을 상징하는 내면의 터전이다. 일지와 월지는 일간이 가장 강하게 뿌리내리는 삶의 근거지이자, 일간을 추동하는 발판이기도 하다. 따라서 일지와 월지를 일간이 가지지 못한다면, 극단적으로 나머지 전부를 득세했다 하여도 절대 신강한 사주가 될 수 없다.

시주	일주	월주	연주
정인	본원	비견	정인
庚	癸	癸	庚
申	未	未	子
정인	편관	편관	비견
	▲	▲	
戊壬庚	丁乙己	丁乙己	壬癸

사례 1

시주	일주	월주	연주
정인	본원	비견	정재
庚	癸	癸	丙
申	巳	巳	申
정인	정재	정재	정인
●●	●●	●●	●●
戊壬庚	戊庚丙	戊庚丙	戊壬庚

사례 2

시주	일주	월주	연주
정인	본원	비견	정인
庚	癸	癸	庚
申	丑	未	子
정인	편관	편관	비견
▲	●＊	＊	▲●
戊壬庚	癸辛己	丁乙己	壬癸

사례 3

사례 1과 사례 2 모두 득세는 하였으나 모두 실령, 실지하여 절대 신강한 사주가 될 수 없다. 후에 자세히 다루겠지만, 신약한 사주는 대부분 식상, 비겁, 인성 중에 하나가 용신이 된다. 사례 1은 일간보다 인성과 관성이 함께 강한 사주로, 식상이 용신이 된다. 비겁은 희신, 기신은 인성, 구신은 관성, 한신은 재성이다.

사례 2는 재성과 인성이 함께 강한 사주다. 이 경우 재성이 인성을 극하고 있는데 화 재성의 기운이 금 인성보다 강한 데다 일간이 실령, 실지하여 신약한 사주이기 때문에 인성을 용신으로 쓰는 것이 좋다. 이 경우 희신은 관성, 한신은 비겁, 기신은 재성, 구신은 식상이 된다. 사실 사례 2는 지지의 사화와 신금이 합하면 수로 바뀔 수 있기 때문에 수 전왕으로도 볼 수 있어, 용신에 관해 논쟁의 여지가 큰 사주다.

반면 사례 3은 신강한 사주다. 계수가 일지인 축토 위에 강하게 뿌리내리고 있기 때문이다. 일월지가 충하는 관계라 지장간의 계수와 정화, 신금과 을목도 함께 충하고 있는데, 이 경우 다른 자리에도 없는 오행이 더 큰 타격을 입게 된다. 붕충으로 관성의 기운이 강하다고 볼 수 없기 때문에, 사례 1이나 2와 달리 신강한 사주로 해석하여 재성을 용신으로 쓰는 것이 좋다. 이 경우 희신은 식상, 한신은 관성, 기구신은 비겁과 인성이 된다.

참고로 사례 2는 내 딸의 명식임에도 불구하고, 5퍼센트 정도는 수 전왕이 될 수도 있겠다고 하여 용신에 대한 여지를 조금 남겨두고 있다. 특정한 연도의 기운을 단서 삼았을 때 수 전왕처럼 보이지는 않아, 억부법으로 용신을 금 인성으로 해석하고 있을 뿐 추정에 불과하기 때문이다. 이는 사례 3의 명식도 마찬가지로, 역시 나이가 어린 아이의 명식이라 용신에 대해 확신은 하지 못하고 있다(논란의 여지가 크지만, 전왕사주의 경우 매우 드물게 특수관계인과 환경, 그리고 어릴 적 대운의 영향에 따라 전왕의 여부가 달라질 수 있다고 생각한다. 이에 대해서는 후술하겠다).

상담을 하는 이라면 용신을 잡을 때 자신이 잡은 용신만이 정답이라 생각하지 말고, 내담자가 살아온 삶의 이력과 사주를 함께 놓고 상세히 살펴야 한다. 어린 아이의 경우 사주상 타고난 기운은 부모로부터 독립한 이후 점차 강하게 드러나기 때문에, 너무 어린 아이의 경우 전왕사주로 볼 여지가 있는 게 아니라면 청소년 시기나 그 이후에 사주를 보는 게 낫다고 본다. 어린 아이의 경우, 반드시 부모의 명식(가장 큰 영향을 미치므로)도 함께 살펴야 한다.

시주	일주	월주	연주
정인	본원	비견	정재
庚	癸	癸	丙
申	巳	巳	申
정인	정재	정재	정인
●●	●●	●●	●●
戊壬庚	戊庚丙	戊庚丙	戊壬庚

사례 1

시주	일주	월주	연주
편인	본원	비견	편인
辛	癸	癸	辛
酉	巳	巳	酉
편인	정재	정재	편인
▲	▲	▲	▲
庚辛	戊庚丙	戊庚丙	庚辛

사례 2

사례 1의 사주는 사화의 정기 병화가 천간에 떠 있고, 계수가 신중 임수에 뿌리내렸다. 사례 1 사주가 전왕으로 가려고 해도 천간의 병화가 이를 저지하려 한다는 뜻이다. 하지만 사례 2는 사화의 정기가 천간에 없고, 일간 계수가 지지의 어느 곳에도 같은 오행으로 뿌리내리지 못했기 때문에 사주 전체가 금의 세력으로 따라가려 하는 것을 어느 것도 방해하지 못한다. 사례 1보다 사례 2가 전왕사주가 될 확률이 더 높은 이유다(물론 이 사주는 이해를 돕기 위해 예시로 든 것일 뿐, 실제적으로 전왕사주인지 확인하려면 삶의 이력과 사주를 함께 살펴야 한다. 이에 대해서는 후술하겠다). 사주의 용신을 구하기 어려울 때는, 사주의 한 간지를 다른 간지로 바꾸어 생각해보자. 그러면 사주를 다른 방식으로 바라보게 되어, 훨씬 더 폭 넓게 해석할 수 있게 된다.

시주	일주	월주	연주
●쉬	*		●
편관	본원	식신	상관
癸	丁	己	戊
卯	未	未	申
편인	식신	식신	정재
▲	▲	▲	
甲乙	丁乙己	丁乙己	戊壬庚

참고로 갑진, 정미, 계축일주는 일지가 내 편이 아님에도 불구하고 간여지동으로 해석해야 하는 만큼 각각 갑목, 정화, 계수 일간이 월지에 진토, 미토, 축토를 두더라도 대체적으로 득령한 것으로 봐야 한다.

월지가 미토인 경우에도 역시 정화의 뿌리가 되어주기 때문에 득령한 것으로 해석한다. 따라서 이런 구조의 사주는 일간이 득령하고 득지했으며 나머지 자리에도 자기 편(시지 묘목 편인)을 두고 있으므로 신강한 사주가 된다.

시주	일주	월주	연주
편인	본원	편인	편인
丙	戊	丙	丙
辰	寅	申	戌
비견	편관	식신	비견
*	*		*
乙癸戊	戊丙甲	戊壬庚	辛丁戊

노무현 전 대통령의 명식이다. 일간 무토가 실령하고, 실지했으나 역시 득세했다. 점수상 55점인 신강사주로 분류되지만 이는 무늬일 뿐이며, 중화하면서도 신약한 사주로 봐야 한다. 일간 무토가 일지 인목과 월지 신금의 초기 무토에 각각 통근하고 있지만, 지장간의 초기는 거의 힘이 없기 때문에 일지와 월지를 내 편으로 가져갔다고 말할 수 없기 때문이다.

시주	일주	월주	연주
●		●	
편관	본원	겁재	비견
戊	壬	癸	壬
申	寅	丑	子
편인	식신	정관	겁재
▲*	*●	●●	▲●
戊壬庚	戊丙甲	癸辛己	壬癸

임수 일간의 사주로, 일지가 식신이라 실지했다. 월지 축토는 관성으로 임수의 힘을 뺏어가기 때문에 득령했다고 보기 힘들다는 관점도 있을 것이다. 하지만 월간 계수가 축토에 강하게 뿌리내린 데다, 축토는 연지 자수와도 합을 하는 관계다. 축토는 토가 아니라 거의 수가 되

116

어버렸기 때문에, 이 사주는 득령한 것으로 보고 신강하다고 해석해야
한다. 실제로 금, 수가 들어올 때 모두 불리한 시기를 보냈다.

- 득령, 득지했지만, 일간의 뿌리가 없는 경우

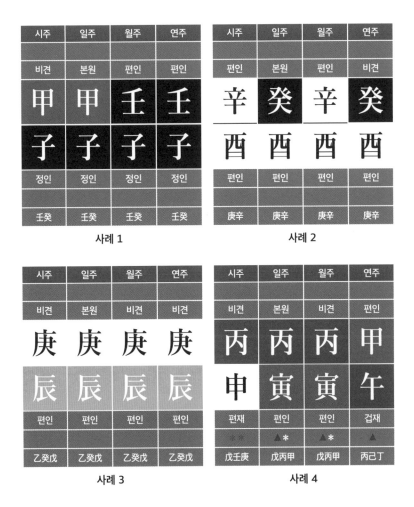

사례 1

사례 2

사례 3

사례 4

사례 1에서 3 모두 월지와 일지가 인성으로 득령, 득지했지만 잘 보
면 지지 어디에도 일간의 뿌리가 없다. 신강, 신약의 여부는 일간의 힘
이 강하냐 약하냐를 따져야지, 아무리 인성이 많아도 일간의 뿌리를
눈 씻고 찾아봐도 없을 경우에는 일간이 신강해질 수는 없다. 뿌리가
없을 때 일간은 인성의 강한 힘을 온전히 감당할 수 없기 때문이다. 물

이 너무 많으면 나무가 썩고, 아궁이에 나무가 너무 많으면 불이 꺼지
듯, 엄마의 사랑(인성) 또한 너무 지나치면 자식(일간)이라도 그 사랑에
질식할 수 있다. 덧붙여 사례 1에서 3 중 일간의 힘이 그나마 강한 것을
고르면 사례 3이 된다. 지지에 뿌리가 없어 여전히 약하지만, 그나마 천
간에라도 일간과 같은 오행이 여럿 포진해 있기 때문이다. 게다가 습토
인 진토 안에는 경금이 사랑하는 계수가 있다. 이 경우 경금이 수로 설
기는 되지만 자신을 맑게 빛낼 수 있는 득수이청(得水而淸)의 구조가 되
어, 천간에 있는 경금들이 더 강한 힘을 낼 수 있다. 또한 지장간을 보면
천간 경금이 진중 을목과 을경합을 하여, 을목도 자신의 뿌리로 삼으려
고 한다. 추후 출간될 3권에서 다루겠지만, 십이운성상 경금은 진토 위
에서 양지로, 양간이 가진 속성을 비교적 안정적으로 펼쳐 보일 수 있
으며, 신살로 괴강이 성립한다. 그럼에도 불구하고 천간은 지지에 같은
오행으로 뿌리를 내리지 못해 신강하다고 보기 어렵다. 모두 인다신약
한 사주로 용신은 재성, 희신은 식상, 한신은 비겁이 된다.

　사례 4는 비교를 위해 가져온 명식으로, 앞의 사례 1에서 3과 달리
일간인 병화가 일월지 인목의 중기에 강하게 뿌리내리고 있다. 게다가
연지 오화에도 병화가 강하게 통근하고 있어, 매우 신강한 사주다. 이
경우 용신은 재성, 희신은 식상, 한신은 관성이 된다.

・ 득령, 득지했지만 일간의 특수성을 살펴야 하는 경우

시주	일주	월주	연주
편인	본원	정인	비견
戊	辛	戊	辛
戌	未	戌	未
편인	편인	편인	편인
辛丁戊	丁乙己	辛丁戊	丁乙己

신금이 월지와 시지 술토의 초기에 뿌리내리고 있어, 인성이 강한 가운데 일간 또한 튼튼하다고 해석할 수 있겠지만 전혀 그렇지 않다. 미토와 술토는 조열한 토로, 신금을 제대로 생해줄 수 없을뿐더러, 지지 지장간의 초기는 정말 미약한 힘이기 때문이다. 게다가 술토의 지장간을 보면 초기인 신금은 중기인 정화에게 극을 당하고 있다. 무토, 미토, 술토는 조토로 분류하고, 기토, 진토, 축토는 습토로 분류하는데,《적천수》도 '조토불생금(燥土不生金)'이라 표현하듯 천간 중 경금은 괜찮지만 신금은 대체로 조토의 생조를 반기지 않는다. 게다가 경금은 주변에 토가 많아도 사막에 큰 바위가 있는 것처럼 그 존재감이 묻히진 않는다. 그에 반해, 신금은 주변에 토가 많을 경우 사막에 떨어진 반지나 바늘처럼 그 존재감이 쉽게 묻혀버린다. 이를 '토다금매(土多金埋)'라 한다. 정리하면, 신금이 가진 두 가지 특수성 때문에 위 사주는 인다신약으로 봐야 한다. 재성이 용신, 식상은 희신이지만, 신약하기 때문에(주변에 토가 많아 신금의 존재감이 없기 때문에) 비겁이 한신이 된다는 뜻이다.

• 득령, 득지했지만 합과 충의 양상을 살펴야 하는 경우

시주	일주	월주	연주
**	**	**	**
비견	본원	편관	편관
甲	甲	庚	庚
戌	辰	辰	午
편재	편재	편재	상관
▲**	*	*	▲
辛丁戊	乙癸戊	乙癸戊	丙己丁

갑목이 진토를 뿌리로 두면 신왕한 사주로 해석한다는 예외에 따라, 이 사주는 득령, 득지로 보인다. 하지만 지지에서 진술쟁충이, 천간에서는 갑경쟁충이 일어나 천간과 지지 모두 전쟁터와 같은 그림이 되어

버렸다. 이런 상황에서도 진토가 갑목에게 굳건한 뿌리가 되어줄 수 있을까? 물론, 시지에 있는 술토가 세력이 훨씬 강한 진토와 이 대 일로 충하는 양상이라 지지의 충은 그리 강하게 일어나지 않는 듯 보인다.

이 사주는 월간 경금이 진토를 아무리 좋아한다고 해도, 경금의 뿌리 역시 약하다. 이 사주는 갑진일주라는 특수성이 있지만, 천지가 충으로 인해 혼잡한 양상이 되어 갑목이 신강하다고 보기 힘들게 되었다. 수 인성을 용신, 금 관성을 희신으로 쓴다. 목 비겁이 한신이다.

약한 일간의 힘을 보완하는 방법

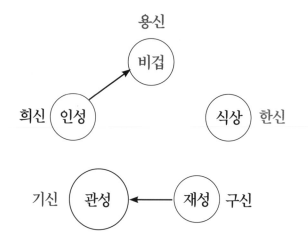

비겁과 인성이 약한 신약한 사주는 80퍼센트 이상 비겁이나 인성 중 하나가 용신이 된다. 신약한 사주는 식상, 재성, 관성이 비겁이나 인성보다 강하다는 뜻이기 때문이다(식상이 용신이 되는 경우는 좀 드문 편인데, 후에 자세히 살피기로 하자). 이 중에서도 특히 비겁을 용신으로 쓸 때가 가장 많은데, 이때 희신은 인성, 기신은 관성, 구신은 재성, 한신은 식상이 된다. 용희신이 대세운에서 들어올 때 운이 유리하게 흐르고, 반대로 기구신이 들어올 때는 운이 불리하게 흐른다. 비겁이 용신인 사람은 재관이 기구신인데, 이때 식상을 한신으로 사용하면 정말 좋다. 용신인 비겁의 기운을 조금 덜어가기는 하지만, 식상인 한신이 기신인 관성을 극하며 용신을 돕기 때문이다.

120

상기했듯 시대적 한계를 뛰어넘어 억부법의 관점을 새롭게 정리한 《적천수》에서조차 비겁을 용신으로 잡지 않았지만, 오늘날에는 일간이 신약하면 무조건 비겁을 용신으로 써야 한다. 신약하다는 것은, 다른 말로 일간을 최우선으로 지켜야 한다는 뜻이 되기 때문이다. 특히 일간이 지지의 어디에도 뿌리가 없는 상황에서 대세운에 따라 일간이 공격받게 되면 정신적, 신체적 건강과 관련하여 큰 문제가 생길 확률이 높아진다.

신약한 사람은 비겁이 약한 상태에서 식, 재, 관이 상대적으로 발달해 있기 때문에, 자신을 내세우기보다 주위를 의식하며, 경거망동하지 않고 어떤 일을 하든 계획성 있게 추진하는 편이다. 신강한 사람은 독립심이 강하고 경쟁에서 지지 않으려는 투지가 강점이지만, 지나치면 자칫 오만과 독선에 빠지기 쉽고, 저돌적인 성향으로 사람들과 충돌이 잦을 수 있다. 신약한 사람에게도 여러 장점이 많지만 신중한 성향이 지나치면 결단하지 못해 좋은 기회를 놓치거나, 일을 주도적으로 하기보다 다른 사람에게 기대는 경우가 생긴다.

신약한 사주가 비겁이나 인성을 용신으로 쓴다는 관점을 어떻게 해석해야 할까? 비겁이 상징하는 주체성과 독립성, 결단력과 함께 인성이 상징하는 꾸준함과 인내심, 전문성을 갖추는 것이 무엇보다 중요하다는 뜻이다. 신약한 사람은 신강한 사람을, 신강한 사람은 신약한 사람을 선망하는 경우가 많다. 신강한 사주와 신약한 사주를 구분하여 무엇이 좋고 나쁘다는 이분법의 잣대를 들이대기보다, 각각의 성향 때문에 생길 수 있는 장단점을 파악하여 어떻게 하면 과한 기운을 덜어내고 부족한 기운을 채워줄 수 있을지 생각해보는 것이 중요하다.

신약 사주의 경우 대부분 식상, 비겁, 인성이 용신이라고 했지만, 역시 특별히 살펴야 할 경우가 있다. 신강 사주를 논할 때 언급했듯 첫째, 인성이 강한데 일간의 뿌리가 없는 경우(인다신약) 둘째, 실령하고 실지했는데 비겁이나 인성으로 득세한 경우다. 두 경우 모두 중화에서 신약한 정도의 사주라고 생각하면 된다. 조금 더 어려운 내용이지만, 함께 살펴보도록 하자.

시주	일주	월주	연주
●	*	●	●
정인	본원	편재	편관
癸	甲	戊	庚
酉	子	子	午
정관	정인	정인	상관
*	●		**
庚辛	壬癸	壬癸	丙己丁

사례 1

시주	일주	월주	연주
편인	본원	편인	편인
辛	癸	辛	辛
酉	酉	卯	酉
편인	편인	식신	편인
		***	
庚辛	庚辛	甲乙	庚辛

사례 2

사례 1은 일월지를 차지한 수 인성이 시간에도 투출하여 인성이 무척 강한 사주다. 언뜻 신강해 보이지만 지지의 어느 곳에도 일간 갑목의 뿌리가 없어 득령, 득지했어도 신강한 사주라 할 수 없다. 이렇게 인성은 강하고 비겁의 뿌리는 약한 경우(인다신약)에는 보통 신약한 사주가 식상, 비겁, 인성 중 하나를 용신으로 삼는 것과 달리, 재성을 용신으로, 비겁을 한신으로 쓴다.

사례 2 역시 인성이 무척 강한 인다신약 사주지만 사례 1과 달리 식신이 유금과 삼 대 일로 충을 하다 보니 매우 위태로운 처지에 놓여 있다. 인다신약한 사주는 보통 재성을 용신으로 삼지만, 이 경우 식상을 용신, 비겁을 희신, 재성을 한신으로 써야 한다. 억부용신의 핵심은 치우친 사주의 균형을 맞춰 전체적인 기운을 조화롭게 추구하는 것이기 때문이다. 가장 넘치는 기운인 인성이 기신이며, 그 인성을 돕는 관성은 구신이 된다. 재성이 용신이 되면, 안 그래도 위태위태한 식상의 기운이 재성으로 흘러가 식상의 힘이 증발해버릴 수 있다. 그래서 식상을 용신으로, 비겁을 희신으로, 재성을 한신으로 쓰는 게 더 적합하다 (화 재성이 사주에 없더라도 용신으로 쓸 수 있다는 입장이지만, 이 경우 대운에서 강력하게 화 기운이 들어오지 않는 한, 사주 구조상 식상을 우선하여 쓰는 것이 훨씬 더 유리한 국면을 만드는 데 도움이 된다고 본다).

- 비겁 용신(60퍼센트)

식상, 재성, 관성의 세력이 과다하여 일간을 지켜야 할 경우

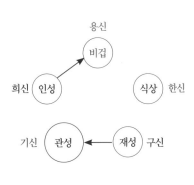

→ 용신은 비겁, 희신은 인성, 한신은 식상, 기신은 관성, 구신은 재성
이 된다. 대부분 신약한 사주는 80퍼센트 이상 비겁이나 인성을 용신
으로 쓰면 된다. 일간이 뿌리가 없을 때는, 일간을 직접적으로 극하는
관성이 기신이 된다.

재성이 과다하여 일간을 지켜야 할 경우 : 재다신약

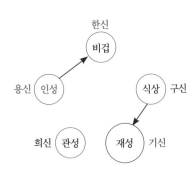

→ 일간 갑목이 병존하고, 연간에 을목 겁재를 두었지만 지지에 뿌리가 없어 약한 상태다. 다행히 일간은 시지 자수에 의존하는 양상이라, 인성을 용신으로 쓰면 강한 재성으로부터 일간을 보호할 수 있다. 이때 희신은 관성, 기신은 재성, 구신은 식상이 된다. 비겁은 한신이지만, 일간의 뿌리가 약한 만큼 때에 따라 희신 이상의 역할을 한다. 참고로 일간의 뿌리가 약한 경우, 아무리 희신이라 하더라도 운에서 관성을 강하게 만나게 된다면, 일간은 강한 재관의 힘에 의해 크게 흔들릴 수 있다.

관성이 과다하여 일간을 지켜야 할 경우 : 관다신약

시주	일주	월주	연주
●			
식신	본원	편인	편인
壬	庚	戊	戊
午	午	午	午
정관	정관	정관	정관
			●
丙己丁	丙己丁	丙己丁	丙己丁

용신 — 비겁
희신 — 인성
한신 — 식상
기신 — 관성
구신 — 재성

→ 지지에도 일간의 뿌리가 없는데, 지지는 오화로 전부 불바다가 되었다. 일간을 가장 직접적으로 극하는 관성이 강할 경우, 일간을 최우선으로 지켜야 한다. 용신은 비겁, 희신은 인성, 기신은 관성, 구신은 재성, 한신은 식상이 된다. 경금은 신금과 달리, 무토, 술토, 미토 같은 조토에게도 생조받을 수 있다(물상적으로 사막에 놓여 있는 큰 바위를 떠올려보자). 하지만 술토나 미토는 지지에서 오화와 만나면 뜨거운 화 기운을 만들어내기에, 이런 경우 습토가 오는 것이 훨씬 더 좋다. 강렬한 화기를 습토인 기토, 축토, 진토가 설기하면서, 일간인 경금을 생조해주기 때문이다. 특히 진토는 화치승룡(火熾乘龍)* 이라 하여 뜨거운 화 기

---

* 《적천수》에는 '화치승룡(火熾乘龍) 수탕기호(水蕩騎虎)'라는 대목이 나온다. '불이 뜨거울 때는 용이 와야 하고, 물이 넘칠 때는 호랑이가 와야 한다'는 뜻이다. 동양론적 관점에서 용은 물에서 노는 동물이고, 호랑이는 불을 상징하

운을 가장 잘 설기해줄 수 있는 간지이기 때문에, 진토를 운에서 만나는 것이 가장 좋은 그림이라 하겠다. 억부법으로 용신은 비겁이지만, 사실상 희신인 인성이 실질적인 용신의 역할을 하게 된다.

재성과 관성이 과다하여 일간을 지켜야 할 경우 : 재왕관왕

시주	일주	월주	연주
*	* *		*
편재	본원	편관	편재
甲	庚	丙	甲
申	午	寅	申
비견	정관	편재	비견
*	△	△ * *	*
戊壬庚	丙己丁	戊丙甲	戊壬庚

용신 — 비겁
희신 — 인성
식상 — 한신
기신 — 관성
재성 — 구신

→ 일간이 실령, 실지한 상태라면 나머지 모든 자리를 내 편으로 가져가 득세를 해도 신약한 사주로 분류해야 한다. 재와 관의 기세가 모두 천간과 지지에 뿌리를 얻어 강하므로, 일간을 최우선적으로 지켜야 한다. 비겁이 용신, 희신이 인성이 된다. 일간을 가장 가까이에서 극하면서, 가장 세력이 강한 화 관성이 기신이 된다.

• 인성 용신(20퍼센트)
식상이 과다하지만, 일간은 뿌리를 내려 자신을 지킬 수 있는 경우 : 신왕식왕

는 동물이다. 예부터 우리나라에서는 수 기운이 필요한 집에 잉어나 용 그림을, 화 기운이 필요한 집에 호랑이 그림을 내걸었다.

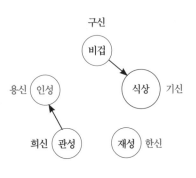

→ 일간은 득령하고, 시지에도 강하게 뿌리내리고 있어 나름 신왕한 사주다. 하지만 지지의 오화가 천간에도 투간하고, 전부 목 오행으로부터 생조받고 있어 식상이 가장 강하다. 일간은 지지에 뿌리를 내려 자신을 지킬 수 있는 상황에서 식상이 더 강할 경우, 강한 식상의 기운을 제어하기 위해 인성을 용신으로 쓴다. 기신은 식상, 구신은 비겁, 한신은 재성이 된다(사주 구조에 따라 일간의 뿌리가 더 약할 경우, 재성이 기신, 식상은 구신, 비겁이 한신이 되기도 한다).

식상과 재성은 과다하지만, 일간은 강하게 뿌리를 내려 자신을 지킬 수 있는 경우

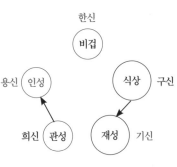

126

→ 일간은 득지하여, 자신을 굳건히 지킬 수 있는 신왕한 사주다. 하지만 식상이 월주를 차지하여 무척 강하고, 화 비겁에서 토 식상으로 이어지는 금 재성의 기운도 만만치 않게 강하다. 이런 경우 인성을 용신, 관성을 희신, 재성을 기신, 식상을 구신, 한신은 비겁으로 쓴다. 비겁 또한 한신으로 쓰는 이유는, 일간이 식상과 재성의 기운을 움켜쥐며 내 것으로 유리하게 활용할 수 있기 때문이다. 단 이 경우 관성이 없거나 약해야 한다.

시주	일주	월주	연주
상관	본원	편재	편재
己	丙	庚	庚
丑	戌	辰	戌
상관	식신	식신	식신
*	* *	*	
癸辛己	辛丁戊	乙癸戊	辛丁戊

사례 1

시주	일주	월주	연주
●	●		
정재	본원	식신	편재
己	甲	丙	戊
巳	戌	辰	戌
식신	편재	편재	편재
	*	* *	*
戊庚丙	辛丁戊	乙癸戊	辛丁戊

사례 2

식상이 강한데 일간의 뿌리가 약할 경우 대부분 인성을 용신으로 쓴다. 하지만 사례 1처럼 식상이 무척 강하더라도 일간의 뿌리가 지지에 전혀 없을 경우 무엇을 용신으로 써야 할까? 비겁의 기운이 식상을 생해주기 때문에 사주를 치우치게 만드는 단점을 감수하고라도, 이때는 어쩔 수 없이 일간인 비겁을 용신으로 써야 한다. 극히 드문 경우이지만(5퍼센트 내외), 억부법에서는 일간을 최우선적으로 지키는 것이 급선무이기 때문이다.

일간의 뿌리가 약한데 식상이나 재성이 강할 경우에도 대부분 인성을 용신으로 쓰지만, 사례 2처럼 역시 일간의 뿌리가 지지에서 약할 때는 예외적으로 비겁을 용신으로 쓴다. 사례 2는 갑목이 가장 사랑하는 진토를 월지에 두고 있어 득령했다고 할 수 있지만, 진토는 옆의 술토와 이 대 일로 쟁충을 하다 보니 갑목의 뿌리가 되어주기 힘든 상황이 되어버렸기 때문이다.

현재 사주의 구조에 따라 용신을 분류하고 있지만, 현장에서 상담을 하다 보면 이런 분류법에 적용하기 힘든 수많은 명식이 존재한다는 것을 알 수 있다. 따라서 자신이 배우고 생각한 용신이 정답이라고 확신하지 말고, 명식의 주인이 겪어온 삶의 이력과 사주를 함께 놓고 비교해봐야 한다. 삶의 이력과 사주를 함께 놓고 풀이하는 과정은 추후 대세운을 논하는 장에서 자세히 살펴보도록 하자.

재성이 과다하지만, 일간은 강하게 뿌리를 내려 자신을 지킬 수 있는 경우 : 신왕재왕

시주	일주	월주	연주
	●		●
편재	본원	편재	비견
壬	戊	壬	戊
子	子	戌	子
정재	정재	비견	정재
	●●	●●	●●
壬癸	壬癸	辛丁戊	壬癸

→ 일간은 득령하여, 역시 자신을 굳건히 지킬 수 있는 신왕한 사주다. 하지만 재성의 세력이 너무도 강해 전체적으로는 (중화)신약한 사주가 되어버렸다. 이런 경우 역시 용신은 인성, 희신은 관성, 기신은 재성, 구신은 식상, 한신은 비겁으로 쓴다. 관성이 희신이 되어도 괜찮은 이유는, 일간이 튼튼하여 관성의 공격으로부터 자신을 지킬 수 있기 때문이다. 이것이 신약한 사주와 중화신약한 사주의 차이다. 희신인 관성은 기신인 재성의 기운을 설기하여, 재성의 기운을 자연스럽게 유통시켜 인성의 힘을 키워준다는 것을 알 수 있다.

재성과 관성이 과다하지만, 일간은 강하게 뿌리를 내려 자신을 지킬
수 있는 경우 *이 경우 관성이 재성보다 훨씬 약해야 한다.

시주	일주	월주	연주
	●		●
편재	본원	편관	편재
壬	戊	甲	壬
子	戌	辰	子
정재	비견	비견	정재
▲●	*●	▲*	▲
壬癸	辛丁戊	乙癸戊	壬癸

한신
비겁

용신 인성   식상 구신

희신 관성   재성 기신

→ 일간은 득령, 득지하여 신왕한 사주다. 시주에 간여지동으로 되
어 있는 재성이 무척 강한데, 갑목 또한 연주로부터 생조받는 데다 자
신이 가장 사랑하는 진토 위에 놓여 있어 갑목 편관의 기운 또한 만만
치 않다. 하지만 재성과 관성 중 힘의 세기를 비교한다면 재성이 훨씬
더 강하므로, 이 경우 인성을 용신으로 삼고 재성보다 조금 더 약한 관
성을 희신으로 쓰는 것이 훨씬 더 유리하다.

시주	일주	월주	연주
편관	본원	편재	편재
甲	戊	壬	壬
寅	戌	子	子
편관	비견	정재	정재
	●	●	
戊丙甲	辛丁戊	壬癸	壬癸

다만, 이 사주 역시 재성의 기운이 강하나, 관성의 기운은 위의 사주
보다 훨씬 더 강해 인성을 용신으로, 관성을 희신으로 쓸 경우 자칫 사

129

주의 전체적인 균형이 무너질 위험이 있다. 재성과 관성의 힘을 합친 것이 비겁의 힘보다 훨씬 더 강하기 때문이다. 재성도 강하고 관성도 너무 강한 경우에는 비겁을 용신으로, 관성의 강한 기운을 설기시켜줄 수 있는 인성을 희신으로 쓰는 것이 좋다. 물론 이런 구조의 경우, 일간은 이미 신왕하여 자신을 지킬 수 있기 때문에, 비겁보다 희신인 인성이 더 중요한 역할을 한다.

• 식상 용신(10퍼센트)
일간의 뿌리가 없거나 너무 미약하지만, 인성에 강하게 기댈 수는 있고, 관성이 강한 경우

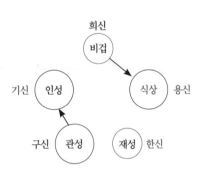

→ 득령하고 득지했지만, 지지 지장간에 일간인 정화가 전혀 뿌리내리지 못했다. 보통 득령, 득지하고 나머지 자리에 하나라도 내 편이 있으면 신강한 사주로 보는 경우가 많지만, 이 경우는 지지에 뿌리가 없어 예외적으로 신약한 사주가 되었다. 이 사주는 일간이 인성에 기대 자신을 지킬 수는 있고, 관성과 인성이 전체적으로 강하기 때문에 식상을 용신으로 쓴다. 만약 이런 구조에서 재성을 용신으로 쓴다면, 재성은 관성의 힘을 더욱 키워주기 때문에 일간에게 위협이 될 수 있다. 따라서 재성은 한신, 구신은 관성, 기신은 인성, 용신은 식상으로 쓴다.

참고로 신약한 사주는 보통 인성, 비겁, 식상 중 하나가 용신이 되며, 대체적으로 인비식을 모두 잘 쓸 수 있다. 하지만 일간이 얼마나 신약

한지, 신약한 일간이 지장간에 어느 정도로 뿌리를 두고 있는지, 일간이 신왕한 경우 인성이 일간에게 어떤 역할을 하고 있는지 등을 잘 살펴야 한다. **같은 식상 용신이라 하더라도, 위의 조건과 사주 구조에 따라 인성이 기신이 되는 경우와 한신이 되는 경우로 나눌 수 있기 때문이다.**

식상이 용신이 되는 경우 내가 주체적으로 움직이며, 무언가를 새롭게 만들겠다는 의지가 강력히 발휘된다. 이때 식상은 재성의 방향을 향하는데, 인성이 식상생재의 흐름을 막으면 기신이 되지만, 인성이 일간을 등 뒤에서 떠밀며 식상생재의 흐름에 지속성을 부여한다면 인성은 한신이 될 수 있다. 편인은 식신을 극하기 때문에 편인도식이라는 말이 생겨났지만, 단순히 이를 부정적으로 볼 수는 없다. 마찬가지 관점에서, 과다한 인성이 식상의 기운을 꺼트린다면 부정성이 커지겠지만, 오히려 과다한 식상의 기운을 인성이 적절히 제어해 비겁이 식상으로 강력히 설기되는 것을 막아준다면 사주에 긍정성이 커지기 때문이다.

조화와 균형을 살피기 어려운 이유

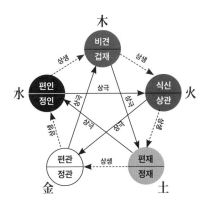

일간이 갑목일 때의 십성 관계도

십성의 관계도를 참고하여, 지금까지 학습해본 내용을 정리해보자. 사주는 크게 일간의 강약을 기준으로 신강한 사주와 신약한 사주로 나뉜다. 사주에서 인성이나 비겁이 넘칠 경우 재성으로 인성과 비겁을

131

제어한다. 식상이 넘칠 경우 인성으로 식상을 제어하며, 관성이 넘치는데 비겁이 튼튼할 경우 식상으로 관성을 제어한다. 일간은 뿌리가 없어 너무도 약한데, 재성이나 관성이 강할 경우 비겁이나 인성으로 일간을 지킨다. 결국 원점으로 돌아가면, 억부용신의 핵심은 오행의 상생상극을 바탕으로 하고 있음을 알 수 있다.

사주의 구조에 따라 억부용신을 분류해봤지만, 막상 주변 지인들의 사주를 살펴보면 이런 분류법을 적용하기 힘든 명식이 수없이 존재한다는 것을 알 수 있다. 예를 들면, 식상과 관성, 또는 인성과 재성, 비겁과 관성이 우열을 가릴 수 없을 정도로 힘의 균형을 이룬다면 어떻게 용신을 구해야 할까? 또 갑진, 정미, 계축처럼 간여지동급으로 해석해야 하는 일주나, 신금처럼 조토에 생조받지 않는 특수한 간지들, 인성에 생조받지만 지장간에는 일간의 뿌리가 없는 갑목과 자수, 경금과 진토, 계수와 유금 같은 간지들의 조합을 사주마다 어떻게 해석해야할까?

추후에 살펴볼 전왕사주나 통관이 필요한 사주, 충이나 합으로 인해 간지의 성격이 완전히 변하거나 십이운성의 개념까지 함께 살펴야 하는 사주들은 일단 여기에서 다루지 않더라도, 억부법은 때에 따라 용신을 구하기가 만만치 않다는 어려움이 존재한다. 억부용신을 우선시하는 학자들 사이에서도 사주의 용신을 다르게 구하게 되는 가장 큰 이유 중 하나다. 나를 포함한 학자들 대다수가 억부법을 우선하되 보완적 의미에서 조후 또한 함께 살피고 있음에도 불구하고 상황에 따라 이론의 여지가 수없이 발생하는 점은 억부법의 아쉬움으로 남는다.

간단하게나마, 인성과 비겁, 식상과 재성, 관성의 균형이 서로 팽팽하여 세력의 균형을 파악해야 하거나, 십이운성, 간지의 특수성 등도 함께 살펴야 하는 사주를 쉬운 것부터 몇 가지만 살펴보도록 하자.

• 세력의 균형을 파악해야 하는 경우

시주	일주	월주	연주
*	**		*
편재	본원	편관	편재
甲	庚	丙	甲
申	寅	寅	申
비견	편재	편재	비견
**	**	**	**
戊壬庚	戊丙甲	戊丙甲	戊壬庚

억부법으로 용신을 구할 때는, 일간의 힘이 얼마나 강한지를 우선 살펴야 한다. 위의 사주는 일간이 실령 실지하여 기본적으로 신강해질 수는 없는 상태다. 하지만 연지, 시지에도 뿌리가 있어 신왕하긴 하다. 문제는 월간에 뜬 병화다. 병화가 인목의 중기에 강하게 뿌리내리고 있기 때문이다. 또한 연간 갑목으로부터도 목생화로 강하게 생조받고 있다. 결국 재성과 관성의 기운이 만만치 않은 사주다. 비겁과 인성 중 무엇을 용신으로 쓰는 게 좋을까? 정답은 비겁이다. 만약 인성이 용신이 되면, 관성은 희신이 되는데, 이 사주는 관성의 기운 또한 만만치 않게 강하기 때문이다. 결국 관성이 강해지면, 일월지를 차지하지 못한 일간이 흔들릴 수 있기 때문에 이 사주의 용신은 비겁으로 쓰는 것이 바람직하다.

사례 1

시주	일주	월주	연주
*			*
편재	본원	편관	편재
甲	庚	丙	甲
申	申	寅	申
비견	비견	편재	비견
		***	
戊壬庚	戊壬庚	戊丙甲	戊壬庚

사례 2

시주	일주	월주	연주
*			*
편재	본원	편관	편재
甲	庚	丙	甲
申	子	寅	申
비견	상관	편재	비견
▲	▲	**	▲
戊壬庚	壬癸	戊丙甲	戊壬庚

사례 1은 비견과 재관의 힘이 거의 오 대 오로 팽팽한 경우의 용신을 생각해보기 위해 가져온 사주다. 이런 구조는 월지를 차지한 간지의 힘과 천간과 지지가 소통하는 경우의 힘을 어느 정도 강하게 봐야 하는지, 지지에서의 충의 영향을 어떻게 봐야 하는지 등 학자들의 관점에 따라 용신이 달라질 수밖에 없다.

사례 1은 인목이 월지를 차지하고 천간에도 투간하여 힘이 강한데, 나머지 지지의 모든 자리를 신금이 차지하고 있다. 게다가 월간 병화가 월지 인목 중기에 통근하고 갑목에게 생조받아 역시 만만치 않은 힘을 가지고 있다. 지지에서 삼 대 일로 인신충이 일어나는 경우 용신을 어떻게 구해야 할까? 정답은 실제 상담을 하며, 내가 생각해본 용신이 맞는지 확인해보는 것뿐이다. 상담도 해보지 않은 명식을 두고 용신에 대해 논하는 것은 오해의 소지가 있지만, 억부법으로 용신을 구하는 것이 만만치 않음을 생각해보기 위한 예시로 부득불 가져와봤다.

일단 사례 1의 사주는 득지는 했으나, 득세한 것은 아니다. 게다가 월주가 전부 일간의 힘을 설기시키고 있어 신강하기가 힘든 구조다. 신약한 경우 식상, 비겁, 인성 중 하나가 용신이 된다. 식상이 용신이 되면, 이 사주에서는 힘이 비교적 강한 재성이 한신이 되어버린다. 아무래도 월간 병화가 지지의 인신충 때문에 인목에 제대로 뿌리내리기 힘들다고 보고, 인성 용신, 관성 희신, 기신은 재성, 구신은 식상, 비겁은 한신으로 추정하고 있다. 후술하겠지만, 사실 이렇게 신강, 신약의 여부를 확실하게 구분 짓기 힘든 중화사주들은 용신에 얽매이기보다, 그때그때 들어오는 대세운의 십성을 잘 쓸 수 있도록 조언하는 게 더 나을 수도 있다. 중화사주는 확실히 신강하거나 신약한 사주에 비해, 대세운에 따른 일간의 희기가 분명하게 드러나지 않는다. 단, 중화사주가 대세운에서 간여지동의 기운을 만날 때는 이야기가 완전히 달라진다.

사례 1의 용신을 토 인성으로, 희신을 화 관성으로 잡았지만, 만약 기미대운 무술년이나 병오대운 정사년이 들어오면 어떻게 될까? 합이나 충, 형을 고려하지 않더라도, 균형을 이루고 있던 시소가 완전히 한쪽으로 기우는 상황이 발생할 수 있다. 운에 따라 특정 십성이 과다해지면, 그 십성과 관련된 부정성이 드러날 가능성이 높아진다 가정해야한다. 부정적인 부분은 덜어내어 방어하고, 긍정적인 부분은 끌어와 활용할 수 있도록 조언해야 한다. 이 부분에 대해서는 추후에 자세히 살펴보도록 하자.

사례 2의 사주는 사례 1과 비교하여, 일지가 자수라는 점만 다르다. 경금은 득수이청이라 하여, 수 기운을 만나면 맑게 빛나는 성질이 있다. 일간의 힘은 사례 1과 비교하여 조금 더 약해졌지만, 여전히 뿌리가 흔들리는 천간의 병화를 극하며 위협을 가함과 동시에, 경금을 맑게 씻겨내고 있다. 역시 일간은 뿌리가 있지만, 전체적으로 보면 일월지를 차지한 식상, 재성의 기운이 만만치 않으므로 인성을 용신으로 쓴다.

시주	일주	월주	연주
		*	*
편관	본원	정인	정재
乙	己	丙	壬
亥	卯	午	戌
정재	편관	편인	겁재
▲	▲ ◉	▲	▲ ◉
戊甲壬	甲乙	丙己丁	辛丁戊

　위 사주는 득령하여 힘이 무척 강하다. 학자에 따라 오중 기토의 힘을 인정하지 않는 분들도 있는데, 나의 경우 기토는 오화를 만나면 오중 기토에 강하게 뿌리내린다고 본다. 문제는 저 멀리 연지의 술토 정기에도 뿌리를 내리고 있는 기토인데, 이 통근의 힘을 얼마만큼 인정하느냐가 관건이다(만약 연지 대신 시지에 기토의 뿌리가 있었다면, 기토가 충분히 자기 주장을 할 수 있었을 것이다). 연예인 비(정지훈)의 사주로, 명식에는 없는 금 기운이 운에서 들어올 때마다 상을 받거나 가수로서 명성이 높아지는 등 사회적 성취가 높게 나타났다. 목, 화가 가장 강하다고 했을 때 용신은 금 식상, 희신은 토 비겁, 한신은 수 재성이 된다. 금 식상이 화 인성과 목 관성의 기운을 모두 설기하기 때문이다. 하지만 이런 구조의 경우, 때에 따라 희신인 토 비겁보다, 한신인 수 재성이 더 귀한 역할을 할 수도 있다고 본다. 안타깝지만, 상담을 해보지 않아 이 명식의 용신에 대해서는 아직까지 숙제로 남겨두고 있음을 밝힌다.

시주	일주	월주	연주
		✱	✱
상관	본원	정인	정재
庚	己	丙	壬
午	巳	午	申
편인	정인	편인	상관
	●		●
丙己丁	戊庚丙	丙己丁	戊壬庚

위 사주는 기토가 월지 시지의 오중 기토에 뿌리내리고 있어, 나는 인다신강한 사주로 분류했다. 대만의 명리학자 진춘익처럼, 오화는 병화와 정화만 있지 기토는 없다고 보는 학자들은 이 사주를 인다신약한 사주로 볼 듯하다. 이 사주는 인다신강으로 보든, 인다신약으로 보든 용신은 수 재성, 희신은 금 식상으로 같다. 다만, 인다신강으로 보면 토 비겁이 기신, 화 인성이 구신, 지장간에도 없는 목 관성이 한신이 된다.

• 십이운성법을 적용하여, 일간의 힘도 따로 파악해야 하는 경우

시주	일주	월주	연주
✱✱	✱✱	✱✱	✱✱
편관	본원	편관	비견
壬	丙	壬	丙
辰	午	辰	辰
식신	겁재	식신	식신
乙癸戊	丙己丁	乙癸戊	乙癸戊

위 사주는 월간과 시간의 임수가 진토의 중기 계수에 강하게 뿌리내리고 있다. 병화는 득지하여 신왕한 사주다. 신왕하더라도 신강하지

않은 사주는 식상, 비겁, 인성 중 하나가 용신이다. 이 사주의 용신을 구하기 위해서는, 식상과 관성의 기운 중 어떤 기운이 더 강한지를 판단할 수 있어야 한다. 임수는 진토에 뿌리내려 얼핏 가장 강한 듯 보이지만, 식상보다 약하다. 진토 위에 놓인 임수는 간지만 떼어놓고 보면 괴강의 힘을 갖추고 있지만, 진토 위에서는 십이운성으로 묘고에 놓이기 때문이다. 결국 천간의 임수와 지지의 식상만 놓고 보면 현실의 기운인 지지의 식상이 전부 강하다고 해석해야 한다. 일간은 자신을 지킬 수 있을 만큼 신왕하므로, 이 사주는 인성을 용신으로 쓰는 것이 유리하다. 참고로, 이처럼 진월 진시로 이루어질 경우 수 기운이 어느 정도 있는 사주로 해석하되, 반드시 천간의 상황을 살펴야 한다. 곧 살펴볼 갑인일주처럼 천간에 무토가 뜨게 되면 진토의 수 기운은 거의 없어진 것으로 봐야 하기 때문이다.

• 천간과 지지가 만나 정기의 힘이 커지는 경우

시주	일주	월주	연주
	●		●
편재	본원	편재	정재
戊	甲	戊	己
辰	寅	辰	未
편재	비견	편재	정재
乙癸戊	戊丙甲	乙癸戊	丁乙己

이 사주는 갑목이 득지해서 신왕한데, 나머지 모든 자리가 토 재성이다. 갑목이 신왕하여 토 재성전왕으로 가지는 않지만, 갑목이 진월 진시에 태어나 진토를 얼마만큼 자기 편으로 끌고갈 수 있을지 여부를 잘 살펴야 한다. 원래 갑목이 진토를 지지에 두면 자기 편으로 끌어다 쓰지만, 이 사주는 진토 위에 정기인 무토가 떠서 진토가 갑목의 뿌리가 되어주기보다 오히려 토 오행의 역할만 하게 되었다.

또한 진월 진시의 사주라면 수 기운이 어느 정도 있는 것으로 판단하지만, 이 경우 천간의 무토가 진토의 수 기운을 다스려 수 기운은 거의 없는 사주로 판단해야 한다. 신왕하고 재왕하기 때문에 수 인성을 용신으로 쓰는 것이 좋다. 참고로, 축월 축시일 때, 축토를 토로만 볼 것이 아니라 어느 정도 수 기운을 포함한 토 기운으로 해석해야 한다. 반면에, 기축월 또는 기축시로만 되어 있을 때는 축토의 정기인 기토가 천간에서 수 기운을 흐리게 하므로(기토탁임) 수 기운은 거의 없어진 것으로 해석해야 한다. 물론 이 또한 자월 기축시라거나, 기축월 자시처럼 수의 기운이 강한 구조로 사주가 짜이면 주변 원국의 요소와 함께 판단해야 할 것이다. 다만, 대세운의 지지에서 수 기운이 조금만 들어와도 원국의 진토가 쉽게 수로 화하려 할 것이므로, 수 인성의 기운이 얼마나 강하게 들어오는지도 잘 살펴야 한다.

참고로, 갑진일주, 정미일주, 계축일주는 일지가 비겁이나 인성이 아님에도 불구하고 간여지동급의 일주로 해석한다. 같은 관점에서 진월 갑목, 미월 정화, 축월 계수의 사주 또한 득령한 것으로 간주하지만, 각 월지가 일간에게 제대로 된 뿌리가 될 수 있는지의 여부는 월지의 투간 여부를 잘 살펴야 한다.

	시	일	월	연
천간		丁	己	
지지			未	

예를 들어, 위쪽처럼 월간이 기토로 짜여진 경우 미토는 온전히 화의 뿌리가 되어주기보다, 기토를 따라가게 된다.

몇 가지 사주를 살피며 파악했겠지만, 신강, 신약의 여부를 확실하게 구분 지을 수 없는 중화사주들의 용신을 어떻게 파악하느냐가 억부법의 최종 관문이다. 중화사주의 경우 용신을 굳이 잡지 않아도, 확실히 신강하거나 신약한 사주에 비해 대세운에 따른 일간의 희기가 분명하게 드러나지 않는다(물론 간여지동으로 대세운이 들어올 때는 이야기가 달라진다). 삶에서 운의 유불리를 확실하게 파악하기 힘들기 때문에, 굳이 용신을 잡기 위해 애쓰기보다 대운이나 세운에 들어온 십성을 그대로 쓰는 게 어쩌면 더 나을 수도 있다.

그럼에도 불구하고, 우리는 일간이 어떤 기운을 추구해야 조금이나마 자신에게 맞는 삶을 더 행복하게 살아갈 수 있을지 고민해야 한다. 절대적으로 균형을 이루는 사주란 존재하지 않기 때문이다. 결국 살아온 삶의 이력과 함께 사주를 많이 살피는 게 큰 도움이 된다. 사주 100개를 한꺼번에 살피기보다, 단 한 개의 사주라도 오랜 시간을 들여 세세하게 살피는 게 더 공부가 된다. 내 사주를 먼저 파악하고, 그 다음은 가족, 주변 지인들의 순서대로 최대한 상세히 사주를 살피며 조금씩 시야를 확장시켜 나가야 한다.

자신이 배우고 생각한 용신이 정답이라고 확신하기 이전에, 명식의 주인이 겪어온 삶의 이력과 사주를 함께 놓고 비교해봐야 한다. 삶의 이력과 사주를 함께 놓고 풀이하는 과정은 추후에 자세히 살펴보도록 하자.

명리학의 기본, 음양과 오행

사례 1

시주	일주	월주	연주
비견	본원	편인	정인
壬	壬	庚	辛
寅	申	寅	亥
식신	편인	식신	비견
*		*	
戊丙甲	戊壬庚	戊丙甲	戊甲壬

억부적 관점에서 세력의 힘을 파악하기 어려울 때는, 원점으로 돌아가 오행의 힘을 살피는 게 큰 도움이 된다. 오행의 힘을 살필 때는 투간과 투출의 관점에서 바라봐야 한다. 첫째, 천간과 지지가 소통하고 있는 오행이 가장 힘이 세다. 둘째, 월지, 일지, 시지가 월간, 시간에 투간한 것이, 연간에 투간한 것보다

훨씬 강하다. 셋째, 연지가 시간에 투간한 경우 거리가 너무 멀어 제대로 뿌리를 두었다고 보기 어렵다. 넷째, 천간이 지장간의 초기가 아니라 중기에 뿌리를 둘 경우, 지장간의 정기가 그 중기를 생하는지 살펴야 한다. 다섯째, 연주는 간여지동이라 하더라도, 월주와의 관계를 우선 살펴야 한다. 이 다섯 가지를 염두에 두면 좋겠다.

사례 1의 금, 수, 목 오행 중 가장 힘이 강한 오행은 무엇일까? 바로 연간, 월간이 일지에 뿌리를 둔 금 오행이다. 일간은 일지 신중 임수에 뿌리를 두고 있으며, 신금의 정기인 경금이 지장간에서 임수를 생해주고 있다. 천간으로 투간하지 못한 목 오행이 가장 힘이 약하다. 따라서 사례 1은 금 인성과 수 비겁의 힘이 목 식상보다 훨씬 강하므로, 억부적으로 화 재성이 용신이 된다.

사례 2

시주	일주	월주	연주
●●	●＊	●	●
편관	본원	정관	상관
辛	乙	庚	丙
巳	酉	寅	寅
상관	편관	겁재	겁재
▲●	▲		
戊庚丙	庚申	戊丙甲	戊丙甲

사례 2는 금, 목, 화 오행 모두 천간과 지지가 소통하고 있다. 게다가 연간의 병화는 바로 아래 인중 병화에도 뿌리를 튼튼히 둔 상황이다. 일간이 연지와 월지에 뿌리를 둔 목 오행보다, 일지가 월간과 시간에 투간한 금 오행이 훨씬 더 강하다. 연간 병화가 연지와 시지에 뿌리를 두고 있긴 하지만, 금 오행에 둘러싸인 일간을 제대로 돕고 있다고 보긴 어렵다. 시지 사화가 유금과 합을 하여 금 오행의 방향으로 향하고, 병화는 연간에 있어 일간과 거리가 너무 멀기 때문이다. 따라서 사례 2는 일간은 신왕하여 자신을 지킬 만한데 금 관성의 세력이 화 식상의 세력보다 조금 더 강해, 화 식상을 용신으로 목 비겁을 희신으로 쓴다.

사례 3

시주	일주	월주	연주
비견	본원	상관	정인
庚	庚	癸	己
辰	子	酉	未
편인	상관	겁재	정인
▲●	▲	●	
乙癸戊	壬癸	庚辛	丁乙己

사례 3은 토, 금, 수 오행의 힘이 거의 비슷비슷한 상황이다. 간여지동인 연주가 월지 유금을 강력하게 지원해줄 뿐만 아니라, 연간 기토가 계수를 극하고 있다. 오행의 힘으로만 따졌을 때, 가장 강한 오행은 월지에 뿌리를 둔 금 오행이다. 게다가 금 오행의 특성 상, 수로 설기되며 맑게 씻기고 있다. 수 식상 역시 강하지만 전체적으로 토 인성과 금 비겁의 힘이 월등히 강한 신강한 사주로 분류할 수 있다. 억부적으로 목 재성이 용신, 수 식상이 희신, 화 관성이 한신이 된다. 기구신은 금 비겁과 토 인성이다.

사례 4

시주	일주	월주	연주
		●●	●
편재	본원	식신	정관
丁	癸	乙	戊
巳	亥	卯	辰
정재	겁재	식신	정관
		▲●	
戊庚丙	戊甲壬	甲乙	乙癸戊

사례 4는 연주, 월주, 일주, 시주 모두 하나의 오행으로 이루어져 있다. 이 경우 어떤 오행이 가장 강할까? 일단 연주, 월주, 일주, 시주 중 일간에게 미치는 영향이 가장 큰 곳은 월주고, 가장 영향이 적은 곳은 연주다. 월지 묘목의 정기가 투간된 월간 을목은, 일지 해중 갑목은 물론 연지 진중 을목에도 뿌리내리고 있어 무척 힘이 강하다. 게다가 습목이긴 하지만, 수 오행인 일주로부터 생조까지 받고 있다. 월주 목 식상이 사주 중 가장 힘의 크기가 세다고 할 수 있다.

그렇다면 연주와 시주 중 더 힘이 강한 곳은 어디일까? 시주는 수극

화로 일주와 충을 하고 있고, 연주는 월주로부터 목극토로 극을 당하고 있다. 물론 월지와 일지의 해묘합으로 인해 사해충이 강하진 않지만, 충은 자신이 가진 기운이 활성화되니 연주보다 시주의 기운이 더 강하다고 보아야 한다.

즉 이 사주는 일간이 일지에 뿌리를 내려 신왕하면서도, 월주 식상의 기운도 강한 사주로 보아야 한다. 일간은 득지하여 특별히 자신을 지킬 필요가 없기 때문에, 금 인성을 용신, 토 관성을 희신으로 쓴다. 수 비겁은 한신이다. 화 재성은 기신, 목 식상은 구신이 된다.

비슷한 구조의 사주 살피기

일간의 뿌리가 튼튼한 중화사주 중 첫째, 비겁과 관성 둘째, 식상과 관성 셋째, 인성과 재성 넷째, 인성과 식상의 균형이 비슷한 사주들은 억부적 관점에서 용신을 판단하기가 무척 까다로운 편이다. 상담을 통해 삶의 이력을 확인해야 정확한 용신을 구할 수 있겠지만, 원국만 보고 안전하게 용신을 유추할 수 있는 길은 없을까? 실수를 줄이고 최대한 지름길로 가고자 한다면, 비슷한 구조의 사주를 분류해놓고 함께 살피길 권한다. 사주 상담을 많이 한 사람일수록 유리한 이유가 여기에 있다. 사주만 보고 용신을 파악하는 훈련은 직관력 향상에도 큰 도움이 된다.

시주	일주	월주	연주
	*	**	*
편인	본원	편관	비견
甲	丙	壬	丙
午	辰	辰	辰
겁재	식신	식신	식신
丙己丁	乙癸戊	乙癸戊	乙癸戊

사례 1

시주	일주	월주	연주
	*	**	*
겁재	본원	편관	비견
丙	丁	癸	丁
午	丑	丑	丑
비견	식신	식신	식신
丙己丁	癸辛己	癸辛己	癸辛己

사례 2

시주	일주	월주	연주
＊＊	＊	＊	
편인	본원	편관	편관
甲	丙	壬	壬
午	戌	子	戌
겁재	식신	정관	식신
△＊	△●	＊●●	△●
丙己丁	辛丁戊	壬癸	辛丁戊

사례 3

사례 1은 일간이 시지에 뿌리를 두어 튼튼한 편이나, 그에 못지 않게 식신과 편관의 힘이 균형을 이룬 듯 보인다. 임수 편관은 십이운성으로 진토 위에서 입묘이긴 하나 진토의 중기인 계수에 뿌리를 강하게 내렸고, 식신 진토 역시 지지에서 삼병존을 이루며 강한 세력을 형성하고 있기 때문이다. 사례 2 역시 사례 1과 유사한 구조를 띠고 있다. 축토 식신이 삼병존을 이루고, 월간의 계수가 축토에 강하게 뿌리를 내리고 있다. 여기서 중요한 것은 사례 1과 사례 2의 차이를 유심히 살피는 것이다. 사례 2의 계수는 사례 1의 임수에 비해 십이운성으로 축토 관대 위에 놓여 있어 뿌리내린 힘이 훨씬 강하다. 같은 점이 있다면 진토나 축토 모두 지지에서 자기들끼리 연합한 까닭에, 수보다는 토의 성향이 훨씬 강해졌다는 것이다. 둘 다 일간이 시주에 튼튼하게 자기 세력을 형성하고 있지만, 식신이 관성에 비해 훨씬 강한 사주라 인성을 용신으로 쓴다.

사례 3 역시 뿌리를 튼튼하게 둔 일간을 중심으로 식신과 관성이 발달해 있다. 역시 나머지 사주들과 비교했을 때 첫째, 일간 둘째, 식상 셋째, 관성의 힘이 어디가 더 강한지를 각각 살피는 것이 좋다. 사례 3 역시 병화가 시주를 전부 자기 편으로 두고 있지만, 일지가 입묘지인 술토라 병화의 뿌리가 사례 1에 비해 튼튼하다고 할 수 없는 상황이다. 일지, 시지가 오술합을 하긴 하지만, 월지, 시지의 자오충으로 인해 오술합은 큰 의미가 없게 되었다. 식신의 힘이 가장 약한 것은 사례 3이다. 그렇다면 관성의 힘이 가장 강한 사주는 몇 번일까? 바로 간여지동으로 이루어진 상태에서 연간까지 같은 오행이 투간된 사례 3이다. 연간 임수가 술토 위에서 토극수로 극을 당하지만, 월지 자수에 워낙 강하게 뿌리를 내리고 있는 터라 수의 세력이 강하다고 봐야 한다. 결국 사례 3은 월주 관성이 간여지동을 이루고 연간에도 임수가 투간해 있어 식상보다 관성의 힘이 더 강한 사주가 되었다. 이 사주는 일간의 뿌리가 튼튼하고 관성이 강하므로, 식상을 용신으로 쓴다.

시주	일주	월주	연주
●	●	●	●
상관	본원	편관	편인
乙	壬	戊	庚
巳	午	子	申
편재	정재	겁재	편인
●	*●	▲*●	▲●
戊庚丙	丙己丁	壬癸	戊壬庚

사례 1

시주	일주	월주	연주
●	●		●
편재	본원	편관	겁재
癸	己	乙	戊
酉	亥	丑	戌
식신	정재	비견	겁재
▲		▲	
庚辛	戊甲壬	癸辛己	辛丁戊

사례 2

사례 1과 사례 2 모두 월지에 뿌리가 있고, 억부적으로도 중화한 사주다. 연주가 일간에 큰 도움이 되지 않는다고는 하지만, 연주와 월지가 일간과 서로 호응하며 세력을 이루거나, 상생을 하며 일간을 지원한다면 이야기가 달라진다. 일지와 시주가 식재로 이루어져 세력을 이루고 있는 상황에서, 일간이 신왕하니 억부적으로 균형을 맞춰줄 인성이 용신이 되고, 관성이 희신, 비겁은 한신이 된다. 참고로, 이렇게 일간이 튼튼하게 뿌리내린 신왕하면서도 중화를 이룬 사주는, 용희기구한신에 따른 운의 유불리가 극명하게 드러나지 않는다. 위 사주 모두 간여지동급으로 강하게 운에서 만나지 않는 이상, 기구신인 재관은 물론 한신인 식상도 유용하게 쓸 수 있다.

명리영역 기출문제

1. 다음 중 신강, 신약사주의 특성으로 알맞지 않은 것은? (난이도 중)

① 우민: "신강한 사람이 사업을 앞두고 조언을 구한다면, 이미 정해진 답을 굳히기 위한 목적으로 묻는 게 아닐까?"

② 종우: "인다신약한 경우 결정장애에 빠지기 쉽거든. 그런데 신강한 사람이 인다신약한 사람처럼 이것저것 잰다면 문제가 크다고 봐야 해. 과한 신중함이 고착화되면 실패할 경험도 못 쌓게 되기 때문이지."

③ 구현: "신약한 사람은 식상, 재성, 관성이 기구신이 될 가능성이 높잖아? 이건 사회생활을 할 때 자기 주관대로 밀고 나가기보다, 다른 사람에게 맞춰줄 경우가 많다는 걸 뜻하는 게 아닐까?"

④ 나우: "식재관이 기구신이 되는 신약한 사람은, 아무래도 신강한 사람보다 더 많이 사고를 치겠지?"

⑤ 승종: "신약한 사람이 비겁운을 용신으로 만날 때, 좀 더 주체적인 결정을 강하게 내리게 될 것 같은데? 자기 확신이나 자존감이 엄청나게 높아질 거잖아. 아마 이직이나, 사업, 결혼을 하는 식으로 이전과 다른 독립적인 결정을 내릴 것 같아."

2. 다음 사주와 관련된 설명 중 가장 거리가 먼 것은? (난이도 하)

시주	일주	월주	연주
＊＊●	**●**	＊	＊
정재	본원	겁재	겁재
乙	庚	辛	辛
酉	寅	卯	未
겁재	편재	정재	정인
＊	▲＊	▲	
庚辛	戊丙甲	甲乙	丁乙己

① 대한: "이 사주는 금 비겁의 세력이 가장 강하지 않을까?"

② 민국: "아니야. 이 사주는 목 재성의 세력이 가장 강한 것 같아."

③ 만세: "다른 건 몰라도, 이 사주는 겁재적 성향이 강하게 드러날 수밖에 없을걸?"

④ 건이: "위 사주는 직업을 상징하는 일지와 내면을 상징하는 월지 의 재성이 시간에 확실히 드러났기 때문에, 재성과 관련된 요소 가 직업이나 성향으로 구현될 가능성이 매우 높다고 봐야 하지 않을까?"

⑤ 현국: "연간의 신금은 경금과 달리, 조토불생금이라 조토인 미토 의 생조를 별로 반기지 않을 거야."

3. 다음 사주에서 가장 힘이 강한 오행과 가장 힘이 약한 오행을 알 맞게 고른 것은? (난이도 중)

시주	일주	월주	연주
**	**	**	**
편재	본원	편재	비견
甲	庚	甲	庚
申	午	申	午
비견	정관	비견	정관
戊壬庚	丙己丁	戊壬庚	丙己丁

① 가장 강한 오행: 금 비겁, 가장 약한 오행: 화 관성

② 가장 강한 오행: 화 관성, 가장 약한 오행: 목 재성

③ 가장 강한 오행: 목 재성, 가장 약한 오행: 화 관성

④ 가장 강한 오행: 금 비겁, 가장 약한 오행: 목 재성

⑤ 가장 강한 오행: 화 관성, 가장 약한 오행: 금 비겁

4. 다음 중 아래 사주와 관련하여 가장 거리가 먼 것을 고르면? (난이도 상)

시주	일주	월주	연주
*		**	*
겁재	본원	정재	겁재
癸	壬	丁	癸
卯	子	巳	亥
상관	겁재	편재	비견
		*	*
甲乙	壬癸	戊庚丙	戊甲壬

보기 1

시주	일주	월주	연주
	*	*	
상관	본원	편관	겁재
己	丙	壬	丁
丑	午	子	巳
상관	겁재	정관	비견
●	*	*●	
癸辛己	丙己丁	壬癸	戊庚丙

보기 2

① 나연: "보기 1 사주는 화가 월주에서 간여지동이 되었지만 연주와 일주가 함께 화를 극하는 형태이므로, 결국 수 기운이 가장 강할 것 같아."

② 정연: "보기 2 사주는 자월 축시잖아요? 수 기운이 강한 축토가 결국 화 기운을 강하게 설기하니, 아무래도 월주를 차지한 수 관성의 기운이 가장 강한 것 같은데요?"

③ 모모: "보기 1 사주는 묘목 상관이 습목인데 수 기운에 둘러싸여 있잖아요? 결국, 썩은 나무와 같은 꼴이 되어 전혀 쓸모가 없을 것 같아요."

④ 사나: "보기 2 사주는 신약하지만 일간이 자신을 튼튼하게 지킬 수 있을 만큼 신왕하고 수 관성의 기운이 강하므로, 식상을 용신으로 쓰는 것이 가장 좋지 않을까요?"

⑤ 지효: "보기 1 사주는 화 재성을 용신으로 쓰는 것이 가장 좋을 것 같은데요?"

5. 다음 중 아래 사주와 관련하여 가장 거리가 먼 것을 고르면? (난이도 상)

시주	일주	월주	연주
●	●		●
편재	본원	겁재	비견
壬	戊	己	戊
子	子	未	辰
정재	정재	겁재	비견
▲	▲●		▲
壬癸	壬癸	丁乙己	乙癸戊

보기 1

시주	일주	월주	연주
			●
편재	본원	편재	비견
壬	戊	壬	戊
子	戊	戊	子
정재	비견	비견	정재
●	●	●	●●
壬癸	辛丁戊	辛丁戊	壬癸

보기 2

① 미나: "위 사주 모두 신왕재왕한 사주 아닌가요?"

② 다현: "두 사주의 용신은 모두 수 재성이 될 것 같아요."

③ 채영: "보기 2 사주는 득령하고 득지한 데다 다른 자리에 비견이 있으므로, 왼쪽보다 더 신강해요."

④ 소원: "보기 1 사주는 월주를 겁재로 놓았고, 연주 또한 간여지 동인 비견의 세력을 내 편으로 쓰고 있잖아요? 그래서 왼쪽 사주가 오른쪽 사주보다 더 신강하지 않을까요?"

⑤ 예린: "두 사주 모두 재성을 운에서 만나거나, 재성과 관련된 활동을 추구할 때 운을 유리하게 끌고 갈 수 있을 것 같아요."

풀이노트

1. 정답은 ④번이다. 신약사주는 비유하자면 음의 속성이, 신강사주는 양의 속성이 더 강하다고 할 수 있다. 신강사주가 크게 성공할 수도 있고, 크게 망할 수도 있다면, 신약사주는 변화의 양상이 극단적이지 않고, 실속을 잘 챙긴다. 대신, 큰 모험을 하지

않고, 망설이다 타이밍을 놓칠 가능성도 높다. 신약사주는 신강
사주에 비해 식, 재, 관이 기구신이 될 가능성이 높으나, 신강
사주보다 폐해가 덜 한 편이다. 주변을 잘 살피며, 다른 사람들
의 이야기에도 귀 기울일 줄 알기 때문이다. 신약한 사주의 경
우, 특히 식상이나 재성이 기구신이 되더라도 장점을 살려 유용
하게 쓸 가능성이 더 높다. 참고로, 신강한 사주 중 인다신강에
비해 비겁이 강한 신강사주가 여러 가지 일을 한꺼번에 수행하는
능력이 훨씬 뛰어나다.

2. 이 문제는 금 오행과 목 오행 중 어느 쪽이 더 강한지를 먼저 판
단할 수 있어야 풀이가 가능하다. 일간인 경금은 실령하고 실지
하여, 목 재성보다 훨씬 약하다. 따라서 정답은 ①번이 된다. 나
머지는 전부 맞는 설명이다.

3. 일간은 득령하고, 연간과 시지에 자신의 세력을 두어 최소한 신
강하지는 않지만, 그렇다고 신약하지도 않은 사주다. 화 관성은
연지와 일지를 차지하고 있고, 천간에 떠 있는 목 재성은 지지에
뿌리가 전혀 없는 상황에서 지지에 뿌리를 강하게 내린 경금과
쟁충을 하고 있다. 금 비겁이 가장 강하며, 목 재성은 가장 약하
다. 화 관성은 뿌리 없이 허공에 떠 있기만 한 목 재성에 비해 훨
씬 더 강하므로, 정답은 ④번이 된다.

4. 보기 1 사주는 화 재성이 월주를 차지하고 있어 강하지만, 화를
극하는 수 오행에게 둘러싸여 있다. 화 재성보다 수 비겁의 기운
이 훨씬 강한 사주로, 신약하지는 않기 때문에 화 재성을 용신으
로 쓴다. 보기 2 사주는 시지 축토 위에 기토가 떠 있긴 하지만
임자월의 영향으로 인해 수 기운이 훨씬 강한 축토가 되어버렸
다. 결국 화의 기운을 강하게 설기하고, 월주인 수 관성 또한 양
쪽에서 화 비겁을 강하게 설기하니 신약한 사주다. 신약한 사주
는 인성, 비겁, 식상 중 하나가 용신인데, 이 사주는 신약하지만

비교적 일간이 자신을 지킬 수 있을 만큼 신왕하고, 수 관성의 기운은 강하니, 강한 수 관성의 기운을 다스리기 위해 토 식상을 용신으로, 화 비겁을 희신으로 쓴다. 정답은 ③번이다. 보기 1 사주는 묘목 상관이 습목이라 강한 수 기운으로 둘러싸이는 것을 반기지는 않지만, 다행히 해수와 멀리서 해묘 반합을 하니 묘목 또한 잘 활용할 수 있는 사주가 되었다.

5. 두 사주 모두 일간이 자신을 지킬 수 있을 만큼 지지에 강하게 뿌리를 두고 있고, 재성의 세력 또한 만만치 않게 강한 신왕재왕한 사주다. 신강사주의 최소 조건은 일간이 득령, 득지하고 다른 자리에 자신의 세력을 하나라도 가지고 있을 경우다. 물론, 득지 또는 득령하고 득세를 할 경우에도 신강한 사주가 될 수 있다.

보기 1 사주는 연주가 비겁으로 간여지동을 이루었지만 연주는 비겁이나 인성이라도, 월주나 시주가 간여지동인 것만큼 일간에게 큰 힘은 되어주지 못한다. 게다가 간지론적으로 살펴보면 갑목이 을목을, 무토가 기토를, 임수가 계수를 겁재로 둔 것은 때에 따라 일간에 큰 힘이 되지 못할 수도 있다(물상론을 이야기하는 건 너무 일차원적이긴 하지만, 무토는 넓은 대륙을, 기토는 작은 정원을 상징한다). 보기 1과 보기 2 사주 중 일간이 득령득지하고 연간에 자신의 세력을 둔 보기 2 사주가 조금 더 신강하다. 따라서 정답은 ④번이 된다.

구조에 따라 손에 쥘 수 있는 여섯 가지 무기

① 조후용신 : 더우면 시원하게 추우면 따뜻하게

조후의 관점을 중요시하는 고전에서는, 태어난 월에 따라 일간의 용신을 이미 정해놓았다. 하지만 수많은 사주를 공식처럼 틀에 집어넣어 용신을 정할 수도 없거니와, 그렇게 용신을 정했다 하더라도 실제 사주를 간명할 때는 아무짝에도 쓸모없는 경우가 많아 문제가 크다. 그렇다고 하여 조후론을 버리자는 뜻은 절대 아니다. 실제 억부용신과 《궁통보감》에서 말하는 주용신이 일치하는 경우가 가장 이상적이기 때문이다.

정리하면, 사주를 볼 때 억부법을 우선 적용하되, 억부로는 판단이 어려운 중화사주의 경우에만 보조적으로 조후법을 적용하는 것이 좋다. 이 책에서는 억부법과 조후법이 일치하는 경우와 그렇지 않은 경우, 억부법과 조후법을 함께 살펴야 하는 경우에 대해서만 살펴보도록 하자.

<u>힘의 세기와 기후 조건, 조화를 이루다</u>

시주	일주	월주	연주
	**	*	*
편재	본원	편관	편관
己	乙	辛	辛
卯	酉	卯	酉
비견	편관	비견	편관
**	**	**	**
甲乙	庚辛	甲乙	庚辛

이 사주에서 월지와 시지를 차지하고 있는 묘목은 습목이다. 묘월 묘시는 아직 추운 시간인 만큼 화 기운이 필요한 상황이다. 이 사주는 득령

하여 일간이 신왕하긴 한데, 전체적으로 금 관성의 세력 또한 만만치가 않아 신왕관왕한 사주다. 이렇게 일간이 뿌리를 튼튼하게 내려 버틸 수 있는 상황에서 관성이 강한 경우, 억부법으로는 식상을 용신으로 쓴다.

사실 갑목에 비해 을목은 습목이라 수 기운이 약해도 더 버틸 수 있는데(을목은 갑목에 비해 생존력도 더 강한 데다, 경금을 두려워하지 않는다),《궁통보감》에서는 의아하게도 차이점을 두지 않고 인묘진월의 갑목, 을목을 똑같이 다룬다. 조후론에서는 묘월 을목에게 가장 먼저 병화가, 그다음에는 계수가 필요하다고 말한다. 묘월이면 겨울비가 아니라 봄비가 내리는 때인데, 묘월의 습목에 왜 계수가 필요하다고 한 건지는 잘 모르겠다. 농업이 중요한 시대였던 만큼, 물상론적으로 태양인 병화와 생명수인 계수의 필요성을 우선 강조한 게 아닐까 싶다.

이 사주의 억부용신은 화 식상으로, 조후용신과도 일치한다. 덧붙여 이 사주는 수 인성이 화 식상을 극하긴 하지만, 금 관성의 기세가 만만치 않으므로 인성을 한신으로 쓴다. 잠깐 옆길로 새서 인다신약한 사주와 인다신강한 사주는 똑같이 재성이 용신이라 하더라도, 비겁이 한신이 되는 경우와 기신이 되는 경우로 나뉜다는 것을 떠올려보자. 신왕관왕한 경우 식상이 용신이라 하더라도 인성이 기신이 되는 경우와 한신이 되는 경우로 나뉘는 것과 같다.

즉, 이 사주처럼 묘월 을목일간인 경우, 때에 따라 억부법으로 화 식상이 용신이 되면 이를 극하는 수 인성은 기신이 될 수도 있다는 것이다. 바로 여기서, 묘월 을목일 때 먼저 병화를 쓰고 다음으로는 계수를 써야 한다는 조후법과 상충하는 부분이 생긴다. 조후법은 사주의 다른 자리를 제외하고, 오로지 월지와 일간만 놓고 용신을 정해놓았기 때문에 각 사주마다 개별적으로 적용하기 어려운 지점이 많다. 억부법은 조후법처럼 틀에 맞출 수는 없지만, 적어도 사주의 모든 자리를 일간을 기준으로 개별적이면서도 전체적으로 파악하기 때문에 사주를 더 세심히 살필 수 있다는 장점이 있다.

힘의 세기와 기후 조건, 조화를 잃다

시주	일주	월주	연주
비견	본원	겁재	식신
壬	壬	癸	甲
寅	子	酉	子
식신	겁재	정인	겁재
戊丙甲	壬癸	庚辛	壬癸

위쪽은 수 기운이 넘치는 극신강한 사주로, 억부적으로 화 재성이 용신, 목 식상은 희신이 된다.《궁통보감》에서는 유월 임수의 경우 갑 목을 주용신으로, 경금을 보조용신으로 쓴다고 서술한다. 유월의 임수 면 월지가 인성이라 구조상 수 기운이 약하지 않을 가능성이 훨씬 더 높은데, 다른 경우의 수는 살피지도 않고《궁통보감》에서 보조용신으 로 경금을 쓴다고 지정해놓은 게 잘 이해가 되지 않는다. 억부용신과 조후용신이 일치하지는 않지만, 이 사주는 억부적으로 희신인 갑목이 용신인 병화보다 더 빛날 수 있다. 시지 인목은 많은 수 기운을 능히 다 스릴 수 있는 간지인 데다(수탕기호), 연간에도 갑목으로 투간하여 사주 의 균형을 자체적으로 잡아주고 있기 때문이다.

시주	일주	월주	연주
●	●		
정관	본원	편인	식신
壬	丁	乙	己
寅	未	亥	酉
정인	식신	정관	편재
	●	●	
戊丙甲	丁乙己	戊甲壬	庚辛

　이 사주의 정화는 미토를 일지에 두고 있어, 간여지동급의 신왕한 사주로 해석해야 한다. 월간 을목 편인이 시지 인목 정인에 통근했고, 월지 해수는 시간으로 투간했다. 목과 수의 세력 중 더 강한 쪽은 월지에서 투간한 수 관성이다. 일간은 신왕하고, 관성의 힘이 전체적으로 강하기 때문에, 토 식상이 억부용신이 된다.

　궁통보감에 의하면 해자축월의 정화는 갑목을 조후용신으로 쓴다. 정화에게 갑목이 있으면 수가 많아도 큰 걱정이 없을 만큼 목의 존재 여부가 가장 중요하다고 하는데, 문제는 토 식상을 억부용신으로 볼 경우 수 관성은 기구신이 된다는 점이다. 억부법과 조후법이 상충하는 경우에는, 반드시 억부법을 우선해야 한다. 사주는 가장 많은 기운을 운에서 만날 경우 운이 불리하게 흐르고, 가장 많은 기운을 덜어낼 수 있는 기운을 만나면 반대로 운이 유리하게 흐르기 때문이다.

시주	일주	월주	연주
●			●
편재	본원	편관	겁재
癸	己	乙	戊
酉	亥	丑	戌
식신	정재	비견	겁재
▲		▲	
庚辛	戊甲壬	癸辛己	辛丁戊

96	86	76	66	56	46	36	26	16	6
편관	정관	편재	정재	식신	상관	비견	겁재	편인	정인
乙	甲	癸	壬	辛	庚	己	戊	丁	丙
亥	戌	酉	申	未	午	巳	辰	卯	寅
정재	겁재	식신	상관	비견	편인	정인	겁재	편관	정관
태	양	장생	목욕	관대	건록	제왕	쇠	병	사

위의 사주는 기토가 득령하고, 연주도 간여지동으로 겁재를 얻었지
만, 금으로 맑게 씻겨 더욱 빛나게 된 유금 왕지 식상과 재성의 세력이
일간의 기운을 설기시키고 있다. 연주는 거리가 멀리 떨어져 있어 일
간에 그리 큰 도움이 되지 못하고, 월간 을목 편관 역시 일간을 옆에서
극하고 있다. 이 사주는 억부적으로 신약하게 봐야 할지, 신강하게 봐
야 할지 판단이 잘 서지 않는다. 약간 신약하긴 하지만 중화에 가까워,
간여지동급으로 대세운이 강하게 들어오지 않는 이상 운에서도 길흉
을 판단하기가 쉽지 않다.

이런 경우 부차적으로 조후법을 적용하면 좋다. 조후론적으로는 해
자축월의 기토는 병화를 먼저 써야 한다고 하는데, 때마침 이 사주는
축월의 유시라 따뜻하게 온기를 더해줄 병화가 필요하다. 이는 내 아

156

버지의 사주로, 강한 수 재성의 힘에 맞설 화 인성이 용신이 된다.

아버지는 조직에서 일하기보다 본인이 주도적으로 살아가길 원했다. 평생을 자영업자로서 성실하게 판금과 덕트 분야에 종사하며 가정을 일구었다. 26무진대운에서 사업을 시작하여, 36기사 46경오대운을 거치는 동안에도 큰 기복은 없었다. 97년부터 한동안 이어진 IMF 경제 위기 시기에도 어렵지 않았다. 억부적으로는 화 인성 용신, 목 관성 희신, 토 비겁 한신으로 판단하는데, 조후까지 감안하면 화 인성 용신이 무척 중요한 사주가 된다.

조후론을 중요시하는 분들이 고전으로 삼는《난강망》이나《궁통보감》같은 책들은 오로지 월지와 일간만을 살펴 수학공식처럼 용신을 정하고 있다. 사주의 조후를 살필 때도 고전을 그대로 따르기보다, 각 간지의 성격에 따라 월지와 시지, 그리고 일간을 전체적으로 살피며 한난조습의 균형을 맞춰주는 기운을 찾는 것이 훨씬 합리적이다. 해자축은 한(寒), 사오미는 난(暖), 신유술은 조(燥), 인묘진은 습(濕)의 성향을 보인다.

천간으로는 한(寒)과 난(暖)만을, 지지로는 조(燥)와 습(濕)만을 논한다고 보는 학자들도 있지만, 간단히 일간이 추운 겨울인 해자축(亥子丑)월에 태어나면 따뜻한 화가, 더운 여름인 사오미(巳午未)월에 태어나면 수를 필요로 한다고 해석하면 된다. 더하여 무토, 미토, 술토는 조토로 보고 기토, 진토, 축토는 습토로 본다. 참고로, 미토는 지장간에 습목인 을목과 습토인 기토가 포함되어 있기 때문에, 조토로 볼 수 없다고 보는 이들도 있다. 나의 경우 미토는 기본적으로 조토이지만, 주변 환경에 따라 건조한 상태가 쉽게 변할 수 있고, 술토보다 수를 제어하는 힘도 훨씬 약하다고 본다.

②병약용신 : 병이 있어도 약이 있으면 그만

병약용신은 사주에서 드러난 병(病)을 고칠 수 있는, 즉 약(藥)이 되는 기운을 일컫는다. 최초로 체계화한 이는 청나라의 명리학자 진소암으로 알려져 있다. 사주에서는 태과불급(太過不及)이라 하여, 하나의 오행이 지나치게 넘치면 병이 된다고 해석한다. 사주에 있는 병이 내 건강에 큰 영향을 미치기 때문에, 사주에 그 병을 다스리는 약이 있어야 길하다고 본다.

시주	일주	월주	연주
비견	본원	비견	겁재
丙	丙	丙	丁
申	子	午	巳
편재	정관	겁재	비견
▲●	▲※	※	●
戊壬庚	壬癸	丙己丁	戊庚丙

　위의 사주에서는 화 오행이 너무 강해 병이 되고 있지만, 다행히 화기를 다스리는 약인 자수가 일지에 있다. 원래 자오충으로 자수는 흔들릴 수밖에 없지만, 시지의 신금과 신자합을 하여 자오충에도 큰 영향이 없게 되었다. 약이 약할 때도 역시 문제가 되는데, 이 경우 길하게도 신자합으로 인해 문제가 해결되었다 볼 수 있다.

　《명리정종》에서는 '병이 중한데 약을 얻지 못하면 단명 또는 빈천하지만, 병이 중하더라도 약을 얻으면 대부대귀하다'라는 문장이 나온다. 이를 다르게 해석하면 병이 없거나 약하면 보통 사람의 평범한 명이요, 병이 있어야만 귀명이 될 수 있다는 뜻이 된다. 큰 위기를 겪어야 큰 사람이 될 수 있다는 말과 상통한다. 위 사주를 억부법으로 보면, 가장 기운이 넘치는 화가 기신이 되고, 목은 구신, 금은 용신, 토는 희신, 수는 한신이 된다. 한신 수 관성은 기신을 공격하여 자신을 지키는 힘으로, 건강과 관련이 크다.

시주	일주	월주	연주
정인	본원	편인	정인
乙	丙	甲	乙
未	午	申	丑
상관	겁재	편재	상관
*			*
丁乙己	丙己丁	戊壬庚	癸辛己

위의 내 사주에서 병이 되는 기운 역시 화 비겁이다. 다만 약이 되는 수 관성의 힘이 사주 내에 없어 고전의 관점으로는 단명하거나 빈천한 사주가 되었다. 억부적으로 용희신인 금 재성, 토 식상을 쓰는 것뿐만 아니라 한신인 수 관성을 잘 활용하는 것 역시 내겐 매우 중요한 문제라 할 수 있다. 나를 공격하는 힘을 약화시켜, 내 건강을 지키는 힘이 되기 때문이다. 실제 나는 화 비겁이 강한 사주답게 오랫동안 심장, 고혈압, 고지혈증 같은 혈액 순환계와 관련된 문제로 고생 중이다. 이런 내가 수 관성을 쓰려면 어떻게 해야 할까? 무엇보다 제 시간에 충분한 수면을 취하며 수 기운을 끌어오는 것이 중요하다. 취미로 수영, 프리다이빙, 요가, 명상, 기수련을 하는 것도 크게 도움이 된다. 또한 십성적으로 규칙적인 삶을 살며 관성의 기운을 생성하는 것도 건강을 지키는 유용한 방법이 될 것이다(참고로 사주에서 수 기운이나 관성의 힘이 약한 사람은 수면 패턴이 불규칙한 경우가 많다. 게다가 신강하면, 자신의 힘을 믿기 때문에 놀다가 즉흥적으로 날을 새는 경우도 잦다).

③고립용신(건강용신) : 고립된 기운을 지키는 지혜

사주에서 가장 약한 간지가 고립이 되면 건강상 큰 문제가 될 수 있다. 고립용신의 관점에서 원국의 간지는 모두 나를 이루는 기운이 되기 때문이다. 고전에서도 고립의 개념은 꾸준히 제시되었지만, 이를 고립용신이라는 용어로 명명한 이는 명리학자 김동완이다.

억부법으로 용희기구한신을 떠나, 고립용신의 관점에서는 무조건 고립이 되어 가장 약한 간지를 용신으로 쓴다. 한신을 중요하게 여기는 병약의 관점으로 보면 용신은 다르지만, 결국 바탕이 되는 근본 개념은 같다고 할 수 있다. 하나의 오행이 지나치게 넘치면, 반드시 그 넘치는 힘으로 인해 다른 오행이 극을 당하거나 설기당해 힘을 잃게 될 것이기 때문이다. 고립용신을 다른 말로 건강용신이라고도 한다.

시주	일주	월주	연주
비견	본원	편인	편인
甲	甲	壬	壬
戌	寅	子	寅
편재	비견	정인	비견
辛丁戊	戊丙甲	壬癸	戊丙甲

사례 1

시주	일주	월주	연주
●	●	●●	*
비견	본원	정재	겁재
甲	甲	己	乙
子	子	卯	卯
정인	정인	겁재	겁재
壬癸	壬癸	甲乙	甲乙

사례 2

시주	일주	월주	연주
	＊＊		
편재	본원	편관	편관
己	乙	辛	辛
卯	酉	卯	酉
비견	편관	비견	편관
＊＊		＊＊	
甲乙	庚辛	甲乙	庚辛

사례 3

위 사주들 모두 토 오행이 목으로 둘러싸여 있어, 고립용신은 토 재성이 된다. 일간을 제외하고, 천간과 지지의 고립 중 고립의 위험이 더 큰 쪽은 어디일까? 천간은 눈에 보이지 않는 영역을, 지지는 현실의 영역을 상징하기 때문에 같은 고립이라도 천간보다 지지의 고립을 조금 더 위험하게 바라봐야 한다. 따라서 사례 1과 사례 2 중, 고립의 위험이 더 큰 간지는 사례 1의 시지 술토가 된다. 사례 2의 기토 역시 지지에 뿌리가 하나도 없지만, 다행히 일간과 시간의 갑목과 갑기합을 하여 고립의 위험으로부터 아슬아슬하게 벗어났다고 할 수 있다.

　사례 3은 위에서 살펴본 사주로 신왕관왕하여 억부법으로 식상이 용신이 된다. 목 비겁을 극하는 금 관성의 힘이 조금 더 강하기 때문에, 수 인성은 식상을 극하긴 하지만 기신이 아니라 한신의 역할을 한다. 억부적으로 시간의 기토 편재는 구신이지만, 지지에 지장간에서조차 자기 뿌리가 없어 매우 위태롭다. 실제 이 명주의 경우 스트레스를 받을 때마다 위염으로 고생을 했다. 건강을 중요하게 여기는 관점에서 고립용신은 토 재성이 된다. 억부용신과 고립용신이 반드시 일치하지는 않으며, 억부적으로 기구신이라 하여 반드시 내가 꺼리고 피해야 할 기운으로 볼 수 없다는 점을 알려주는 사례다.

세운	대운
정인	상관
乙	己
未	未
상관	상관
▲	▲
丁乙己	丁乙己

시주	일주	월주	연주
편인	본원	정인	식신
甲	丙	乙	戊
午	子	卯	午
겁재	정관	정인	겁재
*	**		*
丙己丁	壬癸	甲乙	丙己丁

97	87	77	67	57	47	37	27	17	7
정인	편인	정관	편관	정재	편재	상관	식신	겁재	비견
乙	甲	癸	壬	辛	庚	己	戊	丁	丙
丑	子	亥	戌	酉	申	未	午	巳	辰
상관	정관	편관	식신	정재	편재	상관	겁재	비견	식신
양	태	절	묘	사	병	쇠	제왕	건록	관대

일지 자수가 고립된 사주로, 수 관성이 고립용신이 된다. 억부용신
은 금 재성, 희신은 토 식상이다. 이 사주는 토 식상의 기운(언변)을 바
탕으로 개그맨이 된 정형돈의 명식이다. 지지에서 자오삼쟁충이 되는
2014년 갑오년을 지난 후, 2015년 기미대운 을미년을 맞는다. 이때 대
세운의 지지에 들어온 희신 미토가 모두 기신 목 인성으로 기반되는
데, 공교롭게도 공황장애로 잠시 연예활동을 중단하기도 했다. 수 오
행은 불면증, 수면장애, 공황장애 등 정신적인 영역과 관련이 깊다.

④ 통관용신 : 대치하는 기운을 중재하는 지혜

통관용신은 두 개의 상극하는 기운이 팽팽히 대치하고 있을 때, 가
운데에서 두 기운을 유통시켜 사주의 균형을 맞춰주는 기운을 일컫는
다. 단 여기에는 두 가지 조건이 있다. 첫째는 일간이 최소한 자신을 지

킬 수는 있을 만큼 지지에 뿌리가 있어야 한다는 것이며, 둘째는 생조
하는 쪽이 생조받는 쪽보다 조금은 더 강해야 한다는 것이다. 단, 생조
하는 쪽이 생조받는 쪽보다 압도적으로 강하다면, 때에 따라 통관용신
은 적용할 수 없다. 참고로, 희신은 상황에 따라 달라진다.

통관법을 적용할 수 있는 경우

시주	일주	월주	연주
❁	❁	✳✳❁	❁
겁재	본원	편재	비견
壬	癸	丁	癸
子	亥	巳	巳
비견	겁재	정재	정재
	✳✳	✳	✳
壬癸	戊甲壬	戊庚丙	戊庚丙

위의 사주는 정사가 월주를 차지하여 수 비겁과 비슷한 힘으로 대
치하고 있다. 수 기운이 조금 더 힘이 센 데다 수가 화를 극하고 있으
므로 이 사주는 목 식상을 통관용신으로 쓴다. 목 식상은 수 비겁을 설
기하면서, 화 재성의 힘을 키워주므로 사주의 균형을 맞출 수 있게 된
다. 수 비겁과 화 재성 양쪽의 힘을 모두 설기시키는 토 관성이 희신이
된다.

통관법을 적용하기 힘든 경우

시주	일주	월주	연주
●	*	** ●	*
겁재	본원	편재	비견
壬	癸	丁	癸
子	亥	巳	亥
비견	겁재	정재	겁재
	*	**	*
壬癸	戊甲壬	戊庚丙	戊甲壬

이 사주는 앞의 사주와 비교하여, 수 비겁의 기운이 너무나 압도적이다. 통관용신의 조건은, 두 기운이 대치 중일 때 생을 하는 기운이 생을 받는 기운보다 '조금 더' 강해야 한다는 것이다. 앞의 사주처럼 목 식상으로 화 재성을 생해준다 하더라도, 수 비겁의 기운이 너무도 강하기 때문에 목 식상은 용신으로 쓰기 어렵다. 이런 경우 다시 원점으로 돌아가, 억부법으로 화 재성을 용신으로 쓰는 것이 타당하다.

시주	일주	월주	연주
겁재	본원	겁재	비견
甲	乙	甲	乙
申	酉	申	酉
정관	편관	정관	편관
戊壬庚	庚辛	戊壬庚	庚辛

이 사주는 금 오행의 기운이 압도적으로 강하여 수 인성을 통관용신으로 사용하면 좋겠지만, 목 일간은 지지에 전혀 뿌리가 없으므로 예외가 된다. 무엇보다 목 일간을 최우선적으로 지켜야 하는 사주로,

통관용신 대신 억부법으로 목 비겁을 용신으로, 수 인성을 희신으로 쓴다.

통관용신과 억부용신이 일치하는 경우

시주	일주	월주	연주
	●		
편재	본원	겁재	비견
壬	戊	己	戊
子	子	未	辰
정재	정재	겁재	비견
▲	▲●		▲
壬癸	壬癸	丁乙己	乙癸戊

이 사주는 위에서도 살펴본 사주로, 수 재성을 억부용신으로 쓴다. 하지만, 통관용신의 관점에서 다시 이 사주를 바라보도록 하자. 연주는 일간의 편이라 하여도 멀리 떨어져 있어, 일간에게 큰 힘이 되어주진 못한다. 월주의 겁재는 일간 무토 입장에서 간지론적으로 볼 때 큰 힘이 되어주지 못할 수도 있다. 무토라는 드넓은 대지에 비해, 기토는 문전옥답이긴 하나 영역이 좁기 때문이다. 게다가 기토는 임수를 흐리게는 하지만, 제방을 쌓아 임수를 막기는 어렵다. 결국 이 사주는 무토의 기운이 수 기운에 비해 압도적으로 강하다고 보기 어려울 수도 있다는 이야기다.

토가 수에 비해 조금 더 강하다고 보면, 금 식상을 통관용신으로 쓸 수도 있다. 통관의 관점에서 희신은 토 비겁과 수 재성을 다 함께 설기시킬 수 있는 목 관성이 된다. 당연히 수 재성 역시 강한 토의 기운을 덜어주니, 한신 이상의 역할을 한다.

억부적 관점에서는 수 재성을 용신, 금 식상을 희신, 목 관성은 한신으로 본다. 결국 억부용신으로 보나, 통관용신으로 보나 내 편인 용희한신으로 쓸 수 있는 기운은 같다. 예외적이긴 하지만, 억부용신이든,

통관용신이든 접근법은 달라도, 결론은 같을 수도 있다는 뜻이다(위 사주는 내 가족의 것으로, 억부법으로만 해석했음을 밝힌다).

남,
신약

시주	일주	월주	연주
편관	본원	비견	겁재
丁	辛	辛	庚
酉	巳	巳	午
비견	정관	정관	편관
*	**		*
庚辛	戊庚丙	戊庚丙	丙己丁

92	82	72	62	52	42	32	22	12	2
비견	겁재	편인	정인	편관	정관	편재	정재	식신	상관
辛	庚	己	戊	丁	丙	乙	甲	癸	壬
卯	寅	丑	子	亥	戌	酉	申	未	午
편재	정재	편인	식신	상관	정인	비견	겁재	편인	편관
절	태	양	장생	목욕	관대	건록	제왕	쇠	병

미국의 배우 클린트 이스트우드의 명식이다. 넘치는 화 기운이 금을 녹일 듯 보이지만, 일간 신금은 월일지 사중 경금에도 뿌리내리고 있고, 지지에는 사유반합이 이루어져 화와 금이 아슬아슬한 균형을 이루었다. 하지만 연월지를 차지한 사화가 시간 정화로 투간했기 때문에, 화의 기운이 조금 더 강한 만큼 토 인성이 통관용신이 된다. 이때 금 비겁은 희신, 수 식상은 한신이 된다.

대운이 평생 용희한신으로 흐르는데 재미있게도 22갑신, 32을유대운은 천간의 목들이 절각당해 구신의 역할을 제대로 하지 못한다. 42병술대운 중 지지 술토는 오술합화로 기반되지만, 천간 병화가 병신합화수로 기반되어 기신인 화를 절묘하게 개두하게 된다. 그는 평생에 걸쳐 큰 굴곡 없이 영화배우, 감독, 제작자, 정치인, 음악가 등 다방면으로 화려한 족적을 남겼다. 화 관성이 금 비겁과 균형을 이루는 만큼, 관이 기신으로서 부정적으로 쓰이기보다 건강한 보수주의자로 자리매김하는 데 큰 역할을 했다.

관점을 바꿔 이 명식을 억부적으로 해석할 경우, 일간이 시지에 튼튼히 뿌리내리고 있기 때문에 식상이 용신, 비겁이 희신, 인성이 한신이 된다. 역시 통관용신으로 보나, 억부용신으로 보나 똑같이 용희한 신을 모두 내 편으로 쓸 수 있다.

사실 억부법으로 용희기구한신을 나누게 되면, 용신이 절대적으로 유리한 기운이라 생각되겠지만 그렇지 않은 경우가 많다. 사주에 용신이 있는지 없는지, 사주에 용신이 있다면 일간과 어느 정도 가까이에 있고 뿌리가 얼마나 튼튼하게 있는지, 없다면 운에서 용신이 언제 얼마나 강하게 들어오는지 등에 따라 용신보다 희신을 훨씬 값어치 있게 쓸 수도 있다는 뜻이다. 기신은 나의 도구, 용신은 나의 무기라고 정리한 바 있는데, 때에 따라 희신이 용신보다 더욱 강력한 무기가 될 수도 있다. 더 나아가 한신이 용신이나 희신보다 더 유용하게 활용될 수도 있음은 물론이다.

다시 한 번 말하지만, 절대 용신만능론에 빠져서는 안 된다. 억부를 우선시하는 학자들끼리도 같은 사주를 놓고 오랫동안 토론을 하다 보면, 분명 산에 오르는 길은 달랐는데 오르고 보니 정상에서 만나는 경우도 흔하다. 추후에 기신이라 하더라도 나에게 유리하게 작용하는 경우와 용신이라 하더라도 나에게 불리하게 작용하는 경우에 대해 자세히 다루겠지만, 용신에 집착하는 태도를 내려놓고 먼저 사주를 보는 관점을 더욱 넓혀야 한다.

⑤ 전왕용신: 무너뜨릴 수 없는 절대적인 기운

전왕용신은 사주 원국에 있는 오행의 세력이 다른 오행들에 비해 압도적으로 강할 경우, 차마 그 힘을 설기시키거나 맞설 수 없기 때문에 강한 세력의 기운에 따라야 한다는 관점에서 나온 용신법이다. 하나의 기운에 따라야 한다는 의미에서, 따를 종(從) 자를 써서 종격사주라고도 한다. 전체 사주의 약 5퍼센트 정도로, 일반적이지 않고 특수한 경우인 만큼 내격(內格)* 과 반대되는 개념인 외격(外格)으로 분류한다.

시주	일주	월주	연주
*		*	*
정재	본원	정재	정인
壬	己	壬	丙
申	亥	辰	子
상관	정재	겁재	편재
▲		▲	▲
戊壬庚	戊甲壬	乙癸戊	壬癸

위의 사주는 여러 오행으로 이루어져 있다. 하지만 연간의 병화가 지지에 뿌리가 없는 상황에서 병임쟁충에 의해 무늬만 병화인 양상이 되었고, 월지 진토와 시지 신금은 신자진 수국을 이루니 지지에는 수 기운이 가득하게 되어버렸다.

이 사주는 수 재성전왕사주다. 일간은 기토 일간이지만, 수 재성의 기운에 따를 때 운이 유리하게 흐른다. 수 재성의 기운을 강하게 해주는 금 식상은 희신이 된다. **참고로, 전왕사주는 한신 역시 길하다는 특징이 있다.** 재성전왕이 다른 전왕에 비해 재미있는 부분은, 재성의 기운을 흐르게 하는 관성이 한신이라, 자아의 실현과 사회적인 활동을 의미하는 식상이나 재성, 관성을 모두 내 편으로 쓸 수 있다는 것이다. **전왕사주의 구신은 별로 중요하지 않다. 다만, 용신을 공격하는 기신이 강한 힘을 가지고 운에서 올 때 정말 위험해진다.** 위 사주는 수 재성을 극하는 토 비겁이 올 때 가장 주의해야 한다.

---

* 내격은 거의 모든 일반적인 사주를 말한다. 반대로 일반적인 억부법과 조후법 등으로는 설명하기 힘든 전왕명식을 내격과 대비된다 하여 외격이라 일컫는다.

전왕사주가 될 가능성이 높아지는 몇 가지 조건이 있다. 첫째, 강한 오행의 세력이 월지를 왕지로 두었을 때 둘째, 강한 오행의 세력을 극하는 오행의 힘이 극도로 미약할 때이다(3권 심화편에서 자세히 다루겠지만, 특히 천간의 힘을 제대로 파악하려면 십이운성도 적용해야 한다). 적어도 가급적 종(從)하려는 오행이 월지를 꼭 차지해야 한다. 위의 수 재성 사주에서는 연간의 병화가 수를 설기할 수 있는 오행이지만, 전혀 힘이 없어 사주가 전체적으로 수로 종하려는 것을 막지 못한 경우다. 덧붙이면, 강한 오행의 세력이 월지에서 삼합을 이루어 전왕사주가 되려 할 때는, 가급적 월지가 왕지여야 한다.

전왕사주가 될 가능성이 낮아지는 경우는 첫째, 사주에서 강한 세력을 극하는 오행이 왕지일 때 둘째, 사주에서 강한 세력을 극하는 오행이 천간과 지지에서 서로 소통하고 있을 때 셋째, 천간의 합화 방향과 지지의 합화 방향이 다를 때이다. 특히 월지에 있는 왕지가 강한 세력을 극하거나 충할 경우 전왕사주가 되기란 지극히 어렵게 된다.

시주	일주	월주	연주
*		*	
편인	본원	편재	비견
甲	丙	庚	丙
午	午	子	午
겁재	겁재	정관	겁재
*	*	***	
丙己丁	丙己丁	壬癸	丙己丁

하지만 위의 사주는 월지가 왕지인 자수임에도 불구하고, 오화와의 쟁충 때문에 결국 화 전왕이 되었다. 지지에서의 자오충은 삼 대 일이 아니라 거의 육 대 일이나 구 대 일의 크기로, 자수가 월간 경금의 생조를 받고 있음에도 불구하고 거의 깨졌다고 봐야 한다. 연지, 일지, 시지 오화가 전부 천간 병오 때문에 힘이 막강해졌기 때문이다. 쟁합은 합의

힘이 반감되지만, 쟁충은 충의 힘이 배로 커진다는 것을 잊지 말자.

위 사주에서도 알 수 있듯, 전왕사주가 될 가능성이 낮아지는 조건들은 절대적이지 않고, 충이나 합, 심지어 특수관계인과의 관계 등 여러 상황에 따라 얼마든지 달라질 수 있다. 이 때문에, 전왕사주는 반드시 임상을 거쳐야 한다. 아이의 경우 부모 같은 특수관계인의 영향을 더 많이 받는 상태로, 본인의 타고난 사주상 기운이 잘 드러나지 않을 때가 많다. 자녀 사주에 대해 상담 의뢰가 들어오면 나는 최소한 중고등학생 정도가 된 후에 찾아오라고 권하지만 아이가 전왕이 될 가능성이 높은 사주를 가지고 있을 경우에는 예외다. 이때는 하나의 기운으로 종하는 특수한 경우라, 아이라 해도 전왕이라면 그 기운이 선명하게 드러나는 경우가 많기 때문이다.

조선왕조실록을 보면 세자가 몸이 아플 때 궁궐 밖 사가로 피접(避接)을 보냈다는 기록이 있다. 피접이란 병의 원인이 분명하지 않거나 약을 써도 효험이 없을 때, 살던 집을 피하여 다른 곳으로 옮겨 요양하던 풍습을 가리킨다. 어린 아이의 순수하면서도 선명한 전왕의 기운은, 주변 사람이나 땅과 환경의 기운에 더 큰 영향을 받을 수밖에 없다. 드물긴 하지만 아이가 설명할 수 없는 정신적인 문제를 겪거나, 몸에 아픈 곳이 있는데 병원에서 아무리 정밀하게 검사를 받아도 의학적으로 원인을 찾지 못할 경우, 대세운이 기신으로 흐르는 전왕사주인 경우가 종종 있다. 전왕은 모 아니면 도가 될 만큼 기신의 공격에 무척이나 취약하기 때문에, 특수관계인과 주변 환경을 살펴 방어에 최선을 다해야 한다.

전왕사주를 판단할 때는 무엇보다 임상이 중요하지만, 임상 전 사주의 구조를 이리저리 바꾸어 생각하면서 어떤 경우에 전왕이 될 가능성이 높은지와 낮은지를 꾸준히 고민해봐야 한다. 조합할 수 있는 경우의 수 내에서 간지의 위치를 자유롭게 바꾸거나, 합이나 충의 가능성에 대해 고민해보는 게 가장 도움이 된다. 또한 사주 전체의 구조를 떠나 양간이나 음간의 특징, 간지별 특수성 등을 다시 한 번 떠올려보는 것도 좋다.

시주	일주	월주	연주
비견	본원	비견	비견
乙	乙	乙	乙
酉	酉	酉	酉
편관	편관	편관	편관
庚辛	庚辛	庚辛	庚辛

사례 1

시주	일주	월주	연주
비견	본원	비견	비견
辛	辛	辛	辛
卯	卯	卯	亥
편재	편재	편재	상관
甲乙	甲乙	甲乙	戊甲壬

사례 2

예를 들면, 위 사주 모두 지지가 거의 왕지의 기운으로 가득 찼고, 천간은 지지에 뿌리가 없어 허공에 뜬 꼴이지만 전왕사주가 되지 못한다. 양간은 발산하는 기운이 강하고, 현실보다 이상을 추구하기 때문에 뿌리가 약하더라도 강하게 형성되는 세력의 흐름에 저항한다. 비유하자면 겉보리 서 말만 있어도 처가살이를 안 한다고 버티는 게 양간이다. 하지만 음간은 수렴의 속성이 강하고, 약해 보여도 끈질기게 버티며 실속을 차린다. 양간이 겉보리 서 말 가지고 큰소리치다 막상 힘든 상황에 처해 배를 굶게 된다면, 음간은 고개 숙이고 처가살이를 하다가 결국에는 모든 재산을 자기 것으로 만들어낸다.

얼핏 보면 음간이 자기 뜻을 굽혀 상황에 순응하려는 성향이 강하기 때문에 포기가 빠르다고 볼 수도 있겠지만, 실리를 추구하는 음간이 모이면 양간보다 더욱 강한 힘을 갖추게 된다. 음 속에 양이 있고, 양 속에 음이 있다는 원리가 여기에도 적용된다. 양간이 무기만 손에 들고 있다면, 음간끼리 모였을 때 무기와 방패를 다 갖추게 된다고나 할까? 조직이나 집단에 속한 개인들이 이익을 추구하기 위해 무리를 이룰 경우, 남성보다 여성 그룹이 더 힘을 갖는 것도 같은 이유다. '여자가 한을 품으면 오뉴월에도 서리가 내린다'는 속담 역시 같은 관점에서 바라볼 수 있다. 천간의 음기가 서로 병존하며 천간을 하나의 기운으로 관통시키게 되면 세력의 흐름에 거세게 저항하고, 또 그렇게 저항한 후에도 양간에 비해 쉽게 무너지지 않는다. 예를 들면, 가장 음기가 강한 천간 중 계수는 지지에 뿌리가 없어도 병존을 하면 강한 힘을 갖게 된다. 전왕에 대해 깊이 있게 공부하려면, 합이나 충에 따른 세력의 판도 변화를 읽어낼 줄 알아야 하지만, 기본적으로 음과 양, 오행, 그리고 간지의 성격을 제대로 이해하는 것이 더 큰 도움이 된다.

거스를 수 없다면 따라야 한다
- 비겁전왕

종왕격으로 불리며, 비겁이 용신, 인성이 희신이다. 비겁을 극하는 관성은 기신이 된다. 비겁의 기운이 왕성한 데서 오는 강한 경쟁심과 승부욕, 적극적인 추진력과 리더십 등이 큰 특징이다. 자존심이 세고 결단력 또한 매우 강하다. 전왕사주 중에서는 종왕격이 가장 많다.

고전에서는 한 가지 기운으로 가득한 전왕사주가 되면, 외격이라 하여 극히 꺼렸다. 이에 대한 편견을 타파한 이가 《적천수》의 저자 임철초로, 그는 오행을 고루 갖추고 천간과 지지가 소통하는 사주가 가장 좋긴 하지만, 극단적으로 하나의 기운으로만 이루어진 전왕사주도 그 기운에 순응한다면 얼마든지 큰 성취를 이룰 수 있다고 보았다.

참고로 정당의 대표를 지낸 고위 정치인이나 전 대통령, CEO들의 명식을 살펴보면 전왕은 아니지만, 대체로 하나의 기운이 사주를 관통한 경우가 많다. 예를 들면 이재명은 목, 노무현은 화, 김영삼은 토, 이명박은 금 오행이 연, 월, 일, 시주를 전부 관통하고 있다. 김대중 전 대통령의 사주는 지지에서 신자진 삼합을 이루어 수기가 가득하다. 하나의 기운이 가득한 만큼 사주가 극단으로 흐를 수 있다는 뜻이다. 이는 큰 실패를 겪을 수도 있지만, 반대로 높은 사회적 성취를 이룰 수 있는 힘이 되기도 한다는 것을 잊어선 안 된다. 사주가 극단적으로 하나의 기운으로만 이루어진 전왕사주 역시 옛날의 잣대로 부정적으로만 판단하여, 전왕이 가진 엄청난 가능성을 제한해선 안될 것이다.

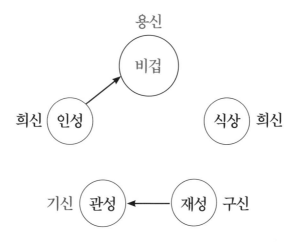

　비겁전왕의 경우 비겁의 기운을 설기시키는 식상도 희신의 역할을 한다. 하지만 고전에서는 용신에 해당하는 글자가 없는 사주는 용신을 잡을 수 없다고 보았고, 특히 비겁전왕의 경우 식상이 없으면 식상을 결코 유리하게 쓸 수 없다고 해석했다. 고전을 중시하는 학파와 시대에 따라 사주도 다르게 해석되어야 한다는 학파에 따라, 없는 글자도 용신으로 쓸 수 있는지에 대한 견해가 분분하다. 하지만 나는 내격이든 외격이든 상관 없이 얼마든지 없는 기운도 용신으로 쓸 수 있다고 본다.

　참고로, 전왕사주를 가장 체계적으로 정리한 임철초의 경우, 비겁으로만 이루어진 비겁전왕은 상관 없지만, 예외적으로 인성이 강한 비겁전왕은 식상운이 구신급으로 좋지 않다고 해석했다. 전왕이 성립하는 경우, 원국에서 가장 강한 기운들에 종하여 살아가야 하기 때문에, 그 기운과 역행하는 식상운 역시 불리하다고 본 것이다.

　전왕사주의 분류법과 용신에 대한 부분에 대해서는 앞으로도 많은 연구가 필요하다. 가종격, 양기상생격 등 유사 전왕으로 분류되는 명식들도 있지만 이 책에서는 간단히만 언급하고, 큰 틀에서 전왕의 개념을 먼저 짚어보려 한다. 전왕사주는 기신운이 강하게 들어올 때 파괴적으로 위험해진다는 것에 유념하고, 방어하는 차원에서 명식의 구조를 조금씩 익혀 나가면 좋을 것 같다.

시주	일주	월주	연주
편인	본원	비견	정재
庚	壬	壬	丁
戌	子	子	丑
편관	겁재	겁재	정관
辛丁戊	壬癸	壬癸	癸辛己

시주	일주	월주	연주
비견	본원	비견	식신
辛	辛	辛	癸
卯	酉	酉	丑
편재	비견	비견	편인
**	▲	▲	▲
甲乙	庚辛	庚辛	癸辛己

사례 1   사례 2

사례 1은 왕지인 월일지 자수가 자축쟁합으로 연지 축토를 수의 방향으로 끌고 가려 한다. 하지만 육합은 암합을 제외하고 지지합 중 가장 합력이 낮은 데다, 지지에서 어지럽게 쟁합까지 하고 있다. 연간 정화는 십이운성상 축토 위에서 묘지로 거의 힘이 없지만, 시지 술중 정화에 뿌리내린 데다 정임합으로 묶여 자축합을 충분히 방해할 수 있다. 시간 경금은 수 비겁을 생조하지만, 술중 신금, 연지 신금에 뿌리내린 데다 술토 위에서 십이운성상 쇠지로 힘이 강해 충분히 자신의 입지를 주장할 수 있다. 수 비겁전왕으로 보기는 어려운 신강한 사주다 (만약 시주가 무신시라면 어떻게 될까? 지지는 수국을 이루어 연지 축토와 시지 신금 모두 수로 휩쓸리고, 연간과 시간의 정화와 무토 모두 허공에 붕 뜬 형국이 되어 수 비겁전왕이 되었을 것이다).

사례 2는 축토가 유금과 쟁합을 하려는데, 묘목이 유금과의 쟁충으로 합을 방해하고 있다. 안 그래도 쟁합은 일 대 일 합보다 훨씬 합력이 떨어지는데, 축토가 합하지 않고 그대로 풀리면서 계수의 뿌리 역할을 한다. 결국 묘목이 금에게 둘러싸여 있고 쟁충이 되었다면 전혀 자기를 주장하지 못했겠지만, 축토가 유금과 합을 하는 바람에 다행히 묘목은 왕지로서 자기 목소리는 낼 수 있게 되었다. 이 사주는 결국, 시지 묘목과 뿌리를 얻은 천간 계수 때문에 전왕이 되지 못한다.

- 식상전왕

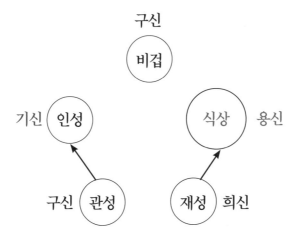

식상전왕은 종아격으로 불리며, 식상이 용신, 재성이 희신이 된다. 식상전왕과 인성전왕은 용희신이 뒤바뀌어 한신이 희신이 된다. 즉, 용신이 정해지면 대체적으로 용신을 생해주는 기운이 희신이 되지만, 식상전왕은 식상을 흐르게 하는 재성도 길하여 희신 역할을 한다. 흐르는 식상이 결국 재성 또한 강하게 해주므로, 식상생재의 힘을 이루어 재물복이 안정적이라는 특징을 보인다. 기신은 식상을 극하는 인성이 되며, 식상의 기운을 설기하고 인성을 생해주는 관성 역시 구신이 된다. 식상전왕의 특이한 점은, 비겁 역시 거의 구신의 역할을 한다는 것이다. 원국에서 일간이 자신의 주체성을 버리고 식상의 힘을 따라야 하는데, 비겁의 힘이 강하게 들어오면, 일간이 식상으로 종하려고 하지 않는다고 본 것이다. 식상전왕의 경우, 식상이 뜻하는 호기심, 탐구력, 창의력, 예술적 재능이 무척 뛰어나다.

시주	일주	월주	연주
	●	●	
식신	본원	정관	식신
乙	癸	戊	乙
卯	卯	寅	未
식신	식신	상관	편관
		●	●
甲乙	甲乙	戊丙甲	丁乙己

　식상전왕인 박원순 전 서울시장의 명식이다. 연지 미토가 묘미합으로 묶이는 바람에, 월간 무토의 온전한 뿌리가 되지 못하고 거의 목 오행으로 가버리고 말았다. 월간 무토는 계수와 무계합으로 묶여, 본인의 목소리를 온전히 내기 힘든 상태가 되어버렸다. 일간 계수가 지지에 지장간에서조차 뿌리를 내리지 못해 결국 전왕이 된 명식이다. 그는 일평생 식상이 가진 무한한 창의력을 시민사회 운동 및 행정의 도구로 썼다. 천간과 지지의 합화 방향이 다르면 전왕이 될 가능성이 낮아질 뿐, 무조건 전왕이 되지 못하게 되는 건 아니다.

시주	일주	월주	연주
	*	*	※
편관	본원	상관	정인
庚	甲	丁	癸
午	午	巳	未
상관	상관	식신	정재
■	■	■	■
丙己丁	丙己丁	戊庚丙	丁乙己

　왼쪽은 《적천수》에 등장하는 화 식상 명식이다. 조토 위에 있는 연간 계수는 사중 경금이라도 수원지를 두려 했겠지만, 정계충으로 인해 뿌

리를 얻지 못하고 흔들리게 되었다. 경금 역시 월지 사중 경금에 통근하려 했겠지만, 갑경충으로 인해 허공에 뜬 꼴이 되었다. 일간인 갑목역시 지지에 뿌리가 없는 상황에서 갑경충으로 인해 화 식상에 종하게되었다.

• 재성전왕

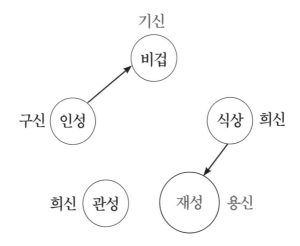

재성전왕은 종재격으로 불리며 재성이 용신, 식상은 희신이 된다. 재성을 극하는 비겁이 기신이다. 관성은 한신이지만 기신인 비겁을 극하기 때문에, 거의 희신의 역할을 한다. 재성을 재물로만 해석하여, 재성전왕은 재물에 대한 집착이 강할 것이라 해석하면 안 된다. 편재가강할 때는 재물이나 (남성의 경우) 이성에 대한 욕망으로 드러나지만, 정재가 강할 때는 사회적 규범이나 정의에 대한 집착적 성향으로 나타난다. 재성전왕은 다재다능하며, 대체로 결혼운이 좋은 편이다.

신약한 사주에서는 재성이나 관성이 기구신이 될 확률이 높다. 하지만 재관이 기구신인 경우가 비겁과 인성이 기구신인 것에 비해 폐해가훨씬 적다. 굳이 덧붙이면, 전왕 명식 중에 재성전왕이 기신의 폐해가가장 덜하며, 식상과 재성, 관성을 모두 자기 편으로 쓸 수 있다. 재성전왕만 특이하게도 비겁, 식상, 관성, 인성전왕에 비해 자기 도구로 쓸수 있는 기운이 가장 많다고 할 수 있다.

남,
극신약

시주	일주	월주	연주
*	*		
편재	본원	정재	식신
乙	辛	甲	癸
未	卯	寅	卯
편인	편재	정재	편재
▲	▲		▲
丁乙己	甲乙	戊丙甲	甲乙

94	84	74	64	54	44	34	24	14	4
정재	편재	정관	편관	정인	편인	겁재	비견	상관	식신
甲	乙	丙	丁	戊	己	庚	辛	壬	癸
辰	巳	午	未	申	酉	戌	亥	子	丑
정인	정관	편관	편인	겁재	비견	정인	상관	식신	편인
묘	사	명	쇠	제왕	견록	관대	목욕	장생	양

농구의 신 마이클 조던의 명식이다. 연간 계수는 지지에 기반을 전
혀 갖지 못하여, 목으로 빨려들어가 흔적도 없이 사라졌다. 목 오행은
자기의 주체성이 강하고 게임에서 지는 걸 싫어하는 만큼, 운동선수
로서는 큰 경쟁력으로 작용했다. 운동선수는 초년운이 좋아야 성공할
가능성이 높은데, 초년운에 수 식상 희신운이 환상적으로 흘렀다. 34
세 대운 때 들어오는 경술대운은 묘술합화로 구신 술토가 희신 화로
바뀐다. 이렇게 기구신이 용희신으로 바뀔 때 운은 훨씬 더 유리하게
흐른다.

시주	일주	월주	연주
●	●●●		
정재	본원	편관	정재
癸	戊	甲	癸
丑	子	子	亥
겁재	정재	정재	편재
●●■	●■	●■	■
癸辛己	壬癸	壬癸	戊甲壬

위의 사주처럼 자월 축시인 경우 시지 축토는 일단 수의 성향이 아주 강한 토로 해석해야 한다. 지지 자축 쟁합은 합력이 낮지만, 해자축 방합도 함께 이루어져 시지 축토는 토의 성향을 잃고 아예 수로 변했다고 봐야 한다.

천간과 지지 합화의 방향이 다를 경우 전왕의 성립 가능성을 낮춘다고 했는데, 이 경우는 어떨까? 일간 무토와 시간 계수가 무계합을 하고 있는데, 지지 자축합의 방향과는 정반대다. 하지만, 지지는 자축합을 떠나 수 기운이 범람하게 되었고 시간 계수는 축토에 완벽하게 뿌리를 내리는 바람에 무계합의 영향은 거의 사라졌다고 봐도 좋다. 게다가 무토는 연간 계수와도 무계합을 하는데, 이렇게 쟁합이 되어버리면, 합의 힘은 더 떨어진다. 월간에 있는 갑목은 원래 지지 해중 갑목에 뿌리내릴 수 있으나, 지지가 물바다인 상황에서 갑목 또한 부목이 되어버려 자기 주장을 할 수 없게 되었다. 이 사주는 수 재성전왕이다.

- 관성전왕

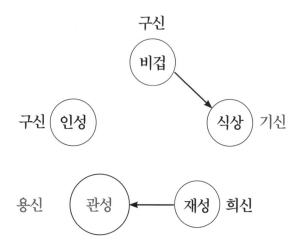

관성전왕은 종관격 혹은 종살격으로 불리며 관성이 용신, 재성이 희신이 된다. 관성전왕은 관성이 뜻하는 명예, 권력, 권위, 평판 등에 대한 강렬한 집착을 보인다. 기신은 관성을 극하는 식상이지만, 인성 역시 거의 구신급 역할을 한다. 관성의 힘을 설기하여, 관성에 대항하는 비겁의 힘을 북돋아주기 때문이다. 정리하면, 관성전왕은 재성과 관성만 유리하게 쓸 수 있다.

시주	일주	월주	연주
*	●	●	
겁재	본원	정관	정재
甲	乙	庚	戊
申	酉	申	戌
정관	편관	정관	정재
■	■	■	■
戊壬庚	庚辛	戊壬庚	辛丁戊

사례 1

시주	일주	월주	연주
*	●●	●	●
편재	본원	정재	정재
甲	庚	乙	乙
申	申	酉	酉
비견	비견	겁재	겁재
■	■		
戊壬庚	戊壬庚	庚辛	庚辛

사례 2

두 사주 모두 금 관성전왕이다. 사례 1의 경우 연간 무토가 연지 술토에 통근하여 금으로 종하지 않을 듯하지만, 술토는 방합하여 지지에서 금의 세력에 편입되어버렸다. 결국 무토는 천간에 뜬 꼴이 되었고 경금을 생조하며 금의 세력 확장에 기여하고 있다. 일간 을목이 경금과 합하려 하기 때문에, 금으로 종하기 쉬운 사주가 되었다. 사례 2는 유금이 왕지를 차지했는데, 천간에 뜬 갑목, 을목 모두 지지에 뿌리를 두지 못하였다. 둘 다 아이의 사주로, 모두 금 전왕이다.

사례 1 아이의 경우 직접 현장에서 외양을 확인한 바 있는데, 어린 나이임에도 불구하고 이목구비가 뚜렷하여 보면 볼수록 잘생겼다는 생각이 강하게 들었다. 선명한 금의 기운이 강하게 느껴졌는데, 함께 상담을 받으러 온 아이의 아버지가 금, 수 기운이 강한 사주를 갖춰 아이에게 정서적으로도 큰 도움을 주고 있다는 생각을 했다.

- 인성전왕

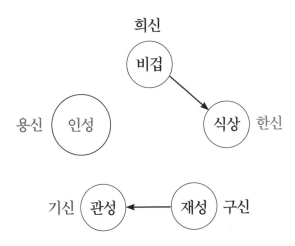

인성전왕은 종강격으로 불리며, 인성이 용신, 비겁은 희신이다. 여기서 중요한 건 인성전왕은 관성과 재성이 기구신이고, 식상이 한신이라는 것이다. 인성의 기운을 키우는 관성이 좋은 역할을 할 듯하지만 절대 그렇지 않다. 인성전왕의 경우 인성의 힘으로 살아가야 한다. 하지만 압도적인 인성의 힘에 자칫 비겁의 주체성이 무너질 수 있어 비겁이 희신이 된다. 인다신강한 사주는 비겁이 기신이 되지만, 인다신약한 사주는 비겁이 한신이 되는 이유와 같다. 인성전왕이라 하더라도 사주의 기준은 일간임을 잊어선 안 된다. 관성은 인성을 생하지만 비겁도 함께 극하므로, 관성이 좋은 역할을 하지 못한다. 다만 관성보다는, 인성을 극하는 재성 기신이 간여지동으로 들어올 때 특히 방어를 잘 해야 한다. 인성전왕은 극도의 총명함과 인내력이 장점이지만, 재성과는 거리가 멀기 때문에 현실적인 이재 판단은 다소 약하다. 정리하면, 인성전왕은 비겁과 인성만 내 편으로 쓸 수 있다.

시주	일주	월주	연주
●●	●	●	
정관	본원	비견	식신
壬	丁	丁	己
寅	亥	卯	未
정인	정관	편인	식신
●	▲●●	▲	▲
戊丙甲	戊甲壬	甲乙	丁乙己

위 사주의 지지는 해묘미 삼합으로, 천간은 정임합으로 모두 목의 방향을 지향한다. 지지에서 월지 묘목이 왕지로 강력히 삼합을 이루므로, 연지 미토와 일지 해수 모두 목으로 화한다. 월간의 정화는 연지 미토에 뿌리내릴 수 있지만 미토가 목으로 화하여 뿌리를 잃어, 목 인성전왕이 된다. 이런 식으로 천간과 지지가 대세의 방향에 따라 합화하여 전왕이 성립된 사주를 화격(化格)이라 한다.

시주	일주	월주	연주
비견	본원	정인	식신
甲	甲	癸	丙
子	申	巳	辰
정인	편관	식신	편재
▲	▲●	●	▲
壬癸	戊壬庚	戊庚丙	乙癸戊

반면 위의 사주는 지지가 사신합, 신자진 삼합으로 수의 방향으로 가려고 하나, 연간에 뜬 병화가 사화 정기에 뿌리를 두고 이를 강력히 저지하고 있다. 월지가 사화가 아니라 수의 왕지인 자수였다면 상황이 달라졌을 테지만, 병화의 방해로 인해 수 인성전왕이 되지 못한 사주다.

드라마 작가 김은숙의 명식

여, 인성전왕

시주	일주	월주	연주
**	**	＊	＊
상관	본원	정인	정인
丙	乙	壬	壬
子	亥	子	子
편인	정인	편인	편인
壬癸	戊甲壬	壬癸	壬癸

91	81	71	61	51	41	31	21	11	1
정인	편인	겁재	비견	상관	식신	정재	편재	정관	편관
壬	癸	甲	乙	丙	丁	戊	己	庚	辛
寅	卯	辰	巳	午	未	申	酉	戌	亥
겁재	비견	정재	상관	식신	편재	정관	편관	정재	정인
제왕	건록	관대	목욕	장생	양	태	절	묘	사

184

수 인성전왕(수 인성 용신/ 목 비겁 희신)

드라마 작가 김은숙의 명식. 수의 기운이 압도적으로 강한 수 인성전왕이다. 시간 병화는 지지에 뿌리가 없고, 병임쟁충으로 인해 자신의 기운을 주장할 수 없게 되었다. 전왕은 왕한 기운으로 살아가기 때문에, 대세운의 영향에 따라 운이 극단적으로 기운다. 어려운 시기에는 자기 뜻을 펼치기 어렵기 때문에, 우호적인 시기가 올 때까지 꾸준한 기다림이 필요하다. 어릴 적 토 재성과 금 관성 기구신 운에는 경제적 사정이 너무도 좋지 않아 학업을 중단했으나, 27세 무인세운 인목 희신이 들어올 때 작가의 뜻을 세운 후 늦깎이로 대학에 입학했다. 2004년 드라마 〈파리의 연인〉으로 초대박을 터트리는데, 이때가 무신대운 갑신년으로 지지 신금이 모두 자진합수 용신으로 기반된다.

41정미대운은 〈신사의 품격〉, 〈상속자들〉, 〈태양의 후예〉, 〈도깨비〉 등 온갖 히트작을 쏟아낸 시기로, 한신 정화가 정임합으로 기반되며 일지 해수와 함께 해묘미 천간삼합을 이룬다. 대운의 지지 미토가 합으로 묶여서 기구신의 역할을 못하기도 하지만, 목으로 변해버린 천간이 해묘미 천간삼합을 도움과 동시에 지지 토를 극한다. 이렇게 한신은 희신으로 기반되고, 미토 기구신의 부정성이 제어되는 대운에서 한신 이상의 세운이 들어올 때마다 큰 성과를 얻어냈다.

상상력과 창의력, 인내력이 무기인 수 인성전왕은 짧은 시나 단편 소설이 아닌, 장편에 최적화되어 있다. 20년 이상 16~20부작의 방대한 분량의 시나리오를 쓰면서 모든 등장인물들을 꼼꼼히 형상화해낸 것도 인성전왕의 힘이다. 게다가 희신인 비겁이 상징하는 주체성, 독립성의 기운을 바탕으로, 프리랜서 작가 생활을 하고 있다. 수 인성전왕은 많은 사람들 앞에 본인을 드러내길 꺼리는데, 김은숙 작가 역시 명성과는 달리 인터뷰도 최대한 자제하는 등 은둔에 가까운 행보를 이어가고 있다.

51병오대운은 한신 대운이지만, 쇠신충왕왕신발* 이라 하여 사주에 넘

185

* '왕자충쇠쇠자발(旺者沖衰,衰者拔), 쇠신충왕왕신발(衰神沖旺,旺神發).' 《적천수》에 나오는 유명한 문장으로, 왕한 자가 쇠약한 자를 충하면 쇠약한 자는 아예 뽑혀 나가고, 쇠약한 자가 왕한 자를 충하면 왕한 자의 화를 돋우어 미쳐 날뛰게 한다는 뜻. 마치 산불이 났는데 물 한 바가지를 끼얹으면 불이 더 크게 일어나듯이, 수가 많은 사주의 경우 어설프게 토로 극하기보다 그냥 자연스럽게 목의 기운으로 빼주는 게 더 좋다.

치는 수 기운의 기세를 돋우니 대운이 우호적으로 흐를 가능성이 높다. 단, 26년 병오년은 세운에서도 화 기운이 강해지는데, 대세운과 원국이 복잡하게 충을 이룬다. 이때는 사업, 재물, 건강 등 모든 면에서 운의 극단적인 부침이 나타날 수 있으니 잠깐 쉬어간다는 마음으로 몸을 잘 돌보는 것이 좋다.

- 가종격

가종격은 대세에 반하는 오행이 천간에 뿌리 없이 떠 있거나, 지지에서 합으로 무력해져 어쩔 수 없이 전왕이 성립된 사주를 말한다.

시주	일주	월주	연주
정인	본원	정인	편인
庚	癸	庚	辛
申	酉	寅	酉
정인	편인	상관	편인
*		*	
戊壬庚	庚辛	戊丙甲	庚辛

사례 1

시주	일주	월주	연주
●	●	*●	
정인	본원	편인	식신
庚	癸	辛	乙
申	酉	巳	丑
정인	편인	정재	편관
●	▲	▲●●	▲
戊壬庚	庚辛	戊庚丙	癸辛己

사례 2

사례 1은 인목이 월지에 있지만, 금에 둘러싸여 있어 거의 힘이 없다. 이렇게 강한 세력에 반대되는 오행이 무력해질 때도 가종격이 성립한다. 사례 2는 지지가 사유축 합이 되어 연간 을목이 축토 위에 뿌리내릴 수 없게 된 경우다. 을목은 시간과 을경합을 이루긴 하지만 가까이에서 또 신금과 충을 하니 불안정성이 높은 상태다. 월지가 사화가 아니라 유금이었다면 확실히 금 인성전왕이 되었겠지만, 월지 사화는 왕지가 아니라 생지라 축토를 금국으로 끌고와 합을 이루는 힘이 약하다.

가종격을 소개하는 이유는, 원국에서 약해진 오행으로 인한 건강 문제가 쉽게 불거질 수 있기 때문이다. 금 인성전왕인 위 사주 모두 금, 수가 들어올 때 사회적인 성취를 이루었지만, 건강이 좋지 않았다. 특히 사례 2의 주체는 천간에 떠 있는 을목에 문제가 있어, 어렸을 때부터 어깨 관절과 연골이 좋지 않아 현재도 고생 중이다. 이럴 때에는 목 오행이 대세운에서 오면 특히 건강이 더 안 좋아질 수 있다. 일반적인 내격 사주는 원국에서 약한 오행이 대세운을 통해 강하게 힘을 얻을 때 건강이 좋아지지만, 전왕은 정반대가 된다. 원국에서 미약한 오행이 대세운에서도 애매하게 들어와 원국의 강한 오행을 충할 경우 '왕자충쇠쇠자발, 쇠신충왕왕신발'의 작용이 생기기 때문이다. 이때는 오히려 원국의 미약한 오행과 관련된 신체부위가 건강상 문제로 드러날 가능성이 높아진다(내격 사주 역시 이런 문제에서 자유롭지 않다).

원국 내에서 깨져 있는 오행과 관련된 건강 문제가 운에 따라 심각해질 바에는 차라리 없는 것이 낫다는 견해도 있다. 대체로 그러하긴 하지만, 운에서 온 간지가 깨지거나 합화하는 상황도 살펴야 하므로 꼭 그렇지만도 않다. 나아가 목화토금수 오행이 다 갖추어진 사주라 하여 좋은 게 아니라, 상생상극의 구조를 잘 살펴야 한다.

참고로 전왕의 경우 완벽하게 하나의 오행으로만 똘똘 뭉쳐진 구조가 더욱 활용도가 넓어 등급이 높은(?) 사주라는 견해가 있다. 예를 들면 사주 여덟 글자가 모두 화 오행으로만 이루어진 화 비겁전왕의 경우, 기신에 해당하는 수 기운이 들어오면 때에 따라 '쇠신충왕왕신발'의 작용으로 인해 화 오행의 기세가 더욱 강해지니 운도 더욱 유리하게 흐르게 된다. 하지만 같은 화 비겁전왕이라 하더라도 원국 내 금이나 수 오행이 약하게 있거나, 가종격인 경우 대세운의 영향에 더 크게 휘둘릴 수밖에 없게 된다. 특정 오행이 지장간에조차 아예 없는 사주도 마찬가지다. 이런 경우 같은 전왕사주라 해도 운의 유불리는 물론, 건강적인 면에서 더욱 세심한 방어가 필요하다.

하나의 기운으로 순일하게 이루어진 전왕일수록 그 힘이 더욱 강렬하기에 사회적 성취도 역시 무척 높을 수 있다. 하지만 극강한 힘은 크게 성공하는 원동력이 되기도 하지만, 극강의 파괴력을 동반한 만큼 큰 실패의 원인이 되기도 한다는 점을 잊어선 안 된다. 중화한 사주는 환경에 순응하면서 대체로 큰 탈 없이 살아가지만, 전왕처럼 극강의 힘으로 똘똘 뭉친 사주의 경우 삶의 극단성이 커질 수 있다. 어떤 것이 좋고 나쁘다고 판단하기 이전에, 사주에 따라 각기 다르게 펼쳐지는 삶을 그 자체로 존중하는 것이 마땅할 것이다.

시주	일주	월주	연주
비견	본원	비견	비견
癸	癸	癸	癸
亥	亥	亥	亥
겁재	겁재	겁재	겁재
戊甲壬	戊甲壬	戊甲壬	戊甲壬

위쪽은 수 비겁전왕인 사주다(이런 사주를 계해일기격이라 한다). 이 사주의 주체는 선천적으로 심장이 좋지 않아, 유년기 때 심장 수술을 두 번이나 받았다. 지장간에조차 없는 화 오행의 부재가 건강적인 부정성으로 드러났다고 해석했다.

참고로 이렇게 전왕인 경우 매우 드물긴 하지만, 원국에서 약한 오행이 있는데, 대운이나 세운에서 들어오는 같은 오행이 충으로 깨지거나 어지럽게 합을 하여 기운이 약해질 때도 건강상 위험할 수 있다. 대운에서 특정 기운이 들어오면, 그 해만큼은 내가 지니고 있는 기운인 것처럼 작용하기 때문이다.

세운	대운		시주	일주	월주	연주
**	*		*	*	**●	
편재	비견		비견	본원	편재	정인
丁	癸		癸	癸	丁	庚
酉	巳		亥	亥	亥	子
편인	정재		겁재	겁재	겁재	비견
	***				●	
庚辛	戊庚丙		戊甲壬	戊甲壬	戊甲壬	壬癸

천간에 정화가 하나 위태롭게 떠 있는 수 전왕사주다. 예를 들어 이

사주는 계사대운, 정유세운 때 천간과 지지 모두 수와 화의 충합이 어지럽게 일어나게 된다. 원래 원국에 있는 월간 정화는 수의 기운을 따르기 때문에 자신을 드러내지 않고 조용히 숨어 지낸다. 하지만 이렇게 화 오행이 대세운에서 들어와 자신의 세력이 조금이라도 강해지는 상황에서, 충합 또한 어지럽게 펼쳐지게 되면 화와 관련된 심장, 혈관 문제가 드러날 수 있다는 이야기다. 건강 문제는 오행을 기준으로 판단하기 때문에, 전왕이나 가종격이라 하더라도 사회적 성취운과 건강운이 반대로 나타날 수 있어 주의해야 한다. 건강을 다룬 장에서 자세히 해설하겠지만, 원국에 내가 지니고 있는 간지가 깨지거나, 대세운에서 오는 간지가 깨질 때 모두 방어를 잘해야 한다.

대운		시주	일주	월주	연주
*		●	*	※●	●
비견		편재	본원	편관	정인
丙		庚	丙	壬	乙
戌		寅	戌	午	卯
식신		편인	식신	겁재	정인
▲●		▲	▲●	▲●	●
辛丁戊		戊丙甲	辛丁戊	丙己丁	甲乙

99	89	79	69	59	49	39	29	19	9
편관	정재	편재	상관	식신	겁재	비견	정인	편인	정관
壬	辛	庚	己	戊	丁	丙	乙	甲	癸
辰	卯	寅	丑	子	亥	戌	酉	申	丑
식신	정인	편인	상관	정관	편관	식신	정재	편재	상관
관대	목욕	장생	양	태	절	묘	사	병	쇠

금, 수 대세운이 특히 불리하게 흐르는 화 비겁전왕의 명식이다. 39 병술대운 때 사회적으로 만족할 만한 성취를 이루었지만, 20년 경자년과 21년 신축년 때 목 디스크로 건강이 크게 상했다. 경자년에 경금은 지지 자수 덕분에 맑게 빛나긴 하지만, 병술대운의 술토가 화로 합화하여 뿌리가 되어주지 못하니 허공에 뜬 꼴이 된다. 다행히 신축년에 신금은 축토에 뿌리를 내려 힘을 얻으니, 이때 회복하여 건강을 되찾게 되었다. 시간에 있는 경금이 대세운에서 금을 만나면 더욱 강해진다고 볼 수 있겠지만, 대세운에서 오는 오행이 뿌리를 내리지 못하고 충과 극을 당하여 고립되는 경우, 해당 오행과 관련된 건강에 유의해야 한다.

참고로 전왕은 원국 내 고립의 개념이 존재하지 않는다. 고립되어도 오행과 관련된 건강 문제가 나타나지 않는다는 뜻이다. 하지만 가종격은 원국 내에 합력이 떨어지는 오행이 대세운에 의해 힘을 받아 자신의 독자적인 세력을 주장할 때에 고립이 발생할 수 있다. 예를 들어 천간은 병신합수, 지지는 신자진 삼합이 왕성하게 성립되어, 원국 내에 화와 토 오행이 있지만 가종격으로 수 전왕이 된 사주가 있다고 해보자. 이때 대세운에서 이러한 합을 깨는 운이 강하게 올수록, 종격의 성립 조건 역시 강하게 방해받게 된다.

가종격은 운에 따라 종격이 깨질 수 있는 가능성이 높기 때문에, 전왕 중 가종격에 한해서만 고립이 작용한다고 볼 수 있다. 이 역시 정확하게는 명식 내에서의 고립으로 바라보기보다, 대세운에서 오는 오행이 고립되어 들어올 때 해당 오행과 관련된 부정성이 드러나기 쉽다고 이해하는 것이 좋을 것 같다.

• 양기상생격

엄밀히 말해 전왕은 아니지만, 결과적으로 전왕사주로 해석할 수 있기에 따로 살펴보도록 하자. 양기상생격은 양신성상격으로도 불리는데 첫째, 원국의 오행이 상생하는 두 가지의 오행으로만 되어 있고 둘째, 서로 힘의 균형을 이루고 있는 구조를 말한다.

남, 극신강

시주	일주	월주	연주
편인	본원	편인	비견
乙	丁	乙	丁
巳	卯	巳	卯
겁재	편인	겁재	편인
戊庚丙	甲乙	戊庚丙	甲乙

94	84	74	64	54	44	34	24	14	4
편인	겁재	비견	상관	식신	정재	편재	정관	편관	정인
乙	丙	丁	戊	己	庚	辛	壬	癸	甲
未	申	酉	戌	亥	子	丑	寅	卯	辰
식신	정재	편재	상관	정관	편관	식신	정인	편인	상관
관대	목욕	장생	양	태	절	묘	사	병	쇠

이 사주는 화 비겁이 용신, 목 인성이 희신인 사주다. 《적천수》에 실린 명식으로, 임철초는 이 사주를 전왕처럼 해석했다. 그는 사주가 이렇게 일주의 오행과 일주를 생하는 오행으로만 이루어진 경우, 대세운에서 이런 모양을 깨트리는 운이 오면 불리하다고 설명한다. 갑진, 계묘, 임인 대운을 지나는 동안 무려 30대에 지금의 도지사에 해당하는 높은 관직에 올랐다. 하지만, 신금이 뿌리를 강하게 둔 신축대운이 오면서 양기상생의 기운을 흩트리게 되어 큰 재앙을 입었다고 한다.

양기상생격으로 분류되는 193쪽 사주 역시 식상전왕처럼 해석해야 할까? 엄밀히 말해 식상전왕은 식상의 기운으로만 종해야 하나, 이 사주는 그렇지는 않다. 월지와 시지를 차지한 인목은 일간과 갑목의 굳건한 뿌리가 되어주고 있다. 게다가 천간에 떠 있는 병화와 지지에서 일어나는 인오반합으로 인해 인목이 화로 변할 듯하지만, 왕지 오화가 월지나 시지에 있는 게 아닌 이상 월시지 인목은 합화가 되기 어렵다고 본다.

시주	일주	월주	연주
식신	본원	식신	비견
丙	甲	丙	甲
寅	午	寅	午
비견	상관	비견	상관
▲	▲	▲	▲
戊丙甲	丙己丁	戊丙甲	丙己丁

학자들마다 견해가 다른 부분으로, 해자축월의 해자축시나 사오미월의 사오미시 뿐만 아니라, 축월 신시나 축월 유시 또는 미월 인시, 미월 묘시도 10~20퍼센트 정도 수나 화의 기운이 포함되어 있다고 보는 입장이 있다. 그만큼 지지에서는 월지와 시지가 간지적 성격을 분명히 드러낼 수 있는 자리라는 뜻이다(나의 경우 더 나아가, 자월, 축월, 인월 인시는 수를 빨아들이는 수탕기호의 힘이 조금 더 강하다고 해석한다). 어쨌든 삼합이 강하게 성립하기 위한 조건에서처럼, 적어도 월지가 인목이 아니라 오화여야 인오반합이 완전히 화의 방향으로 갈 수 있다는 뜻이다. 게다가 이 사주는 월지와 시지 인중 갑목이 모두 투간하여 인목이 자신의 입지를 강하게 주장하고 있기 때문에, 인오 반합이 강하게 성립하지 않는다.

어쨌든 인오 반합으로 인한 합화 여부를 떠나, 이 사주를 비겁과 식상으로만 이루어진 양기성상격으로 해석할 경우, 화 식상을 극하는 수인성이 기신, 화 식상은 용신, 토 재성은 희신으로 본다. 결과적으로 화 식상전왕과 용신이 같다.

재미있게도 격에 의한 특수성을 이해하지 못하면, 억부법으로만 해석하게 된다. 이 경우 비겁이 튼튼하게 뿌리내리고 있고 식상이 강하기 때문에 금 관성을 용신, 토 재성을 희신으로 잡을 가능성이 있다. 억부법으로 기신은 화 식상이, 구신은 목 비겁이 되기 때문에, 운에 대한 희기를 완전히 잘못 짚을 수 있는 것이다.

시주	일주	월주	연주
정인	본원	비견	겁재
丁	戊	戊	己
巳	辰	辰	未
편인	비견	비견	겁재
戊庚丙	乙癸戊	乙癸戊	丁乙己

시주	일주	월주	연주
편인	본원	편인	비견
乙	丁	乙	丁
巳	卯	巳	巳
겁재	편인	겁재	겁재
戊庚丙	甲乙	戊庚丙	戊庚丙

사례 1   사례 2

양기상생격의 성립 조건은 원국에서 상생하는 두 오행의 힘이 서로 팽팽해야 한다는 것이다. 사례 1은 시주의 화 오행이 자기의 목소리를 강하게 내고 있지만, 토 오행에 비해 압도적으로 힘이 약하다. 결국 토 오행의 힘을 키워주어 극신강한 사주가 되었다. 특이하게도 사례 2는 양기상생격은 물론, 전왕도 되지 못했다. 목 오행보다 화 오행의 힘이 훨씬 강하지만, 월간과 시간에 뜬 을목이 일지에 뿌리를 두어 목 오행의 힘도 만만치가 않다. 사례 1의 화 오행에 비하면, 사례 2의 목 오행이 훨씬 더 힘이 강하다. 결국 이 같은 미묘한 힘의 균형 차이로 인해, 사례 1은 전왕사주가, 사례 2는 그냥 극신강한 사주가 되었다. 사례 2의 주체는 화 대운이 강하게 흐르던 어릴 적 성장환경이 좋지 않았는데, 청년기에 용희신인 금과 토가 들어오면서 사회적으로 자리를 잡았다.

참고로 임철초는 인성과 비겁으로만 이루어진 비겁전왕인 경우 식상이 들어올 때도 운이 불리하게 흐른다고 설명했지만, 임상에선 전혀 그렇지 않았다. 과거와는 달리 요즘에는 사회적 활동의 밑바탕이 되는 식상을 자기표현, 능동성의 힘으로 유용하게 쓸 수 있기 때문이 아닌가 싶다. 임철초는 《적천수》 해제를 통해, 이전까지 격국과 조후에만 갇혀 있던 해석의 틀을 억부적 관점으로까지 확장한 역사적 인물이다. 하지만 그 역시 신분제라는 당대의 사회 구조적 틀을 완전히 벗어

194

나 사고할 수는 없었던 것으로 보인다. 아무리 극신약한 사주라 하더라도 비겁을 용신으로 삼지 않았기 때문이다. 심지어 그는 일간은 극신약하고 식재관만 가득한 명식을 종세격이라 하여, 식상과 관성을 연결하는 재성을 용신으로 쓴다고 보기도 했다.

임철초 역시 원국에 없는 기운은 용신으로 쓸 수 없으며, 중국인답게 원국 내 강한 기운이 있을 경우 그 기운의 대세를 거스르면 안 된다고 여겼다. 아이러니하게도 이러한 생각 때문에, 임철초가 한 가지 기운으로만 강하게 이루어진 전왕의 체계를 쉽게 확립할 수 있었다고 본다. 여기에서 중요한 건, 임철초가 오직 두 가지 기운으로만 팽팽하게 이루어진 양기상생격도 전왕처럼 해석했다는 점이다. 결국, 원국에 없는 기운은 용신으로 삼지 못한다고 여긴 그의 생각이 양기상생을 전왕처럼 해석한 배경이 되지 않았나 싶다.

《적천수》해제에 실린 양기상생격의 사주는 여섯 개로 그 수가 적고, 사주 주체의 삶에 대한 설명도 풍성하지 않아 개인적으로는 양기상생에 대한 임철초의 해석을 곧이곧대로 받아들이기 힘든 부분이 있다. 아직까지 연구 중인 부분으로, 현장에서의 임상이 부족하여 양기상생격에 대한 임철초의 이론이 그대로 적용될 수 있는지에 대해서는 확인하지 못했음을 밝힌다. 아직 밝혀져야 할 부분이 많지만, 억부나 격국, 전왕 이론이 익숙하지 않은 분들을 위해, 큰 틀에서 전왕사주를 확인하기 위한 몇 가지 방법을 자세히 살펴보기로 하자.

거스를 수 없을 만큼 강력한 기운일까?

• 용희신과 기신의 대세운 살피기

세운	대운		시주	일주	월주	연주
	*		*			*
편재	정관		정관	본원	비견	겁재
庚	癸		癸	丙	丙	丁
子	卯		巳	戌	午	丑
정관	정인		비견	식신	겁재	상관
●*	●			▲	▲	
壬癸	甲乙		戊庚丙	辛丁戊	丙己丁	癸辛己

위 사주는 월지가 왕지라 화 비겁전왕이 될 것 같지만, 연지에 있는 축토가 화 기운을 가장 잘 설기하는 간지이면서, 멀긴 하지만 시간에 계수를 투간시켰다. 게다가 계수는 시지 사중 경금에 수원지를 두고 있다. 사실 전왕처럼 보이는 사주이더라도 정말 전왕이 맞는지, 반드시 운을 먼저 살펴야 한다. 예를 들면 위 사주가 비겁전왕이라 한다면 비겁은 용신, 인성은 희신, 기신은 관성, 구신은 재성, 한신은 식상이 된다[사실 고전에서는 한신에 해당하는 식상이 사주에 있는 경우에 한해, 식상을 진(眞)용신으로 보는 경우가 있다. 강한 비겁의 힘에 종해서 살아야 하는 만큼, 식상이 비겁의 문을 열어준다고 보는 것이다].

비겁전왕이 맞다면, 목, 화 기운이 들어올 때와 화를 극하는 수 운이 들어올 때 어떤 일이 있었는지를 세세히 살피면 된다. 위 사주는 목화가 강하게 들어오는 2014년 갑오년과 금수가 강하게 들어오는 2020년 경자년을 살피고 난 후 전왕사주가 아닌 것으로 판단했다. 만약 비겁전왕이면 목이나 화가 들어올 때 운이 유리하게 흐르고, 극신강 사주라면 토나 금이 들어올 때 운이 유리하게 흘렀을 것이기 때문이다.

- 용희신과 적성, 직업 등의 연관성 살피기

시주	일주	월주	연주
✱		✱	✱✱
정재	본원	정재	정인
壬	己	壬	丙
申	亥	辰	子
상관	정재	겁재	편재
▲		▲	▲
戊壬庚	戊甲壬	乙癸戊	壬癸

이 사주는 수 기운이 강해질 때 유리했고, 토 기운이 강해질 때 불리한 흐름을 보였다. 운을 살필 때도 수 전왕으로 판단했지만, 명주가 본인의 적성과 흥미에 따라 해양학과에 진학한 후, 바닷가에서 수질 관련 일을 하기 위해 준비하고 있다는 이야기를 듣고 전왕이라 확신했다.

전왕사주는 운에 따라 극단적인 흐름을 보이기 때문에, 오행과 십신의 경우를 감안하여 직업을 갖거나, 오행과 관련된 환경에서 사는 것이 훨씬 유리하다. 기신에 따른 폐해가 너무 큰 만큼, 기신을 최대한 방어하는 것이 관건이기 때문이다. 전왕사주가 자신의 용희신 세운이 이어질 때 본능적으로 용신과 관련된 방향을 택해 관련 학과에 진학하거나, 직업을 준비하게 될 때를 가장 흐름이 좋다고 볼 수 있을 것이다.

참고로, 전왕사주는 한 가지의 기운이 극단적으로 강하기 때문에, 집에서 주부로만 지내는 등 하고 싶은 일을 하지 못할 때 건강과 멘털 측면에서 크게 타격을 입기 쉽다. 따라서 무엇보다 용신 오행과 관련된 직업을 갖는 것이 큰 도움이 된다.

이 사주가 수 재성전왕인지 판단하기 위해 어릴 적 대운을 살펴야 했다. 어릴 적 부모님들의 불화로 잠시 불우한 시간을 보냈으나, 목 대운이 들어오고 스스로 독립을 선택하며 인생을 긍정적인 방향으로 바꾸었다. 사실 명주가 사주상 드러난 자신의 기운을 제대로 발현하는 때는, 부모의 그늘을 떠나 어른이 되어 독립적으로 자기 삶을 영위할 때다. 하지만 전왕은 하나의 기운으로 똘똘 뭉쳐 있기 때문에 내격에 비해 어린 시절부터 대세운의 영향을 좀 더 크게 받는다.

시주	일주	월주	연주
●			
정인	본원	비견	상관
戊	辛	辛	壬
子	丑	亥	申
식신	편인	상관	겁재
▲◆■●	●■	■	▲
壬癸	癸辛己	戊甲壬	戊壬庚

95	85	75	65	55	45	35	25	15	5
비견	겁재	편인	정인	편관	정관	편재	정재	식신	상관
辛	庚	己	戊	丁	丙	乙	甲	癸	壬
酉	申	未	午	巳	辰	卯	寅	丑	子
비견	겁재	편인	편관	정관	정인	편재	정재	편인	식신
건록	제왕	쇠	병	사	묘	절	태	양	장생

반면 이 사주는 수 식상전왕이 아니라, 신금이 일지 축토와 연지 신금에 뿌리내린 식상이 발달한 신강한 사주다. 용신은 화 관성, 희신은 목 재성이 된다. 참고로, 이 사주의 주인공은 사회생활을 시작할 즈음 대학전공과는 상관이 없지만 화 오행과는 연관이 깊은 소방기사 자격증을 취득했다. 이후 대형문화시설의 화재 예방을 위해 힘쓰는 전문직 종사자로 근무 중이다.

시주	일주	월주	연주
●	●		●●
비견	본원	겁재	정재
丙	丙	丁	辛
申	辰	酉	丑
편재	식신	정재	상관
	●	▲●	▲
戊壬庚	乙癸戊	庚辛	癸辛己

사례 1

시주	일주	월주	연주
편인	본원	비견	정인
庚	壬	壬	辛
戌	戌	辰	未
편관	편관	편관	정관
*	*	**	
辛丁戊	辛丁戊	乙癸戊	丁乙己

사례 2

사례 1은 병화가 양 옆에 화 비겁을 두었지만, 화의 뿌리가 지지에 전혀 없고, 신금과 묶여 금 재성전왕이 된 사주다. 내담자가 가족 관계 때문에 상담을 하게 된 케이스로, 촌수가 가깝든 멀든 막론하고 목과 화 기운이 강한 가족들과는 사이가 소원하고, 토나 금, 수 기운이 강한 가족들과는 관계가 좋았다.

사례 1의 명주는 편애하다시피 사례 2와 좋은 관계를 맺고 있다고 했는데, 사례 1의 사주를 금 재성전왕으로 해석할 경우, 용신은 금 재성이 되고 희신은 토 식상, (희신급) 한신은 수 관성이 된다. 전부 사례 2가 가지고 있는 기운이다.

사례 1의 주인공은 토 식상 희신의 기운과 관련이 큰 한문교사로 오래 재직했으며, 통장 잔고를 꼼꼼하게 관리한다거나, 인간관계에 있어 맺고 끊는 게 분명한 태도를 보이는 등 금 재성전왕이 보일 수 있는 여러 특성들을 갖추고 있었다. 건강을 지나치게 확신하고 주관이 강한 태도가 돋보였는데, 2014년 갑오년 목화 기구신이 들어오고 난 후 허리 디스크로 크게 고생했다고 한다.

남, 극신약

시주	일주	월주	연주
식신	본원	식신	비견
戊	丙	戊	丙
戌	辰	戌	戌
식신	식신	식신	식신
*	***	*	*
辛丁戊	乙癸戊	辛丁戊	辛丁戊

91	81	71	61	51	41	31	21	11	1
식신	겁재	비견	정인	편인	정관	편관	정재	편재	상관
戊	丁	丙	乙	甲	癸	壬	辛	庚	己
申	未	午	巳	辰	卯	寅	丑	子	亥
편재	상관	겁재	비견	식신	정인	편인	상관	정관	편관
병	쇠	제왕	건록	관대	목욕	장생	양	태	절

사례 1 남편의 사주

만약 사례 1이 식상이 강한 명식이라면 목 인성이 용신이 되고, 식상 전왕이라면 목 인성이 기신이 된다. 사례 1과 사례 2는 모두 부부의 사주로, 사례 1의 남편이 토 식상전왕 명식이라면 사례 2의 목이 많은 아내의 사주는 기신인 관계가 된다. 둘은 오랫동안 해로한 부부로, 높은 연세에도 불구하고 늘 함께 여러 모임에 참석하는 등 금실이 좋았다. 아내 사주는 목 비겁이 많아, 토 재성이 용신이 된다. 사례1 사주가 전왕이 아니라, 서로가 용희신이 된 관계다.

사실 학자에 따라 사례 1 사주를 전왕으로 봐야 한다는 의견이 있다. 하지만 한의사였던 사례 1 명주는 이미 30~40대에 이름을 꽤 알릴 정도로 강사로서도 바쁘게 지냈으나, 의약분업이 시행됐던 갑진대운 경진세운부터 강사로서의 활동영역이 줄어들기 시작했다고 한다. 사주에서 넘치는 식상을 통해 강사로서 최고의 자리에 올랐으나, 내격으로

여,
신강

시주	일주	월주	연주
	*●	●	
상관	본원	정재	편관
丁	甲	己	庚
卯	寅	卯	寅
겁재	비견	겁재	비견
甲乙	戊丙甲	甲乙	戊丙甲

94	84	74	64	54	44	34	24	14	4
정재	편관	정관	편인	정인	비견	겁재	식신	상관	편재
己	庚	辛	壬	癸	甲	乙	丙	丁	戊
巳	午	未	申	酉	戌	亥	子	丑	寅
식신	상관	정재	편관	정관	편재	편인	정인	정재	비견
병	사	묘	절	태	양	장생	목욕	관대	건록

사례 2 아내의 사주

봐야 사회적 성취의 시기가 운의 흐름과 일치하여 결국 전왕으로는 해석하기 어렵다고 판단하게 된 명식이다.

전왕사주는 이렇듯 먼저 구조상 전왕이 될 수 있는지 가능성을 판단 후, 반드시 대세운의 흐름과 개인의 성향, 직업, 업무 환경을 파악해야 한다. 만약 전왕이라는 확신이 들지 않는다면, 운세의 흐름을 완전히 반대로 짚을 수 있기 때문에 번거롭더라도 배우자, 자녀를 비롯한 주변의 특수관계인들의 사주까지 함께 살피는 것이 좋다.

참고로 특수관계인들이 서로 용희신의 관계로 묶일 경우, 언뜻 보면 궁합이 좋을 듯하지만 꼭 그렇지만도 않다. 다르게 보면, 비슷한 요소가 거의 없을 만큼 서로가 완전히 다른 사람이라는 뜻이기 때문이다. 서로가 서로에게 완벽히 용희신의 관계로 엮이기보다, 한신 이상의 요소를 서로 맞잡은 관계가 상황에 따라 더 유리할 수 있다. 이런 의미에서, 세상에 완벽한 궁합이란 존재하지 않는다.

참고로 토 전왕은, 내격처럼 억부용신을 강하게 따를 수밖에 없다는 견해가 있다. 고지는 생지, 왕지와 달리 지장간이 복잡하고 지지에서도 서로 충이 일어난다. 게다가 토 오행이 중재와 중용을 상징하는 것처럼, 다른 오행보다 대세에 쉽게 추종하는 경향이 있다. 나 역시 토 오행은 구조상 전왕이 성립한다 하더라도, 대세운의 희기 판단은 내격으로 해석해야 한다고 본다.

	세운	대운		시주	일주	월주	연주
	●			●	●		
	정관	편인		정관	본원	편관	겁재
	甲	丁		甲	己	乙	戊
	午	卯		戌	未	丑	辰
	편인	편관		겁재	비견	비견	겁재
	▲	▲●		*	*	*	*
	丙己丁	甲乙		辛丁戊	丁乙己	癸辛己	乙癸戊

97	87	77	67	57	47	37	27	17	7
편관	정관	편재	정재	식신	상관	비견	겁재	편인	정인
乙	甲	癸	壬	辛	庚	己	戊	丁	丙
亥	戌	酉	申	未	午	巳	辰	卯	寅
정재	겁재	식신	상관	비견	편인	정인	겁재	편관	정관
태	양	장생	목욕	관대	건록	제왕	쇠	병	사

예를 들어, 지지가 진술축미 사고지로 이루어져 있는 김영삼 전 대통령의 명식을 살펴보자. 월간 을목과 시간 갑목이 지지에 얼마나 강하게 뿌리내리고 있는지에 따라, 학파마다 전왕인지 내격인지에 대한 해석이 분분하다.

그는 1954년 정묘대운 갑오년 만 26세에 거제군 국회의원에 당선되며 정치인의 길을 걷는다. 세운갑목은 기토와 합하여 토로 변하니, 화토의 기운이 강하게 들어오는 해가 된다. 만약 토 전왕이라면, 인생 최고의 세운을 만나 쉽게 국회의원에 당선되었다고 볼 수 있다.

하지만 그가 같은 선거구에 출마하여 재선된 해는 금과 수 운이 강하게 들어온 1960년 무진대운 경자년이다. 이 해에 안타깝게도 무장공비의 총격에 어머니를 잃는 슬픔을 겪어야만 했으나, 아이러니하게도 이 사건으로 인해 종북몰이에서 자유로워져 훗날 정치행보에는 이익이 되었다는 시각이 있다. 1969년 신민당에서 대변인으로 활동하던 중, 정권에 의해 초산테러를 당했으나 다행히 몸을 다치진 않았다. 1969년은 기사대운 기유년으로, 대운의 지지 사화가 원국의 축토, 유금과 함께 강한 사유축 금국을 이룬다. 1960년과 1969년을 모두 내격으로 해석할 경우 금과 수 용희신이 들어오는 해가 된다.

1976년 경오대운 병진년에 신민당에서 총재 재선임에 나섰으나, 전당대회 각목난동사건을 피하려다 다리를 다치기도 한다. 내격으로는 기구신인 화토가 강한 세운이다. 1979년 경오대운 기미년에 YH무역의 노동자와 노동운동가들을 돕다가 헌정 사상 최초로 국회의원에서 제명되는 등 또 한 차례 정권의 탄압을 받는다. 역시 내격으로 기구신인 화토가 강하다. 기구신인 1985년 신미대운 을축년, 전두환에 의해 가택연금을 선고받는 등 온갖 고생을 겪다가 1992년 신미대운 임신년에 마침내 제14대 대통령 선거에서 당선이 된다.

김영삼의 경우 내격으로 해석 시 크게 시련을 겪었던 1976년, 1979년, 1985년 모두 기구신인 화토운이 강했고, 대통령으로 당선되어 문민정부를 출범시킬 때는 금과 수 운이 강했다. 전체적인 삶을 놓고 보았을 때, 그의 경우 금과 수 운의 흐름이 대체로 긍정적이었다.

내격으로 보면 운의 흐름이 분명하게 드러나지만, 나는 이 명식을 토 전왕으로 보고 있다. 기토는 시간 갑목과 합을 하여, 관에 대한 지향성을 갖는데 월간 을목 편관이 축토와 진토, 미토에 모두 뿌리를 내려 결국 편관의 성향도 강하다. 그는 무소불위의 권력을 휘둘렀던 군부조직 하나회를 숙청하고, 긴급명령을 통해 금융실명제를 실시한 편관적인 대통령이었다.

만약 진토와 술토, 또는 미토와 축토의 위치가 바뀌었다면 전혀 다른 명식이 되었을 것이다. 진토 위에 갑목이 놓일 경우, 갑목은 단단한 뿌리를 갖추어 자기를 강하게 주장하기 때문이다. 무토가 아니라, 기토 일간인 것도 전왕 명식이 되는 데 크게 기여했다고 본다.

정리하면 위에서 살펴본 한의사와 김영삼 전 대통령의 명식처럼, 토 전왕으로 추정되는 명식들은 대부분 운의 유불리가 내격으로 해석되는 경우가 많았다. 같은 토 전왕이라 하더라도 비겁, 식상, 재성 등 어떤 기운에 종하는지, 지지에서의 조후는 순일하게 이루어져 있는지, 지지에서 어느 정도로 붕충을 하고 있는지 등에 따라 조금씩 해석이 달라질 수 있다고 생각한다. 토 전왕에 대해서는 앞으로도 연구가 필요하다는 말을 덧붙인다.

절대적인 기운조차 상황에 따라 달라진다면?

현장에서 상담을 하다 보면, 이론적으로는 전왕사주인 게 분명한데 막상 임상을 해보면 전왕으로는 해석이 어렵거나, 전왕이 되기 힘들 것 같은데 전왕으로 판명나는 경우가 꽤 있다. 그만큼 전왕을 구분하는 게 절대 만만치 않다는 이야기다.

몇 십 년간 현장에서 오래 상담을 해오셨던 상담가와 전왕사주에 대해 논하던 중, 상당히 흥미로운 이야기를 듣게 되었다. 요지는, 전왕을 이루는 합의 질서를 강하게 깨는 대운이 들어오거나, 배우자나 부모 등 특수관계인의 영향—그들의 사주, 또는 특수한 환경적 요인—때문에 때에 따라 전왕사주였다가 다시 일반 사주로 바뀌는 경우가 있는 건 아닌지 상당히 의심스럽다는 것이었다.

상당히 급진적인 발상이라 여기는 분도 있겠지만, 당시 저 가설이 얼마나 흥미로웠는지 모른다. 아직까진 대운에 따라 외격 사주가 다시 내격으로 바뀐다고 보지는 않지만, 적어도 나 역시 어릴 적 특수관계인의 영향이나 초년 대운의 흐름으로 인해 전왕의 여부가 달라지는 게 아닌가 하는 의심을 가지고 있었기 때문이다. 예를 들어, 화 비겁 전왕인지 아닌지 판단이 어려운 사주가 있다고 가정해보자. 극단적이긴 하지만, 부모님 모두 화 전왕이고, 사는 지역도 화기가 강한 지역이며, 대운도 화 대운이 간여지동으로 흐르고 있다면 그 시기만큼은 화 전왕이 성립되어, 사주의 주체가 화 전왕처럼 살아가게 되지 않을까? 나는 원국과 대세운도 중요하지만, 환경과 특수관계인과의 관계, 주체의 선택과 노력, 의지가 앞으로의 흐름에 크게 영향을 미친다고 보는 입장이다. 앞으로도 이러한 관점으로 전왕사주들 역시 연구해보려 한다.

참고로,《적천수》에 실린 수많은 전왕사주들을 보다 보면, 정말 전왕사주가 맞는지에 대해 고개가 갸우뚱해질 때가 많다. 아마, 평균 수명이 짧았던 당시에는 지금보다 사주의 주체를 엄밀히 관찰하는 게 더 어려웠을 거라 판단한다.

다른 관점에서 보면, 전왕용신은 다른 기운들로 사주의 밸런스를 맞추는 것을 포기한 것과 같다. 그만큼 다른 기운을 받아들이기 힘들기 때문이다. 하지만, 합화가 되어 전왕이 된 사주의 경우 대운과 세운에서 왕지 충으로 인해 원국의 합화가 방해된다면 어떻게 될까? 아래 예시를 보자.

시주	일주	월주	연주
●●●	●	●	●
정관	본원	비견	비견
庚	乙	乙	乙
辰	酉	酉	巳
정재	편관	편관	상관
●●	▲●	▲●	▲
乙癸戊	庚辛	庚辛	戊庚丙

97	87	77	67	57	47	37	27	17	7
비견	상관	식신	정재	편재	정관	편관	정인	편인	겁재
乙	丙	丁	戊	己	庚	辛	壬	癸	甲
亥	子	丑	寅	卯	辰	巳	午	未	申
정인	편인	편재	겁재	비견	정재	상관	식신	편재	정관
사	병	쇠	제왕	건록	관대	목욕	장생	양	태

농구 감독 허재의 명식이다. 금 관성전왕으로 화 식상이 기신이 된다. 이 경우 역시, 천간과 지지 합의 방향이 같아 쉽게 전왕이 된 경우다(천간을 상원, 지지를 하원으로 생각해보자. 상원, 하원 모두가 금의 방향을 향한다면, 국가 방향은 금으로 가게 된다). 대세운이 합의 질서를 어지럽히지 않을 때는 일반적인 금 관성전왕처럼 화 식상이 기신이 된다. 화 기운이 강해지는 96년 병자년 때 음주와 관련된 불미스러운 사건으로 중징계를 당했다. 나는 금 관성전왕으로만 해석하고 있지만, 환경에 따라 내격과 외격을 오간다고 보는 관점으로 이 사주를 다시 들여다보자. 즉, 금의 질서를 깨는 운이 강하게 들어올 때는 전왕이 풀리고 내격으로 극신약한 사주가 되니, 수나 목이 들어올 때 경기 성적이 좋아진다고 보는 것이다.

시주	일주	월주	연주
*●	●	●	*
정재	본원	겁재	정인
辛	丙	丁	乙
卯	寅	亥	卯
정인	편인	편관	정인
▲	●	▲●●	▲
甲乙	戊丙甲	戊甲壬	甲乙

97	87	77	67	57	47	37	27	17	7
겁재	비견	정인	편인	정관	편관	정재	편재	상관	식신
丁	丙	乙	甲	癸	壬	辛	庚	己	戊
酉	申	未	午	巳	辰	卯	寅	丑	子
정재	편재	상관	겁재	비견	식신	정인	편인	상관	정관
사	병	쇠	제왕	건록	관대	목욕	장생	양	태

이 사주는 일간 병화가 일지 인목에 강하게 통근하고, 옆에 정화 겁

재를 내 편으로 둔 신강한 사주다. 인성이 발달되어 있기 때문에, 금 재성을 용신, 토 식상을 희신으로 해석하는 게 온당할 것 같다. 이때 기구신은 목화 비겁, 인성이 된다. 하지만 아무리 운세를 연도별로 세세하게 살펴도, 용희기구한신에 따른 운세의 흐름이 전혀 들어맞질 않아 당황스러웠다.

곰곰 생각하다, 육친으로 아버지를 뜻하는 시간 신금 정재가 일간 병화와 합하고 있기에 아버지와의 관계에 대해 물었다. 어릴 적부터 큰 도움을 받지 못한 채 자라나 아버지와는 성인이 된 지금도 소원한 관계라고 했다. 신강한 사주라 용신이 금 재성이지만, 사주에서 무력한 금 재성이 병화 일간을 묶은 형상이 된 것이다. 신금 정재가 상징하는 특수인과의 관계 때문에, 병화가 인목에 뿌리를 내리지 못하고, 신금과 묶여 주체성을 잃은 인성전왕 사주로 판별했다. 인성전왕으로 놓고 보니, 전왕용신, 희신, 기신에 따른 운세의 흐름이 정확히 맞아떨어져 새삼 놀랐던 기억이 난다. 인성전왕으로는 절대 보이지 않는 사주였기 때문이다.

재관과는 거리가 먼 미혼인 점, 외국어가 수 기운과 관련이 큰데, 학교에서 영어 교사로 근무하며 현재도 틈틈이 명상 서적을 번역 중인 점, 방학 때마다 매번 해외 명상센터에서 시간을 보내는 점 등 여러 가지 사안들로 인해 인성전왕으로 볼 여지가 충분했다.

인성이 많아 인성이 기신으로 작용하는 사주는, 인성에 대한 부정성이 드러날 가능성이 높다. 결단력이 약하고, 이미 결정된 사안도 뒤돌아 다시 살피는 경우가 많아 일의 진척이 늦다. 무엇보다 인성이 기구신인 경우 생각을 비우는 활동, 즉 명상이나 기수련, 요가 등의 수련을 하는 게 쉽지 않은데, 그는 어릴 적부터 요가와 명상 수련을 하기 위해 여러 나라를 전전했고, 최근에는 안정적인 직장을 그만두고 명상센터를 차릴지 고민하고 있었다. 이외 성향상 인성전왕의 특성이 강하게 드러난 명주로, 상당히 오랜 시간 동안 세세하게 살핀 후 인성전왕으로 판단한 케이스였다.

세운	대운		시주	일주	월주	연주
편재	편재		정관	본원	비견	식신
辛	辛		壬	丁	丁	己
酉	酉		寅	亥	卯	未
편재	편재		정인	정관	편인	식신
庚辛	庚辛		戊丙甲	戊甲壬	甲乙	丁乙己

앞서, 인성전왕으로 소개한 명식이다. 천간과 지지 합화의 방향이 같아 전왕이 되었는데, 만약 지지 해묘미 합의 방향을 완벽하게 깨는 기신 유금 대운, 유금세운이 온다면 어떻게 될까? 전왕의 성립 조건을 깨는 운에서는 전왕이 다시 내격으로 바뀐다는 관점으로 이 사주를 살펴보자. 이 해에는 전왕사주가 인성이 강한 인다신약 사주로 변해, 오히려 억부적으로 금 재성을 용신으로 쓰게 되니 운이 유리하게 흐른다고 해석할 수 있다. 하지만, 이 이론은 내 입장에서 조금 억지스럽다. 전왕은 때에 따라 외격과 내격을 오가며, 모든 대세운을 상황에 따라 유리하게 활용할 수 있다는 말밖에 되지 않기 때문이다.

앞으로도 꾸준히 명리학을 공부해 나가다 보면, 위 사주에 대한 내 견해가 달라질 수도 있을 것이다. 100퍼센트 확신하지 못하는, 특수한 사례를 지면에 할애하는 이유는 두 가지를 이야기하고 싶기 때문이다. 첫째, 사주를 해석할 때 틀을 정하고 거기에 맞추려 하기보다 다양한 각도에서 사주를 바라보기 위해 노력해야 한다는 것이다. 둘째, 적어도 전왕의 경우 본인의 직관을 따르기보다, 상담을 통한 철저한 검증이 매우 중요하다는 것이다.

⑥ 격국용신 : 사주의 쓰임에 따른 고전의 분류법

격국이란 사주를 구성과 쓰임에 따라 체계적으로 나누어놓은 일종

208

의 분류법이라 할 수 있다. 원래 여섯 개였던 것이《명리약언》,《자평진전》,《적천수》,《자평수언》을 거치며 통상 10격으로 체계화되었다. 하지만, 당시의 시대적 맥락에서 오로지 관과 인을 중심으로만 이론이 형성된 바가 크고, 사주를 격에 따라 등급을 나눈 까닭에 많은 비판이 오가는 이론이기도 하다.

격국론은 대체적으로 월지를 중심으로 기세가 강한 오행에 따라 격을 분류하는데, 여기에는 그만큼 월지를 중요하게 바라본 당시의 사고가 반영되어 있다. 고전 격국에 대해서는 끊임없는 연구가 필요하겠지만, 격국의 틀에만 사주를 꿰맞추다 보면 조후론의 폐해가 그러했듯 사주를 도식화하여 일차원적으로만 바라볼 우려가 있다.

요즘에는 고전의 틀에만 얽매이지 않고, 고전 격국의 관점을 바탕으로 하되 억부용신을 차용하는 방식으로 사주를 분류하는 시도가 늘어나고 있다. 예를 들면, 인성이 많기 때문에 재성을 써야한다는 의미에서 인중용재격, 인성은 많으나 재성이 원국에서 미약할 경우 식상생재격으로 분류하는 식으로 말이다. 이쯤 언급하고, 이 책에서는 따로 격국용신에 대해 자세히 다루지 않으려 한다.

시주	일주	월주	연주
비견	본원	비견	비견
戊	戊	戊	戊
午	午	午	午
정인	정인	정인	정인
丙己丁	丙己丁	丙己丁	丙己丁

참고로, 이처럼 일기격이라 하여 하나의 기운으로만 관통된, 즉 연주와 월주, 일주와 시주가 모두 같은 사주가 있다. 일기격은 총 열 가지로 갑술, 을유, 병신, 정미, 무오, 기사, 경진, 신묘, 임인, 계해일기격이 있다. 일부 고전에서도 이런 일기격 사주들을 다루고 있지만, 학문적 관

점에서 명주의 삶과 비교한 해석이 아니라, 품평에 가까운 글이 많아 이를 곧이곧대로 받아들이는 건 매우 위험하다고 본다. 사주 구조가 특이하다고 하여 낯설게 여기기보다, 일간을 중심으로 내격인지 외격인지를 유추해보고, 최종적으로 상담을 통해 운의 흐름을 살펴야 한다.

예를 들어 위 사주는 내격일 수도 있지만, 외격이라면 전왕이나 양기상생으로도 분류될 수 있지 않을까 먼저 추측해보는 것이다. 내격이라면, 천간에 있는 무토들이 오중 기토 겁재에 모두 뿌리내리고 있으니, 일간 무토는 신강하다고 볼 수 있다. 이때는 억부적으로나 조후적으로나 수 재성이 용신이 된다. 전왕이나 양기상생 사주라면, 대세의 흐름을 거스르지 않아야 한다는 관점에서 토와 화가 용희신이 될 것이다.

아직 현장에서 만나보지는 못했지만, 개인적으로 이 사주는 전왕이나 양기상생이 아니라 95퍼센트 이상 억부적으로 수를 용신으로 삼아야 한다고 본다. 하지만 내 추측과 달리, 임상 시 화와 토 대세운이 유리하게 흘렀다면 결국 전왕으로 판단해야 한다(물론, 나는 이 사주가 양기상생격이라 하더라도, 임철초의 관점에는 조금 비판적인 입장이라, 수가 용신으로 쓰인 것은 아닌지를 먼저 살펴볼 듯하다). 이렇듯 실제 사주 감명은 반드시 상담을 통해, 사주와 실제 삶의 흐름이 비교되며 이루어져야 한다.

용신에 대해서는 나 역시 명리학자 하건충과 같은 입장으로 첫 번째는 억부용신, 두 번째는 조후용신, 세 번째는 건강과 관련하여 병약용신, 또는 고립용신을 살피는 것이 우선시되어야 한다고 생각한다.

명리영역 기출문제

1. 이 사주와 관련된 설명으로 가장 잘못된 것을 고르면? (난이도 중)

시주	일주	월주	연주
	●	●	
편재	본원	정재	편재
戊	甲	己	戊
辰	辰	未	辰
편재	편재	정재	편재
乙癸戊	乙癸戊	丁乙己	乙癸戊

① 유영: "이 사주는 100퍼센트 토 재성전왕 사주야! 볼 것도 없어!"

② 지현: "갑목이 가장 사랑하는 진토에 뿌리내리고 있는데, 신왕하고 재왕한 사주가 될 수도 있는 거잖아? 전왕사주인지 아닌지는, 반드시 운을 확인해봐야 알 수 있는 거 아니야?"

③ 민식: "만약 저 사주가 토 재성전왕이라면 기신인 목 운이 들어왔을 때 어떠했는지를 우선 확인해봐야 할 것 같아."

④ 강호: "저 사주가 재성전왕이라면, 일간 갑목이 월간 기토와 합하는 게 전왕이 되는 데 큰 영향을 줬겠지? 갑진일주가 아니라 갑인일주였다면 일간이 득령한 게 확실하니, 전왕사주가 되기는 더 어려웠을 것 같아."

⑤ 달래: "연주와 시주가 전부 무진이네. 진토는 갑목이 뿌리내릴 수 있는 토지만, 저렇게 무토가 진토 위에 있으면 진토 안에 있는 수 기운은 거의 사라지는 게 아닐까?"

2. 아래 사주에 대한 설명으로 가장 거리가 먼 것을 고르면?(난이도 상)

시주	일주	월주	연주	시주	일주	월주	연주
식신	본원	식신	비견	식신	본원	식신	비견
丙	甲	丙	甲	丙	甲	丙	甲
寅	午	子	午	寅	子	寅	午
비견	상관	정인	상관	비견	정인	비견	상관
▲	▲*	※※	▲*	▲	*	▲	▲*
戊丙甲	丙己丁	壬癸	丙己丁	戊丙甲	壬癸	戊丙甲	丙己丁

보기 1   **보기 2**

① 자주: "보기 1은 자수가 월지를 차지하고 있어서 화 기운으로 종하기는 힘들 것 같지 않니?"

② 미현: "보기 2 역시 지지에서 오화를 극하는 자수 때문에, 전왕이 성립되진 않을 것 같은데?"

③ 효주: "보기 1과 보기 2 중 일간의 힘이 더 강한 사주는 보기 2야."

④ 동하: "둘 다 화 식상의 힘이 강한 사주라, 억부법으로는 두 사주 모두 수 인성을 용신으로 잡아야 할 것 같아."

⑤ 효신: "만약 두 사주의 명주에게 수 오행과 관련된 문제(탈모, 신부전, 생식계통 관련)가 발생한다면, 병약용신을 수로 잡아야 할 것 같아."

3. 아래 사주의 억부용신을 고르면? (난이도 중)

시주	일주	월주	연주
	●●	●	●
편인	본원	정재	정재
戊	庚	乙	乙
寅	寅	酉	未
편재	편재	겁재	정인
戊丙甲	戊丙甲	庚辛	丁乙己

① 토 인성
② 화 관성
③ 목 재성
④ 금 비겁
⑤ 수 식상

4. 아래 사주에 대한 설명으로 가장 거리가 먼 것을 고르면? (난이도 상)

시주	일주	월주	연주
●	●		
정관	본원	정인	편관
戊	癸	庚	己
午	亥	午	亥
편재	겁재	편재	겁재
●	●●	●●	●
丙己丁	戊甲壬	丙己丁	戊甲壬

213

① 참치: "일단 일간이 득지하고 있으니 신왕한 사주라 할 수 있어."

② 갈치: "오월 오시의 사주라 무척 더울 것 같은데, 자세히 보니 수와 화의 균형이 잘 잡혀 있어서 조후적으로는 문제가 없을 것 같아."

③ 멸치: "천간에 있는 무토와 기토는 오중 기토에 전부 강하게 뿌리내리고 있고, 화생토로 생조까지 받고 있네. 그렇지만 화 오행과 토 오행의 힘의 세기를 비교한다면, 당연히 오월 오시인 화 오행이 더 강할 것 같아."

④ 꽁치: "재성도 강한 명식이지만, 지지에 뿌리를 둔 토 관성이 훨씬 더 강하다고 볼 수 있어. 신왕하고 관성도 강하니까, 이 사주의 억부용신은 목 식상이 되야 해."

⑤ 쥐치: "월간 경금은 지지에 뿌리가 없지만, 다행히 습토인 월간 기토가 생조해주고 있고, 일간의 수 기운으로 맑게 씻기고 있으니 정말 다행이라 할 수 있어. 주변의 도움이 없었다면, 허공에 만 붕 떠서 아무런 존재감도 드러내지 못했을 테니까."

5. 아래 사주에 대한 설명으로 가장 거리가 먼 것을 고르면? (난이도 중)

시주	일주	월주	연주
●		●●	●
정인	본원	식신	정인
丙	己	辛	丙
寅	卯	卯	寅
정관	편관	편관	정관
戊丙甲	甲乙	甲乙	戊丙甲

① 옥자: "지지가 전부 일간을 위협하는 목 관성으로 되어 있네. 스트레스에 취약할 수 있으니, 평소에도 건강에 신경을 많이 써야 할 것 같아."

② 수정: "묘묘 병존인 사주라, 하체 사고에도 특히 주의를 기울이면 좋을 것 같은데?"

③ 규민: "일간을 최우선적으로 지켜야 하는 사주라, 억부용신은 토 비겁이라 할 수 있어."

④ 태웅: "다행히 시간 병화가 인목에 뿌리를 두고, 강력한 힘으로 기토를 생해주고 있네. 억부 용신이 토 비겁이면 희신은 화 인성이 되지만, 실질적으로는 용신 역할을 할 만큼 병화가 큰 힘이 되어주고 있는 것 같아."

⑤ 정현: "물상으로 봤을 때 무토처럼 땅이 넓으면 모르겠는데, 기토는 정원 정도로 크기가 작은 땅을 가리키잖아? 저런 땅에 나무가 빽빽하니, 일간이 무토일 때보다 기토가 훨씬 더 위험할 것 같아."

풀이노트

1. 정답은 ①번이다. 전왕사주로 추정되는 경우에는, 처음부터 확신을 가질 게 아니라 반드시 임상을 통해 확인을 해야 하기 때문이다. 임상 전에는, 전왕이 될 가능성과 전왕이 되지 못하는 이유에 대해 최대한 많이 고민해보는 것이 좋다. 예를 들면, 사주마다 생길 수 있는 변수를 미리 파악해보는 것이다. 보통 갑목이 진토에 뿌리를 두었을 때 신왕하다고 판단해야 하지만, 진토 위에 무토가 있을 때는 진토가 가진 수의 창고 역할을 방해하고, 지지에서 술토가 있어 충하는 경우 진토가 갑목에게 뿌리 역할을 제대로 해주기 힘들 수 있다(물론 이 역시 쟁충이냐, 월지 충이냐 등에 따라 다를 것이다). 문제 사주가 전왕이 되기 쉬운 구조라 한다면, 아무래도 합을 통해 무의식적으로 토 재성의 방향을

지향하는 갑목이 전왕의 가능성을 높일 수 있을 것 같다. 나머지
는 모두 임상 전 생각해볼 수 있는 합리적인 설명이다(개인적으
로 토 전왕은 외격이 아니라 내격처럼 해석해야 한다는 입장이
지만, 아직 연구가 필요한 부분이라 가능성만 열어두고, 전왕에
대한 일반적인 관점하에 문제를 출제했음을 밝힌다).

2. 정답은 ④번이다. 억부법으로 용신을 찾을 때는 사주에서 강한
세력을 판단할 수 있어야 하지만, 이는 어디까지나 일간을 기준
으로 해야 한다. 보기 1과 보기 2 중 일간이 더 강한 사주는 무
엇일까? 정답은 득령하고 득지한 보기 2의 사주다. 보기 2의 경
우 일간이 튼튼하고 식상도 강하므로, 억부법에 따라 금 관성이
용신, 토 재성이 희신이 된다. 수 인성은 한신이다.
보기 1은 득령하긴 했지만 자수가 자오쟁충을 맞은 데다 주변에
자기 세력이 전혀 없어 힘이 없다. 갑목이 시지에 뿌리를 두고 있
긴 하지만 식상이 너무 왕성한 사주이다. 즉 넘치는 화 식상이 기
신, 목 비겁은 구신이 된다. 여기에서 수 인성을 용신으로 쓸지
판단하려면, 일간이 얼마나 튼튼하게 뿌리를 내리고 있는지 파악
해야 한다. 보기 1 사주 역시 비교적 목 비겁의 뿌리가 강하므로,
금 관성을 용신, 토 재성을 희신, 수 인성은 한신으로 쓴다.
두 사주 모두 병약 용신은 자기 세력이 전혀 없는 수 인성이 된
다. 용신을 찾을 때도 정답을 정해 끼워맞춘 듯 사고하기보다,
상황에 따라 유연하게 사주를 바라보는 것이 훨씬 도움이 된다.

3. 일간이 득령하고, 재성이 왕한 사주다. 일간이 튼튼하고 재성이
왕할 때는 억부법으로 인성을 용신으로 쓴다. 정답은 ①번이다.

4. 정답은 ③번이다. 오월 오시라 오화 재성이 무척 강하긴 하지만
양쪽에서 천간과 소통하고 있는 해수에게 둘러싸여 강한 견제를
받고 있다. 반면 천간에 있는 토 오행들은 전부 지지에 뿌리내리
고 화의 힘도 자신의 세력을 키우는 데 쓰고 있으므로, 이 명식

은 화 재성보다 토 관성의 힘이 조금 더 강한 명식으로 해석해야 한다. 신왕하고 관왕하니, 억부용신은 목 식상이 된다.

5. 정답은 ⑤번이다. 10천간을 여러 층위로 나누면, 갑을병정무는 양으로, 기경신임계는 음으로 볼 수 있다. 기토는 확장하려는 속성을 가진 무토와 비교하여, 안으로 수렴하는 힘이 훨씬 강하다. 무토 일간일 경우 자신에게 없는 오행과 관련하여 건강 상 취약해질 위험이 높지만, 기토는 《적천수》에서도 불수목성(不愁木盛)이라 하여 자신을 극하는 목이 많아도 무토에 비해 화목하게 지낼 수 있다고 보았다. 따라서 무토보다 기토가 관이 많아 생기는 부작용이 훨씬 더 적다고 할 수 있다.

대운과 세운을
해석하는 방법

命理
武器

3
장

대운과 세운 : 때에 따라 달라지는 환경적 조건

봄, 여름, 가을, 겨울 사계절 속에서도 매일의 하루가 다르듯, 우리가 살아가는 삶 역시 시시각각 환경과 조건에 따라 역동적으로 변한다. 운세의 흐름에 따라, 각자 명식의 주인이 어떠한 환경을 마주하게 될 것인지 파악하는 학문이 바로 명리학이다. 만약 대운이라는 개념이 없었다면, 명리학은 별볼일 없는 성격, 또는 잠재력 판단의 도구에 머물렀을 것이다. 명리학은 운세의 변화를 통해, 개인이 특정 시기에 따라 가장 효율적인 전략과 전술을 세울 수 있도록 돕는다는 측면에서 여타의 운명학과는 다른 독보적인 경쟁력을 갖고 있다.

① 소운법 : 대운 역시 천간과 지지로 이루어져 있다

원국이 그 사람에게 주어진 자질이라면 대운(大運)은 10년 단위로, 세운은 1년 단위로 그 사람이 맞이할 환경의 흐름이라 할 수 있다. 만약 비겁대운이 들어오면 10년간 비겁과 관련된 환경이 조성되기 시작하며, 이에 따라 사주의 주체 또한 비겁의 방향대로 자신의 삶을 가꾸어나갈 수 있게 된다. 한층 높아진 독립성과 주체성을 바탕으로, 이전과는 다른 새로운 삶을 꿈꾸고 설정해 나가는 것이다.

다만, 비겁대운이 용희신운이냐 기구신운이냐에 따라 주체에게 작용하는 의미는 완전히 달라진다. 비겁대운이 신약한 사람에게 유력한 용신운이라면, 얹혀 살았던 집에서 독립하여 결혼을 하거나, 주도적으로 사업을 확장하거나, 아팠던 몸을 회복시킬 수 있다. 비겁대운이 신강한 사람에게 기신운으로 작용한다면, 재성을 파괴하기 때문에 자신에게 호의적인 관계들조차 적으로 돌려 고립을 자초하거나, 재물상 큰 손실을 입을 가능성이 높아진다.

명리학에서의 대세운은 무언가를 결과로서 결정짓기 위해서가 아니라, 주체인 내가 더 나은 판단과 결정을 내리기 위해 존재한다. 나를 둘러싼 삶의 조건들 또한 끝임없이 변하기 때문에, 매번 그에 맞는 창조적 대응이 필요하다는 것이다. 이에 따라 비겁이 기신인 경우라면, 대운이 들어올 때 자기 자신을 겸손하게 낮추고, 손실과 고립을 최소화할 수 있도록 전략을 잘 세워야 한다.

참고로, 사주가 어떤 한 기운으로 치우치게 되면, 그 기운과 관련된 단점이 두드러지게 드러난다. 하지만, 신강하거나 신약하지 않고 중화를 이룬 사주는 굳이 치우쳐진 기운이 없기 때문에 용희기구한신에 따라 운의 흐름이 극단적으로 나타나지 않는다(물론, 대세운이 간여지동으로 들어올 때는 예외다). 자신이 가진 패가 많으므로, 상황에 따라 능동적인 대처가 가능하다는 뜻이다. 특히 오행을 다 갖추고, 연주상생이 되는 중화 사주들은 섣불리 용신을 잡기보다, 상담 시 대세운에 오는 기운들을 그대로 쓸 수 있게 알려주는 것이 더 도움이 된다.

내 사주에서의 대운은 9세부터 18세까지 계미, 19세부터 28세까지 임오, 29세부터 38세까지 신사대운으로 들어온다. 예를 들어 신사대운의 경우, 상반기 5년은 신금 정재의 영향이 조금 더 강하게 작용하고, 하반기 5년은 반대로 사화 비견의 영향이 조금 더 강하게 작용한다고 봐야 한다. 이렇게 대운의 천간과 지지를 나누어 운에 적용하는 해석법을 소운법(小運法)이라 한다.

② 개두와 절각 : 천간과 지지, 상생상극하다

소운법으로 대운의 천간과 지지를 나누기 전, 반드시 해야 할 일이 있다. 먼저, 천간과 지지의 관계를 종합적으로 살펴야 한다는 것이다. 예를 들어 화 비겁이 용신이고, 수 관성이 기신인 극신약한 병화 일간에게 임오대운이 찾아왔다고 가정해 보자.

 비견이 용신이면, 대운에서 비견을 만날 시 주변 환경의 억압에서 벗어나 내 목소리를 강력히 드러내게 된다. 새로운 일을 할 수 있겠다는 의지도 불타오르고, 나를 둘러싼 환경도 호의적으로 느껴진다. 용기를 내어 안정적인 직장을 그만둔 후 오랫동안 꿈꿔왔던 사업을 시작했다고 가정해 보자. 이 경우 비견 용신 대운이라 하더라도, 구체적인 성과로 이어지지 않을 가능성이 높다. 대운에서 지지에 있는 용신 오화가 천간의 임수에게 극을 당하면서, 용신의 힘을 빼앗기고 있기 때문이다. 이렇게 대운의 천간이 지지를 극하는 걸 개두라고 한다.

만약 용신이 목이고 기신이 금일 경우, 갑신대운에서 역시 지지인 신금이 천간 갑목을 극하며 용신의 힘을 빼앗아 간다. 반대로 지지가 천간을 극하는 걸 절각이라 한다. 용신운이 개두나 절각을 당하면 긍정성이 크게 줄어들고, 반대로 기신운이 개두나 절각을 당하면 부정성이 크게 줄어든다. 용신의 힘을 조금 덜어가기는 하지만, 기신을 극하여 기신의 부정성을 줄여주는 기운이 바로 한신이다. 따라서 용희신뿐만 아니라, 한신의 향방을 잘 살피고, 한신의 기운을 잘 활용할 수 있도록 조언하는 것 또한 무척 중요하다 하겠다.

대운과 세운 간의 균형

대운이 용신으로 흐를 경우 주체를 둘러싼 환경이나 분위기가 우호적으로 조성된다. 하지만 조금 전 살펴본 개두나 절각의 문제로 인해, 유리한 대운임에도 불구하고 수세적으로 힘을 지키거나, 공세적으로 힘을 집중해야 하는 시기는 얼마든지 달라질 수 있다. 만약 비견 대운에서 조직을 떠나 독립하고 싶어 할 때, 프리랜서로 전향해야 할지 아니면 조직에서 더 버텨야 할지를 결정해도 되는 걸까? 대운이 용신이라 하더라도, 대운만 보고 판단하는 것은 자칫 위험한 일이 될 수 있다. 왜냐하면, 실질적이고 구체적인 성과를 낼 수 있을지는 반드시 세운을 살펴야 알 수 있기 때문이다.

　대운이 전략, 소운이 전술이라면, 세운은 실천단위라 할 수 있다. 전략적 측면이 아무리 우수하고, 올바른 전술을 수립한다 해도, 결국 실천하지 않는다면 대운의 호의적 환경은 그저 호의적인 분위기에 머무르고 만다. 전략적이고 추상적인 부문과 전술적이고 구체적인 영역을 어떻게 하면 조화롭게 운영할 수 있을까? 대운과 세운에 따른 네 가지 경우의 수를 살펴보자.

　경우 1. 용희신 대운 속 용희신 세운
　경우 2. 용희신 대운 속 기구신 세운
　경우 3. 기구신 대운 속 용희신 세운
　경우 4. 기구신 대운 속 기구신 세운

　경우 1처럼 대운과 세운이 모두 우호적일 때가 바로, 목표를 향해 전속력으로 달려 나가야 할 때이다. 만약 경우 2처럼 대운은 우호적이지만 세운이 불리할 때는, 1보 전진을 위해 2보 뒤로 물러나야 할 수도 있다. 경우 3처럼 대운은 불리하지만 세운이 유리할 때, 그간 어려운 환경에서 수세적으로 버티고 있었다면 큰 마음을 먹고 캐시아웃*을 하여 피해를 최소화할 수 있다. 경우 4처럼 대운과 세운이 모두 불리하게 흐른다면 개구리가 점프하기 전 힘을 비축하듯, 몸을 납작 엎드려 내게 우호적인 환경이 형성될 때까지 기다리는 것이 가장 좋은 전략이라 하겠다. 자신의 뜻을 펼치기 위해 무려 72년간 바늘 없는 낚싯대를 드리웠던 강태공의 일화를 음미해 보자. 명리학은 이처럼, 대운과 세운을 통해 때를 알고 나아가거나 물러나 기다릴 줄 아는 것이 필요함을 이

　• 경기가 끝나기 전 손실을 최소화하기 위해 판돈을 빼는 행위

야기한다.

경우 1과 경우 4는 제외하고 경우 2와 경우 3만 더 자세히 살펴보도록 하자. 경우 2일 때 용신 대운이라는 환경 속에서 성과를 내지 못하면 자기 혼란이 가중된다. 오히려 환경이 우호적으로 느껴졌기 때문에, 자신이 왜 실패했는지 객관적으로 살펴보기가 어려우며 크게 자책할 수도 있다. 어쩌면 무리해서라도 다시 시작하려고 하기 때문에, 기구신 대운의 기구신 세운보다 더 위험해질 수도 있다. 경우 2와 같은 상황에서는 실질적인 성과를 내려 애쓰기보다, 목표와 우선순위 등을 전술적으로 점검하고, 실천할 타이밍을 다시 확인해야 한다. 기대했던 성과가 나지 않을 때는 한신을 적극적으로 활용하고, 특수관계인 중에서 자신에게 도움을 주는 사람과의 접점을 늘려야 한다. 경우 3은 전략적 환경은 우호적이지 않지만, 전술을 펼쳐 보이기엔 유리하다는 뜻이된다. 역시 용신 대운, 용신 세운만큼의 적극성이 필요하다.

대운과 세운이 모두 유리하게 흐르거나, 반대로 모두 불리하게 흐른다고 해서 갑자기 로또 복권에 당첨된다거나, 뭘 하든 망할 거라고 여겨선 안 된다. 모든 운은 자기가 어떻게 쓰느냐에 따라 달라지기 때문이다. 용신운과 기신운에 대한 이해를 넘어, 희신운과 한신운 또한 적극적으로 활용할 줄 알아야 명리학의 고수가 될 수 있다.

③전극 : 대세운이 만들어내는 폭발의 에너지

전극은 대운과 세운의 천간과 지지가 서로 충할 때를 말한다. 대세운역시 내 원국에 들어오면 그해만큼은 나를 이루는 기운으로 작용하기 때문에, 내 원국과 상관없이 충이 일어난다 하더라도 엄청난 변화를 동

반한다. 이때는 용희신운이나 기구신운에 상관없이, 긍정적인 쪽이든, 부정적인 쪽이든 모든 영역에서 변화무쌍한 변동이 일어나게 된다. 전극은 대운과 세운의 강한 유동적 특징 때문에 일 대 일 충이 아니라, 이대 이 나 삼 대 삼의 충으로 이해해야 한다. 대운이나 세운이 용희신 운이라 하더라도, 용희신과 기구신이 서로 대립하며 극으로 치닫는 형국이라, 그 운을 온전히 끌어다 쓰기 어렵다. 이해관계가 얽혀 있는 많은 사람들과 어이없이 관계가 틀어지거나, 나를 둘러싼 외부 환경으로부터 큰 상해를 당할 가능성이 높아진다. 사업이나 투자를 했는데 경기가 안 좋아지거나, 제도가 바뀌어 생각지도 못하게 큰 손해를 볼 수도 있다. 예측불가능성이 극단적으로 높아지는 만큼, 계획을 철저히 세우고, 불확실한 쪽에 베팅하는 것을 피하는 등 수성하는 자세가 필요하다.

나의 사주 이야기

세운	대운
	● ●
정관	정재
癸	辛
卯	巳
정인	비견
甲乙	戊庚丙

시주	본원	편관	연주
정인	본원	편인	정인
乙	丙	甲	乙
未	午	申	丑
상관	겁재	편재	상관
*			*
丁乙己	丙己丁	戊壬庚	癸辛己

38	37	36	35	34	33	32	31	30	29
2023	2022	2021	2020	2019	2018	2017	2016	2015	2014
정관	편관	정재	편재	상관	식신	겁재	비견	정인	편인
癸	壬	辛	庚	己	戊	丁	丙	乙	甲
卯	寅	丑	子	亥	戌	酉	申	未	午
정인	편인	상관	정관	편관	식신	정재	편재	상관	겁재
목욕	장생	양	태	절	묘	사	병	쇠	제왕

금 재성이 용신이고, 토 식상이 희신인 내 사주를 살펴보자. 나는 명리학을 공부하고, 내 사주를 어느 정도 이해하게 된 이후 직장을 다니면서 막연히 49세 즈음부터 명리학 강의를 하면 좋겠다고 생각했다. 59세까지 무려 20년 동안 상관패인의 대운이 들어오기 때문이다. 구신이라 하더라도, 천간에만 떠 있는 목 인성들은 49세부터 대운의 묘목과 인목을 통해 뿌리를 얻고, 반대로 지지에만 있는 식상들은 천간의 기토와 무토를 통해 지상에서의 뜻을 하늘에까지 펼쳐 보이려 할 것이다. 요약하면 기묘와 무인 대운은, 인성과 식상을 함께 활용하기에 좋은 흐름을 보인다. 인성을 통해 명리학을 더욱 깊이 연구하고, 식상을 통해 이를 풀어내며 강의를 한다면 큰 성과를 낼 수 있다고 여겼다.

하지만 2021년 신축년부터 뜻하지 않게 명리를 도구로 상담을 하고, 유튜브에도 명리학 강의 영상을 올리기 시작했다. 신사대운의 막바지인 2022년 임인년에는 스승님은 물론, 명리학을 공부하는 도반들을 새로 알게 되어 그분들과 깊이 우정을 쌓아 나갔다. 운 좋게 명리전문가로 한 방송에 출연하고 이름이 조금씩 알려지게 되면서, 나를 찾는 사람들 또한 점점 늘어갔다. 남은 평생을 명리학자로 살아가야겠다고 굳게 마음 먹은 뒤 인생 하반기에 시작하려 했던 막연한 계획을 앞당겼고, 인생의 장단기 목표를 다시 설정하기로 했다.

내가 이루고 싶은 목표는 중고등학교 교과서에 실릴 정도로 명리학을 대중화시키는 일이다. 명리학을 제도권에 안착하는 일이 불가능한 미션처럼 여겨지지만, 이 목표를 이루기 위해 내가 각 대운에 맞춰 세운 전략이 있다. 경진대운에는 명리학에 대한 대중 강의를 통해 제자들을 양성하고, 명리학을 기반으로 한 사회적 기업을 하나 세워 운영해 보려 한다. 기묘와 무인대운에는 그간 양성한 수제자들과 함께 공부해 온 도반들은 물론, 학문적 견해는 다르더라도 명리 대중화를 위해 자유롭게 학문적 토론을 주고 받을 수 있는 여러 학파의 사람들과 커뮤니티를 조성하려 한다. 그리하여 정기적으로 심포지엄을 열고, 미답으로 남아 있던 명리학의 영역들을 조금씩 개척해 나가고 싶다. 이에 따라 경진대운에 내가 맞이할 용희신 대운을 최대한 효율적으로 운용하기 위해, 세운별로 계획을 세웠다. 2023년 계묘년에는 직장을 퇴사한 후 명리학 책을 쓰기로 했다. 계묘년은 내게 정관과 정인으로 관인상생이 되는 해이다. 직장생활을 하던 과거에 비해 경제적 안정감은 훨씬 떨어질 수 있겠지만, 다른 의미에서 그간 꾸준히 공부해 온 명리학 지식들을 정리하고, 책으로 펴내기 좋은 운이라 여겼다(그렇게 퇴사를 하고 쓴 책이 이 책《명리, 나를 지키는 무기》시리즈이다). 경진대운인 2024년 갑진년에는 현재 연구원으로 적을 두고 있는 명리 플랫폼 '철공소'에서 대중 강의를 시작해, 이전보다 더 활발히 명리 커뮤니케이터로 이름을 알릴 계획을 세웠다. 갑진년은 편인과 식신의 해인데, 명리학 한 분야에만 더욱 매진하며 그간 썼던 책을 교과서 삼아 강의하기 좋은 해라 생각했다. 정리하면, 경진대운은 전체적으로 식상생재하기 좋은 대운으로, 재성이 뜻하는 넓은 사회적 관계를 조성하기 무척 좋은 대운이다. 본격적으로 강의를 시작하고, 나와 뜻을 함께하는 제자들을 양성하기에 이만큼 좋은 대운은 없다는 결론이다.

용희신인 경진대운 중 2026년 병오년, 2027년 정미년은 수성에 심혈을 기울여야 할 기구신 세운이다. 화 오행이 내게 기신이긴 하지만, 화 오행을 도구 삼아 그간 방송이나 미디어와 관련된 분야에서 오래 일을 해왔다. 2024년 갑진년부터 성실히 명리학 대중 강의를 한다면, 앞으로는 훨씬 더 많은 방송에 출연하거나, 다른 방식으로라도 이름을 널리 알릴 기회가 얼마든지 생기리라 봤다. 하지만 2026년과 2027년의 경우 절대 교만해지면 안 된다. 원치 않는 논란이나 사건에 휘말려, 그간 쌓아온 신뢰가 한 순간에 무너질 수도 있기 때문이다. 차라리 한발 물러나, 서예나 프리다이빙을 배우며 수 기운을 끌어오거나, 수 기운이 가득한 해외에서 활동하며 견문을 넓히는 게 나을 수도 있다. 또는 이때 청년들을 돕기 위한 단체를 설립한 후, 뜻을 같이 하는 사람들과 활동 반경을 조금씩 넓혀가도 좋을 것 같다. 편재가 기부나 봉사를 의미하기 때문에, 편재를 활성화시키는 이런 전략은 내게 비겁의 기운이 강해지는 기구신 운을 대처하기 위한 가장 좋은 방법이 될 것이다.

3권 심화편에서 자세히 다루겠지만, 덧붙이면 26년 병오년에는 신살로 도화와 월공이 동주한다. 이때 배우나 가수 등 미디어에 기반한 분야에서 일하거나, 무대에 오르는 직업에 종사할 가능성이 높아진다. 게다가 십이운성으로 내게 편인에 해당하는 갑목이 오화 위에서 사지에 놓이니 예술적인 분야에서 일하는 게 유리하다. 나는 병오년의 기운을 긍정적으로 활용하기 위해, 명리를 소재로 한 소설을 쓰거나, 취미로 연기를 배운 후 지역 극단에서 아마추어 배우로도 활동해볼 계획이다.

봉건시대의 명리학이 '당신의 운명은 이렇게 고정되어 있다'라고 말했다면, 지금의 나는 '당신의 운명을 어떻게 활용할 것인가'를 묻고 싶다. 앞서 대운이 전략, 소운이 전술이라면, 세운은 실천단위라 말한 바 있다. 명리학을 공부하며 내가 가진 목표를 이뤄 나가기 위해, 전략적이고 추상적인 부문과, 전술적이고 구체적인 영역을 어떻게 설정해 나갈 것인지 꾸준히 고민했다. 무엇보다 중요한 것은, 전략은 확고하되 전술은 유연하게 세워야 한다는 것이다. 또한 전술을 입안했다면, 목표를 조금씩이라도 실천해 나가야 한다. 더 알찬 명리학 강의를 위해, 나는 임인년 막바지에 직장을 그만뒀고, 2023년 계묘년에는 도반들과의 모임을 제외하곤 두문불출하며 교과서로 삼을 만한 책을 쓰는 데 전력을 다했다. 그렇게 해서 빛을 보게 된 책이 바로 이 책이다.

전략을 세울 때는, 삶의 변곡점을 이루는 50대 대운을 기준으로 설정하는 것이 좋다. 모든 사주 원국이 예외 없이, 50대에 들어오는 대운에서 월주와 충 또는 극이 이루어지기 때문이다. 이른바 삶의 변곡점이 생기는 시기로, 이 시기를 어떻게 바라봐야 하는지에 대해서는 추후 살펴보기로 하자.

대운과 세운, 원국에 적용되는 환경적 조건

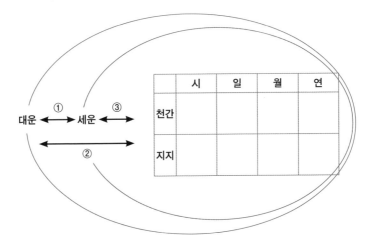

대운은 10년을, 세운은 1년을 주기로 변화한다. ①대운과 세운, ②대운과 원국, ③세운과 원국 모두 각자가 긴밀히 영향을 주고 받기 때문에, 합, 충, 형의 변화 양상을 세심히 살펴야 한다.

① 천간의 합충 : 변화를 전제하는 격동의 에너지

원국에서는 충이 없을 경우 합은 일어나기 쉬워도, 합화가 일어나기란 무척이나 어렵다. 그나마 합화가 되려면, 합화가 되고자 하는 오행으로 주변이 도배되어 있어야만 가능한 일이다. 설령 그렇게 원국이 구성되었다 하더라도, 일간만큼은 절대 다른 오행으로 변하지 않는다. 하지만, 대운과 세운은 원국에 비해 쉽게 합화한다. 대세운은 특정 시기에 찾아온 우주의 기운으로, 유동성과 운동성이 매우 강하기 때문이다.

사례 1   사례 2

　　사례 1 원국에서 연간과 월간은 을경합은 하지만, 그렇다고 하여 을 목이 금으로 바뀌지는 않는다. 하지만 사례 2처럼 대운과 세운에서 천 간합이 일어나면, 주변이 합화하려는 기운과 반대되는 오행으로 둘러 싸여 있다 하더라도 원국과는 달리 무척 쉽게 변화가 일어난다. 사례 2 의 세운 을목은 대운 경금을 만나, 금으로 바뀌게 된다. 천간합이 대운 과 세운에서 일어나게 되면, 원국보다 훨씬 빠르고 강력하게 합화가 일어나는 것이다. 이런 유동성과 운동성은 대세운의 천간뿐만 아니라, 대세운의 지지에도 똑같이 적용된다.

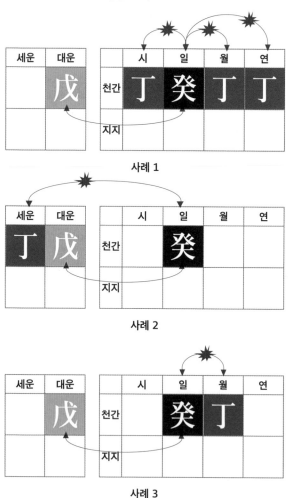

사례 1

사례 2

사례 3

사례 3은 대운의 무토가 일간 계수와 만나 무계합을 하려 한다. 원국에서 월간 정화가 계수와 충을 하여 계수를 흔들고 있는데, 이 경우 대운의 무토는 화로 바뀔 수 있을까? 그렇다. 대운이나 세운은 원국의 기운과 달리 유동성이 매우 강하기 때문이다. 원국 내에서 합을 방해하는 요소가 있더라도, 대세운의 간지는 원국의 간지와 만나면 강력하게 합화를 이루려 한다.

대운과 세운의 강한 유동적인 힘은, 설령 사례 1처럼 원국에서 삼 대 일로 계수가 공격받는 상황이라 해도 크게 구애받지 않는다. 저런 상황에서도 무토는 계수와 만나 화로 변하기 때문이다. 계수가 이처럼 삼 대 일로 공격받는 것은 가히 전쟁에 준하는 국면인데, 만약 대운이나 세운에서 무토를 만나 합을 이룬다면 계수가 조금이나마 안정성을 갖게 된다.

사례 2처럼 대운이 일간 계수와 무계합을 이루려 하더라도, 세운의 정화와 계수가 충을 한다면, 원국의 계수는 대세운의 강한 유동성에 영향을 받아 크게 흔들리게 된다. 이 경우에 대운의 무토는 무계합화도, 무계합도 하지 못한다.

사례4

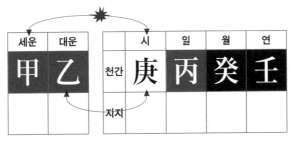

사례 5

역시 사례 4처럼 원국에 갑목이 있어 대세운과 충을 한다면, 대세운에서의 합화는 물론 합도 무효가 된다. 경금이 원국의 월간 갑목과 충을 하느라 심하게 흔들리게 되었기 때문에, 세운의 을목은 대운의 경금과 합하려고 해도, 그 합은 잘 이루어지지 않게 되는 것이다.

사례 5는 대운의 을목이 원국의 시간 경금과 합화하여 금으로 바뀌려고 하지만, 세운에 있는 갑목이 원국의 경금을 방해하니 결국 을목의 합화는 물론 합도 무효가 된다. 유동성이 강한 세운의 갑목이 원국에 있는 시간 경금을 심하게 뒤흔드니, 대운 을목이 시간 경금과 합을 하려고 해도, 그 합이 잘 이루어지지 않게 된 것이다.

전극의 경우처럼, 대운과 세운은 자기들끼리도 서로 강력히 영향을 주고 받음과 동시에 원국에도 독특한 작용을 한다. 대운과 세운 모두 마치 원국의 주체가 원래부터 가지고 있었던 기운인 것처럼 작용한다는 것이다. 게다가 대세운은 활동성이 아주 강한 기운답게, 원국에 훨씬 강한 영향을 미친다.

예를 들어, 위의 병오대운 병신년처럼 특정한 간지 하나가 극을 당해 힘을 상실하게 되면, 원국에는 금에 해당하는 오행이 지장간에도 없다 하더라도, 금 오행과 관련된 건강 문제가 그 해만큼은 불거질 수 있다. 대운과 세운의 작용을 제대로 살피기 위해서는 다소 복잡하더라도, 사주팔자를 넘어, 대운과 세운을 더한 육주십이자로서 원국과 운을 종합적으로 바라봐야 한다.

사실, 원국과 대세운에서의 합충이 동시에 일어나는 경우, 충과 합, 합화 모두 무효라고 했지만 엄밀히 말해 충과 합의 기운이 모두 깨끗하게 사라지는 것은 아니다. 천간의 경우 충합이 동시에 일어나게 되면, 충의 활성화와 합의 안정화를 끊임없이 오가며 번잡함이 커지게 된다(26쪽 '천간에서 쟁충합이 일어날 때' 도표 참고).

천간의 합충을 해석하는 방법

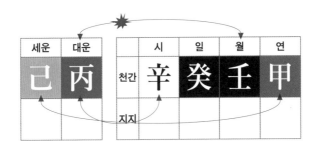

대운에서 병화는 시간 신금과 합하여 수로 바뀌려 하지만, 월간의 임수와 충을 하여 아무런 작용도 일어나지 않는다. 세운의 기토는 연간 갑목과 합을 하고 있다. 이때 연간 갑목은 세운 기토와 합으로 묶일 뿐, 당연히 토 오행으로 바뀌거나 하진 않는다. 대세운의 간지와 이렇게 합이 일어나 원국의 간지가 묶일 경우 갑목과 기토가 뜻하는 십성의 의미를 연결지어 여러 방향으로 해석해 볼 수 있다. 예를 들면, 갑목 상관의 기운이 기토 편관에 묶여 힘을 쓰지 못한다고 보고, 조직 내에서 발생한 부당한 요구(편관)에도 평소와는 달리 저항하는 목소리(상관)를 전혀 내지 못한다고 해석하는 것이다.

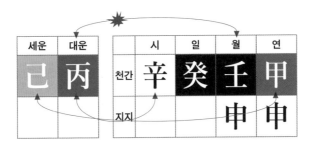

이 경우 연간 갑목은 임수의 생조를 받고 있기는 하지만, 지지의 신금 때문에 극을 당해 천간에 떠 있는 양상이 된다. 이럴 때 대세운에 온 간지와 합이 되면, 갑목이 안정적인 거처를 얻게 된다고 해석하는 학

233

파도 있다. 갑목 상관의 기운이 기토 편관과 묶여 유정해진다*고 보는
것이다. 이 경우 차별화된 영업적 전략(갑목 상관)으로 엄청난 실적을
내고, 조직에서 큰 보상(기토 편관)을 받거나, 승진(기토 편관)을 한다고
해석할 수도 있다. 나는 대세운이 용희신 운인지 기구신 운인지를 먼
저 살피고, 합화가 될 경우에는 바뀐 오행과 십성을 그대로 해석하고
있다. 위 계수 일간 사주가 신강하여 화 재성이 용신, 토 관성이 한신
이라 가정해 보자. 병화와 기토는 원국과 합화되지 않는다. 따라서 이
때에는 병화와 기토가 의미하는 십성의 작용력이 더욱 강해지고, 그에
따른 환경이 더욱 유리하게 펼쳐질 수 있다고 해석하면 된다. 위 시기
만큼은 정재·편관적 성향이 생겨나거나, 정재·편관적 환경이 펼쳐질
경우 긍정적인 역할을 할 것이라 보는 것이다.

정리하면 상담 현장에서는 대세운이 용희신 운인지 기구신 운인지를
살펴 그 향방이 유리한지 불리한지를 판단하면 되겠지만, 천간의 경우
충이나 합을 두고 복잡한 해석을 내리기에는 상당한 무리가 있다. 천간
은 무의식, 꿈, 희망 등 눈에 보이지 않는 영역을 뜻하기 때문이다.

천간에서 대세운과 원국의 충합을 살필 때는, 연간은 제외하고, 일
간과 월간, 시간에 한해서만 그 의미를 해석하는 것이 좋다. 일간의 도
구로써 월간과 시간이 사주에서 중요한 역할을 한다면, 더욱 세밀히
살펴야 한다.

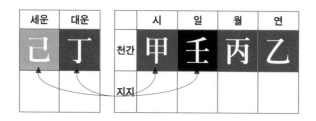

예를 들어, 왼쪽 사주에서는 일간 임수가 대운의 정화와 합하고 있
다. 대운에서 이런 합이 일어날 경우, 사주의 주체가 대운이 들어오는
동안 정재인 성향을 지향할 가능성이 높다고 해석하는 경우가 있다.

---

* 전통적으로 유정하다는 것은 특정 간지가 지지에 뿌리를 얻어 힘이 강해지거나, 주변으로부터 생조받아 안정성이
   높아지는 경우를 말한다.

삶을 보다 더 예측가능하고 계획적으로 설계하려 한다거나, 직장에서도 주도적으로 일하고 싶어 하거나, 연애하고 싶은 마음이 더욱 커진다고 보는 것이다. 하지만 이렇게 정화가 임수와 합화하여 목으로 바뀔 경우, 식상적 성향이 더 강해진다고 해석해야 한다.

만약 이 사주의 주체가 베스트셀러를 여러 권 낸 전업작가로서, 시간에 있는 갑목 식신을 강력한 도구로 쓰는 사람이라고 가정해 보자. 하지만 세운에 기토 정관이 오면, 갑기합이 일어나 갑목 식신이 묶인다. 이 사주가 신왕하고 식상이 강하여 토 관성을 용신으로 쓴다면, 식신이 용신 정관과 합하니, 능력(식신)을 인정받아 대기업(정관)이나 기관에서 강의를 맡는다거나, 국내 굴지의 온라인 강의 업체에 소속(정관)되어 글쓰기 강의를 시작할 수도 있겠다며 좋은 의미로 해석할 수도 있다.

하지만 결과적으로 이야기하면 이런 과잉 해석은 반드시 지양해야 하며, 합으로 묶일 경우 해당 십성의 작용력이 조금 떨어질 수 있다는 측면에서 간단히 의미만 살피는 게 낫다. 충이 일어날 경우에는 해당 십성의 에너지가 조금 더 강해진다고 보면 된다.

사실 상담현장에서는, 합이나 충, 그리고 신살을 확대 해석하여 내담자에게 겁을 주는 경우가 많다. 여명의 경우 내년에 겁재(라이벌)가 편관(남편)과 합하니, 반드시 남편이 다른 여자와 바람이 나 가정을 파탄 낸다거나, 자식을 뜻하는 식상이 합으로 묶여 힘을 못 쓰니 자식 낳기는 글렀다고 하는 식이다. 도대체 무슨 자격으로 현장에서 이런 식으로 단정 짓는 상담을 하는지 도무지 알 수 없는 일이다. 정리하면 천간의 요소는 현실에서 잘 드러나지 않고, 심지어 일간의 합이라 하더라도 사주의 주체조차 그런 내면적인 부분을 전혀 인지하지 못하는 경우가 많다. 따라서 천간에서의 충과 합을 두고 단적으로 너무 큰 의미를 부여할 필요는 없다.

② 천간의 쟁합과 쟁충 : 외부에서 찾아오는 결속과 해방의 힘

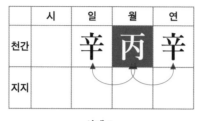

사례 1

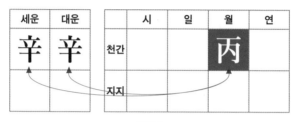

사례 2

사례 1처럼 원국에서 쟁합이 일어날 경우, 통상적으로 합의 힘은 반 감된다. 사례 2처럼 대세운에서 오는 간지와 원국의 간지가 만나 이 대 일 쟁합이 일어나더라도 합력이 약해지는 건 마찬가지이다(사례 1과 2 모두 월간 병화의 입장에서 보면 쟁합으로 더욱 묶이니 병화의 선명함은 더욱 멀어 지게 된다).

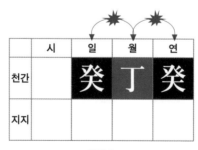

사례 3

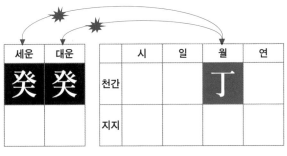

사례 4

하지만 사례 3처럼 원국에서 이 대 일로 쟁충이 일어날 경우 충의 힘은 통상적으로 두 배로 커진다. 사례 4처럼 대세운에서 오는 간지와 원국의 간지가 만나 쟁충이 일어날 때도 역시 충의 힘은 훨씬 커진다고 봐야 한다. 하지만 같은 이 대 일 쟁충이라 해도, 원국에서의 충보다 대세운에서의 충이 훨씬 파괴력이 크다. 대세운에서 오는 간지들은 유동성이 훨씬 높기 때문이다.

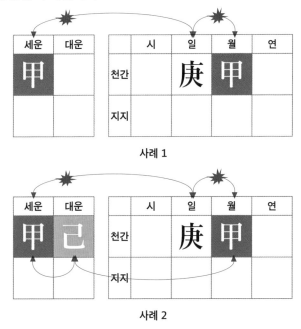

사례 1

사례 2

만약 사례 1처럼 원국에 갑경충이 존재하는데, 대세운에서 오는 간지와 쟁충되면, 일간 경금은 이 대 일로 갑목에게 공격받는 상황이 된다 (물론 경금이 일지에 신금이라도 두어, 뿌리를 강하게 내리고 있다면 천간에서 갑목에게 이 대 일로 공격받는 와중에도 전혀 흔들림 없이 굳건히 버틴다고 볼 수 있다). 하지만 사례 2처럼 기토가 함께 들어와 갑목을 묶게 되면, 이 대 일로 갑목에게 공격받고 있던 경금은 갑목의 공격으로부터 벗어나 다시 안정을 찾게 된다. 당연히 사례 2의 세운 갑목은 갑기합도 하지만 갑경충도 하고 있으므로, 이 경우 충도 합도 모두 일어나지 않게 된다 [다시 한 번 말하지만, 충(+1)과 합(-1)의 작용이 함께 일어나 충합이 아예 없어진 것(0)이 아니라, 충과 합의 영향이 잘 드러나지 않게 되었다고 보는 것이 정확하다].

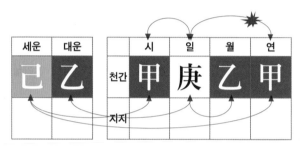

위와 같이 충과 합이 다섯 개 이상으로 복잡하게 얽히게 되면, 용희신과 기구신 운을 떠나 예측불가능성이 높아져 어디로 튈지 모르는 상황이 된다. 특히 천간과 지지를 합쳐 충합이 일곱 개 이상으로 늘어나게 될 때 위험도가 급격히 높아진다.

③ 천간의 극 : 외부에서 주어지는 억압의 형태

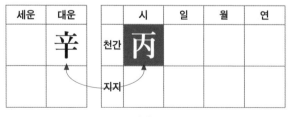

사례 1

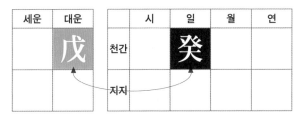

사례 2

사례 1은 대운에서 병신합이, 사례 2는 무계합이 일어나고 있다. 만약 사례 1 원국에 병화와 충하는 임수가 있거나, 사례 2 원국에 계수와 충하는 정화가 있더라도 대운의 신금은 수로, 무토는 화로 변한다.

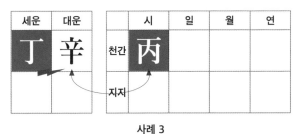

사례 3

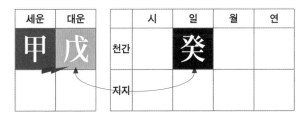

사례 4

유동성이 강한 대세운에서 극을 하는 간지가 함께 들어오더라도, 대세운의 합은 그대로 일어난다. 예를 들면 사례 3처럼 세운에서 신금을 극하는 정화가 오거나 사례 4처럼 무토를 극하는 갑목이 오더라도 신금은 병화와 합화하고 무토는 계수와 합화한다. 간단히 말해, 천간에서의 극은 간지끼리의 합이나 충에 큰 영향을 미치지 않는다. 일 대 일 충은 운동에너지가 두 배로 커지는 상황과 같고, 일 대 일 합은 서로 완전히 다른 요소들이 화학적 변화를 일으키는 상황에 비유할 수 있다. 합화 대신 합이 일어나면 화학적 변화가 일어나는 대신, 두 요소가 서로 묶인 채로 서로 간 결속력은 엄청나게 강화된다. 충이든 합이든 방향만 다를 뿐, 두 요소 간 에너지에 변화가 일어난다는 것이다(합이 의도적으로 서로를 붙잡은 채, 어디에도 끌려가지 않으려고 강하게 버티는 것과 같다). 하지만 극은, 하나의 간지가 다른 간지를 대상으로 일방적으로 일어나는 현상이다.

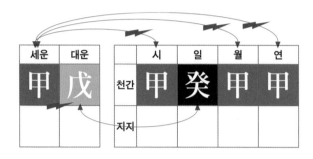

천간에서의 극은 간지끼리의 합이나 충에 큰 영향을 미치지 않는다고 했지만, 극하는 간지가 위처럼 세 개 이상일 경우는 예외다. 이 경우 세운과 원국의 갑목이 무토를 강하게 극하여, 무계합화가 일어나지 않는다. 만약 대세운의 지지에서도 목 오행이 강하다면 무토의 합은 더욱 방해받게 될 것이다.

극에 대해서는 학자들마다 견해가 달라 논란의 여지가 있다. 학자에 따라 일 대 일로만 극과 합이 일어나도 합화는 일어나지 않는다고 보거나, 예외적으로 다른 극과 달리 무토와 기토가 임수와 계수를 극할 때는 충과 같은 작용으로 해석해야 한다고 보는 입장도 있다. 임상 시 극은 충의 작용처럼 강하게 드러나지 않지만, 극을 하는 오행이 최소 세 개 이상일 경우 합화가 일어나지 않았다. 충과 합이 일 대 일로 일어날 경우(앞서 무효라고는 했지만) 잔잔하게 그 기운이 계속 남아 있는 것처럼, 극의 작용 역시 마찬가지로 해석해야 한다. 극의 작용이 강해지면 강해질수록, 합이나 충에도 영향을 미친다.

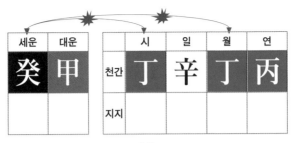

사례 1

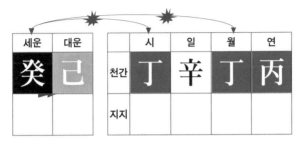

사례 2

　사례 1과 사례 2처럼 세운의 계수가 원국의 정화와 이 대 일로 쟁충하게 되었다고 가정해 보자. 만약 원국에 수 기운이 없다면, 이 해만큼은 계수가 쟁충에 무력화되는 양상이 펼쳐진다. 계수 식신이 뜻하는 십성적 힘이 반감되거나, 갑자기 수 오행과 관련된 건강 문제가 불거질 수도 있는 것이다. 사례 1과 사례 2 모두 대운에서 온 갑목이나 기토 모두 계수의 힘을 설기시키는 간지임에도 불구하고, 사례 1보다 사례 2의 상황이 계수에게 더 큰 위협이 된다. 기토가 계수를 바로 옆에서 극하고 있기 때문이다. 극은 정신적인 중압감이나 스트레스로 해석할 수 있는데, 이렇게 쟁충과 극이 함께 일어나는 상황이 펼쳐지면, 쟁충의 위험은 엄청나게 높아진다.

세운	대운		시	일	월	연
庚	丙	천간	甲			
午	午	지지				

위 사주는 세운의 경금이 주변의 화로부터 극을 당하고 있는데, 원국의 간지와도 충하고 있다. 이 역시 경금이 무척 위태로운 상황이다.

세운	대운		시주	일주	월주	연주
*	비견		편인	본원	겁재	겁재
편재						
庚	丙		甲	丙	丁	丁
午	午		午	午	未	巳
겁재	겁재		겁재	겁재	상관	비견
■	■		■	■	■	■
丙己丁	丙己丁		丙己丁	丙己丁	丁乙己	戊庚丙

극단적인 사례지만 세운 천간의 경금이 갑경충으로 인해 흔들리는 상황에서, 원국과 대세운의 화로부터도 강하게 극을 당하고 있다. 경금 입장에서는 위의 예시보다 훨씬 위험한 상황임을 알 수 있다. 이 경우 극의 작용이 충의 불안정성을 더욱 가속화하여, 약한 경금의 존립 기반을 뿌리째 뽑고 있다고 해석해야 한다. 물론 이 사주는 화 비겁전왕 사주로 세운 천간 경금의 힘이 전혀 없는 까닭에, 경금이 구신이라 해도 원국에 전혀 부정적인 역할을 안기지 못한다. 만약 전왕이 아니라, 화가 아주 강한 극신강 사주일 경우 이런 운은 건강에 매우 주의해야 한다. 드물긴 하지만 경금이 극을 당하는 만큼 금 오행과 관련된 건강 문제에 취약해질 가능성이 높기 때문이다.

④ 천간의 기반 : 기운의 변화, 그 빛과 그림자

기반이란 대운이나 세운에서 온 간지가 다른 요소로 합화되는 상황을 말한다. 예를 들어, 화 비겁이 용신이고, 수 관성이 기신인 신약한 명식이 있다고 가정해보자. 대운에서 용신인 병화가 들어와 운이 유리하게 흐를 듯했지만, 세운의 신금과 합화하여 기신인 수로 바뀌면 어떻게 될까? 그냥 기신인 수 관성이 들어올 때보다, 훨씬 운의 흐름이 불리해진다. 나에게 우호적이었던 용신이 등을 돌려 나를 배신한 상황이 되었기 때문이다. 이번에는 기신인 수 임수가 대운에서 들어와 운의 흐름이 불리할 듯했지만, 원국의 정화와 합화하여 목 희신으로 바뀌는 상황을 떠올려보자. 이 경우 그냥 용신이 들어올 때보다, 훨씬 더 운의 흐름이 유리해진다. 이렇듯 기반은 용신이 기신이 되거나, 기신이 희신이 되는 등 대세운의 간지가 완전히 다른 기운으로 바뀔 때를 일컫는다.

대운		시주	일주	월주	연주
●					
정인		편재	본원	식신	식신
乙		庚	丙	戊	戊
卯		寅	午	午	辰
정인		편인	겁재	겁재	식신
甲乙		戊丙甲	丙己丁	丙己丁	乙癸戊

사례 1

대운	시주	일주	월주	연주
정관	편재	본원	식신	식신
癸	庚	丙	戊	戊
丑	寅	午	午	辰
상관	편인	겁재	겁재	식신
癸辛己	戊丙甲	丙己丁	丙己丁	乙癸戊

사례 2

　사례 1과 2는 같은 사주로 신강하여 금 재성이 용신이 된다. 토 식상은 희신, 화 비겁은 기신, 목 인성은 구신, 수 관성은 한신이 된다.

　사례 1처럼 25세 을묘대운의 을목은 원래 구신이지만, 을경합화로 인해 금으로 바뀌니 용신이 된다. 원래는 운이 불리하게 흐르는 소운이어야 하지만, 용신인 금 오행으로 바뀌니 운이 유리하게 흐르게 되는 것이다. 사례 2처럼 45세 계축대운에서 계수는 한신이다. 한신이라 하더라도, 이렇게 뜨거운 사주에서는 기신인 화 비겁을 극하니 당연히 유리한 작용을 한다. 하지만, 계수는 무계합화하여 기신인 화 오행으로 바뀌게 된다. 이런 경우, 다시 운이 불리하게 흐르는 소운이 되어버린다. 이처럼 합화가 되어 간지가 전혀 다른 요소로 바뀌는 것을 '기반이 되었다'라고 표현한다. 특히 용희신이 합화되어 기구신으로 기반되는 것은 굉장히 위험하기 때문에 무엇보다 방어에 전력을 기울여야 한다.

　기반이 되는 경우를 정리하면, 아래와 같다.

① 용희신 → 한신(▼): 기구신보다 더 나쁨.
② 용희신 → 기구신(▼): 기구신보다 더 나쁨.
③ 한신 → 용희신(▲): 용희신보다 더 좋음.
④ 한신 → 기구신(▼): 기구신보다 더 나쁨.

⑤ 기구신 → 한신(▲) : 용희신보다 더 좋음.

⑥ 기구신 → 용희신(▲) : 용희신보다 더 좋음.

⑦ 용신 → 희신(◎) : 문제가 안 됨.

⑧ 기신 → 구신(◎) : 큰 차이 없음.

①번은 용희신이 강등당하는 상황이다. 이처럼 용희신이 한신으로 기반되는 경우, 운이 매우 불리하게 흐른다. ②번은 용희신이 더 심하게 강등당하는 경우다. ①번보다 더 위험하니 극도로 경계해야 한다. ③번은 한신이 승진하는 상황으로, 단순한 용희신 운보다 더욱 유리하게 흐른다. ④번은 한신이 강등되는 경우로, 단순한 기구신 운보다 더 나쁘다. ⑤번은 기구신이 승진하는 상황으로 ③번보다 훨씬 더 운이 유리하게 흐른다. ⑥번은 모든 경우 중 가장 길하다. 갓 군에 입대한 이등병이 우연히 무장공비를 잡은 후, 곧바로 장교로 승진되는 상황에 비유할 수 있다. 용신이 희신이 되거나, 기신이 구신이 되는 경우는 상황에 따라 조금씩 달라지긴 하지만 ①번부터 ⑥번까지 극적인 변화가 일어나는 것에 비하면 큰 차이가 없다고 봐도 된다.

정리하면, 기구신이 오는 것보다 용희신이 한신으로 기반되는 것이 더욱 위협적이므로 세심한 주의가 필요하다. 또한 기구신이 한신으로 기반되는 것이 그냥 용희신이 오는 것보다 훨씬 긍정적이므로 이때의 운 역시 잘 활용할 수 있어야 한다. 이제 대세운에서 더 유심히 살펴야 하는 부분들에 대해 알아보도록 하자.

개두와 절각

사례 1

대운		시주	일주	월주	연주
정인		편재	본원	식신	식신
乙		庚	丙	戊	戊
卯		寅	午	午	辰
정인		편인	겁재	겁재	식신
甲乙		戊丙甲	丙己丁	丙己丁	乙癸戊

사례 2

대운		시주	본원	편관	연주
정관		편재	본원	식신	식신
癸		庚	丙	戊	戊
丑		寅	午	午	辰
상관		편인	겁재	겁재	식신
癸辛己		戊丙甲	丙己丁	丙己丁	乙癸戊

앞서 살펴본 사주들이다. 사례 1의 경우 대운에서의 을목 구신이 금 용신으로 바뀌면서, 대운의 지지 묘목을 극하게 되었다. 대운 천간은 상반기 5년, 대운 지지는 하반기 5년의 흐름으로 볼 때, 하반기의 묘 목 소운은 천간의 금 기운에게 극을 당하는 개두가 일어나 구신으로서 의 부정성이 조금 줄어들게 된다. 사례 2의 경우 대운에서의 계수 한신 이 화 기신으로 바뀌지만, 대운 지지의 축토가 화 비겁의 기운을 강하 게 설기하기 때문에 화 비겁의 부정성이 역시 조금 줄어들게 된다. 지

지가 천간을 극하는 절각은 아니지만, 축토가 수의 기운을 강하게 머금은 토라 거의 절각에 준하는 현상을 만들어버렸다. 이처럼 대세운을 바라볼 때는, 원국과의 상호작용뿐만 아니라, 천간과 지지의 관계도 세심하게 살펴야 한다.

포켓세운

세운	대운		시주	일주	월주	연주
*	●					
편인	정인		편재	본원	식신	식신
甲	乙		庚	丙	戊	戊
午	卯		寅	午	午	辰
겁재	정인		편인	겁재	겁재	식신
▲	■		▲	▲	▲	
丙己丁	甲乙		戊丙甲	丙己丁	丙己丁	乙癸戊

사례 1

세운	대운		시주	일주	월주	연주
	●●					
겁재	정관		편재	본원	식신	식신
丁	癸		庚	丙	戊	戊
巳	丑		寅	午	午	辰
비견	상관		편인	겁재	겁재	식신
			▲	▲	▲	
戊庚丙	癸辛己		戊丙甲	丙己丁	丙己丁	乙癸戊

사례 2

사례 1은 대운 천간의 을목이 을경합화금을 하려 하지만, 세운 갑목이 원국의 시간 경금을 충하니 을목의 기반은 무효가 된다. 이 경우 을

묘대운 중 을목은 을경합의 작용 때문에 금 용신이 된 상태였지만, 갑오세운 한 해만큼은 다시 강등되어 구신으로 돌아온다. 이 경우 단순한 기구신 때보다 훨씬 더 운이 불리하게 흐른다. 안 그래도 갑오세운은 기구신 세운이지만, 대운과의 작용으로 인해 더욱 운을 불길하게 만드니 극도로 경계해야 하는 해가 되었다.

사례 2 역시 대운에서 계수가 화로 기반되어 불리한 해로 바뀌었지만, 세운 정화와의 충으로 계수가 다시 한신으로 돌아서게 된다. 이 경우 기신이 되었다가 다시 한신으로 변했기 때문에, 대운 역시 유리하게 바뀌게 된다.

용희신 대운이 기구신 대운으로 바뀌면 우호적이었던 환경이 다시 불리하게 돌아선다. 반대로 기구신 대운이 용희신 대운으로 바뀌면 불리했던 환경이 다시 우호적으로 변하게 된다. 운을 살필 때 가장 중요한 건, 사례 1이나 사례 2처럼 기반된 대운이 세운에서의 충으로 인해 다시 원래대로 돌아서게 되는 때를 절대 그냥 넘겨선 안 된다는 것이다. 이렇게 충에 따라 대운이 유동적으로 변하는 세운을 일명 포켓세운이라 한다. 포켓세운을 만나는 건, 마치 내리막길에서 신나게 달리던 중 갑작스럽게 돌부리에 걸려 넘어지는 것과 같다. 좋은 대운으로 기반되는 경우, 반드시 세운도 세심히 살펴야 한다.

⑤ 지지의 합충 : 외부에서 작용하는 격동의 불씨

순수한 천간에 비해, 지지는 더욱 복잡한 의미를 담고 있다. 월지는 잠재성과 내면의 욕망을, 일지는 건강이나 배우자 또는 직업을, 시지는 미래 지향의 터전으로서 작용한다. 게다가 지지에서는 충과 합은 물론 형까지 존재하여 훨씬 복잡한 양상을 보인다. 일단 현실 영역을 상징하는 지지에서 충이 일어나면 실질적인 변화나 변동에 따라 갈등과 자극이 커지거나, 건강상 문제가 생길 가능성이 높아진다. 또한 합으로 인해 원국의 조후가 더욱 치우치게 되거나, 간지가 묶여 십성의 힘이 반감되고 활동성이 떨어지는 경우도 생긴다.

지지에서는 대세운에서 오는 간지들의 유동성이 매우 크기 때문에,

원국에 미치는 충의 파괴력이나 합의 결속력, 형의 작용력이 원국 내에서 일어나는 것보다 훨씬 더 강하다. 이 때문에 대세운과 지지를 함께 살필 때는 쟁충으로 인해 원국에서 간지가 깨지는지, 원국의 합이 풀리는 경우는 물론, 형이 성립하는 특정 시기까지 잘 확인해야 한다.

일단 천간과 달리, 대운과 세운에서 오는 지지의 간지들은, 원국에 조후적으로 미치는 영향력이 매우 크다는 것을 유념해야 한다. 게다가 지지에는 훨씬 다양한 합과 충이 있기 때문에, 최소한 용신인 줄 알았는데 기구신으로 전락하거나, 기구신인 줄 알았는데 용신으로 기반하는 경우를 놓쳐선 안 된다.

외부 환경이 만들어내는, 사회적 결속

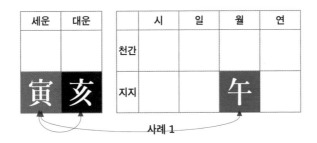

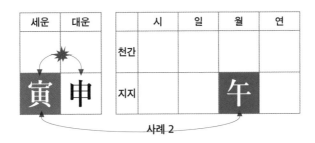

사례 1은 대세운에서 인해합과 인오합으로 쟁합되고 있다. 이렇게 쟁합이 될 때 인목과 해수 모두 합은 되어도 합화는 성립하지 않게 된다. 사례 2처럼 삼합의 왕지인 오화가 월지에서 인목과 합하려고 해도, 대세운에서 충이 일어나면 역시 충이나 합 모두 무효가 된다.

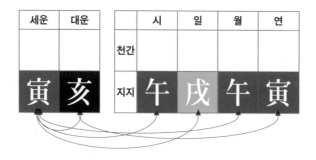

세운	대운			시	일	월	연
		천간					
寅	亥	지지		午	戌	午	寅

　대세운의 인목과 해수가 원국과 복잡하게 합을 이루고 있다. 합은 충과 달리, 늘어날수록 합력이 반감된다. 보통 이렇게 복잡하게 합이 일어나면, 인해합도 거의 이루어지지 않는다고 봐야 한다.

　하지만, 삼합이 이루어진 원국이라면 그냥 넘길 것이 아니라 원국의 조후를 잘 살펴야 한다. 오월 오시인 데다, 인오술 삼합으로 묶여 있어 조후가 아주 뜨겁다. 이때 대세운의 인목과 해수는 원국에 어떤 역할을 할까? 해수가 인목과 이 대 일로 쟁합이 되어 있어 합력은 떨어지지만, 세운의 인목이 거의 인오술 삼합의 강력한 흡인력으로 인해 원국에 열기를 더하는 땔감의 역할을 하게 되었다. 단순히 '세운의 인목이 화로 바뀌었다', 또는 '인해합은 무효다'라고 단정 지을 게 아니라, 상황에 따라 지지에 있는 간지의 특성은 물론 원국의 조후적 상황도 함께 고려해야 한다는 뜻이다. 인목은 수탕기호라 하여, 수의 기운을 가장 잘 빨아들이는 간지다. 대운의 해수는 인목에게 빨려들어가 수 오행의 역할을 거의 하지 못하고, 세운의 인목은 땔감이 되어 원국의 화 기운을 20~30퍼센트 정도 키우는 역할을 하게 된다.

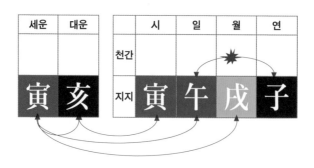

세운	대운			시	일	월	연
		천간					
寅	亥	지지		寅	午	戌	子

원국에 인오술이 있긴 하지만, 삼합의 왕지인 오화가 월지를 차지하지 못해 합력이 약해진 상태다. 이런 상황에서 연지의 자수로 자오충이 일어나 원국에서는 삼합화가 이루어지지 않게 되었다. 이때 세운의 인목은 오화, 술토와 합을 이루긴 하지만 그렇다고 화로 완벽하게 바뀌지는 않는다. 원국의 조후가 전혀 뜨겁지 않기 때문이다. 나아가 세운 인목은 인해합, 인오술 쟁합으로 인해 합력도 많이 떨어진 상태다. 세운 인목은 결국 변하지 않기 때문에 오행과 십성의 의미를 그대로 해석하면 된다. 단, 쟁합이긴 하지만 대운의 해수는 세운과 시지의 인목과 합화하여 목으로 바뀐다.

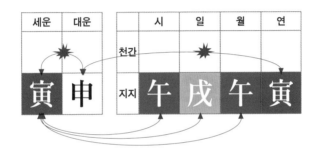

　인오술 삼합이 강력히 이루어졌는데, 동시에 대세운에서 인신충도 일어나고 있다. 원국에서의 충보다, 대세운끼리의 충은 유동성이 강한 에너지끼리의 충이라 훨씬 파괴적이다. 대운의 신금은 원국의 인목과 함께 이 대 일 쟁충의 양상을 보이고 있다. 여기서 세운의 인목은 인오술 삼합으로 인해 화로 변할까? 인신충 때문에 합이 일어나지 않아 화로 변하진 않지만, 역시 오월 오시의 뜨거운 원국 때문에 5~10퍼센트 정도 미약하게나마 땔감 역할을 하게 된다. 충으로 인해 화로 합화하진 않지만, 원국의 조후에는 영향을 준다는 이야기다. 이렇듯 지지에서는 천간과 달리, 조후적 의미까지 함께 고려해야 한다. 사실 아주 중요한 일을 앞두고 있다면, 이런 상황에서는 월운도 두루 살펴 세세히 해석할 수도 있겠지만, 일단은 대세운에 대해서만 살펴보도록 하자.

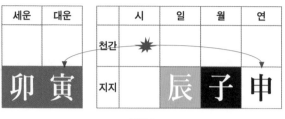

사례 1

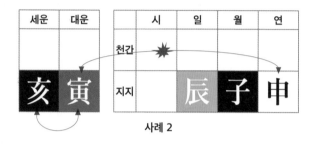

사례 2

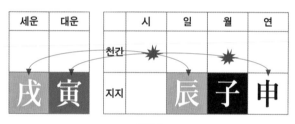

사례 3

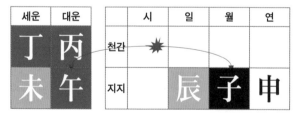

사례 4

　사례 1~4 중 원국의 신자진합이 무력화될 가능성이 가장 높은 두 가지 경우를 고르라면 몇 번이 될까? 정답은 사례 3과 4이다. 우리는 앞서 원국에서 삼합이 일어날 때, 월지에 삼합의 중심점인 왕지가 와야 가장 합력이 강하다는 것을 배운 바 있다. 사례 3은 대세운과 원국끼리 진술충과 인신충이 함께 일어나, 원국의 삼합이 무력화된다. 사례 4는 대운에서의 오화가 월지 자수와 자오충을 하여 합의 구심점을 흔드는 데다, 조후적으로 세운에까지 뜨거운 간지들이 오니 원국의 삼합을 가장 강력하게 방해할 수 있게 되었다. 사례 2는 대운과 세운에서 인해합이 일어나는데, 대운 인목이 연지 신금과는 충을 하니 세운의 해수는 결국 합도 합화도 되지 않는다. 사례 1, 2의 경우 어쨌든 대세운과 원국의 인신충으로 삼합이 방해받고 있긴 하지만, 만약 사례 1, 2 원국의 나머지 자리가 전부 금이나 수라면 삼합이 깨지지는 않을 것이다. 하지만 원국의 나머지 모든 자리가 금이나 수 하더라도, 사례 3이나 4처럼 삼합의 생지나 고지를 동시에 충하거나 왕지를 충할 경우, 삼합은 거의 일어나지 않는다.

외부 환경이 만들어내는, 끈끈한 결속

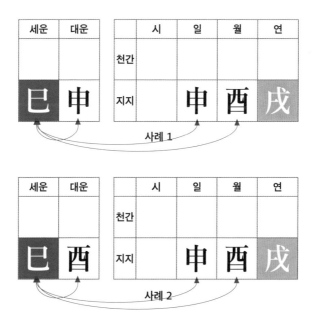

사례 1, 2 모두 원국에서 신유술 방합이 형성되어 있다. 방합 역시 삼합과 마찬가지로, 월지에 합의 중심인 왕지가 있어야 더욱 합력이 강해진다. 사례 1은 사신쟁합과 사유합이 있어, 사화가 합화되거나 합으

로 묶이지 않고 그대로 사화로서 작용한다. 사례 2는 조금 더 복잡한
상황이다. 대운에서 왕지인 유금이 사화를 강력하게 당기며 사유반합
도 형성하고 있기 때문이다. 신금이 사화와 일 대 일로 끌어당기며 수
의 방향으로 합하고 싶어 했는데, 금국에서 더욱 힘이 센 유금이 각자
사화를 자기 쪽으로 당기며 이 대 일로 사화를 곤혹스럽게 하고 있다.
왕지가 이 대 일로 끌어당긴다 하더라도, 통상 쟁합이 일어날 경우 합
력이 더욱 떨어지기 때문에 이 경우에도 역시 사화는 금으로 바뀌지는
않는다.

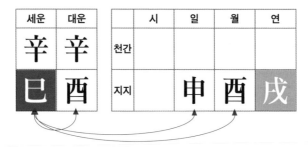

하지만 위의 경우라면 이야기가 달라진다. 대세운에 있는 천간 신금
이 지지 유금의 정기이기 때문이다. 대운과 세운의 천간까지 가세하
여 사화를 금의 방향으로 데려가려 하는데, 이 경우 세운의 사화는 금
으로 바뀌지는 않지만, 사유축 천간반합으로 묶여 화 오행의 작용력을
상당 부분 잃게 된다('합'과 '합화'를 잘 구별해야 한다).

사화는 초기 무토, 중기 경금, 정기 병화로 이루어져 있다. 특이하게
도 정기가 중기를 극하는 유일한 간지인데, 중기 경금이 초기 무토의
생을 받아 힘이 만만치 않게 강하다. 주변의 간지에 따라 쉽게 자기 성
격을 달리할 수 있다는 뜻이다. 육합 중 사신합화수의 원리도 지장간
을 놓고 보면 이해가 쉽다. 신금은 초기 무토, 중기 임수, 정기 경금으
로 구성되어 있다. 사화와 신금이 만나면, 사중 병화가 경금의 지원에
힘입은 임수에게 공격당하고, 무토에게는 설기당하는 양상이 된다. 학
파에 따라 육합을 인정하지 않는 견해도 있지만, 적어도 사화와 신금
이 만나면 사중 병화의 힘이 떨어진다는 점에는 이견이 없다. 정리하
면, 위 사주에서 천간삼합으로 사화가 묶일 경우, 사중 병화가 힘을 잃

어 사화가 화 오행의 역할을 제대로 하지 못하게 된다고 보는 것이다. 이렇듯 지지에서 쟁충합이 복잡하게 일어날 때는 천간은 물론, 지지가 가진 간지적 특성까지 두루 살펴야 한다.

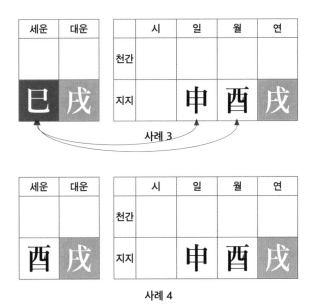

사례 3

사례 4

　　사례 3은 사신합과 사유합이 동시에 일어나고 있기 때문에, 합화도 합도 되지 않는다. 사례 4는 대운 술토가 금 오행으로 변할 가능성이 상당히 높다고 봐야 한다. 유동성이 강한 대세운에서 왕지인 유금이 세운으로 왔기 때문이다. 삼합이 있을 때 쟁합이 일어나게 되면 합의 힘은 반감된다(물론 합의 힘이 반감된다 하더라도, 월지나 시지에 왕지가 있는지, 대세운에서 왕지와 생지가 함께 들어왔는지 등에 따라 합력은 얼마든지 달라질 수 있다). 하지만 원국 내 방합이 있을 때, 대세운에서 왕지는 물론 방합을 이루는 나머지 간지가 함께 온다면 합의 힘은 더욱 강해진다. 이 것이 대세운에서 방합과 삼합이 보이는 가장 큰 차이다. 사례 4 사주에서는 유금이 술토를 원국의 금국으로 함께 끌고갈 확률이 아주 높다. 물론 대운이 병술, 세운이 정유로 온다고 가정할 경우, 이때는 화기가 많아지기 때문에, 술토가 금국으로 가지 않을 수도 있다. 원래는 지지에서 일어나는 충합이라 하더라도 원국은 물론, 대세운의 천간도 함께

고려해 살펴야 한다. 하지만, 이해를 돕기 위해 천간의 상황은 일단 제
외하기로 한다.

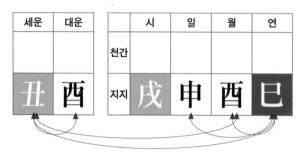

원국에서 사신합과 신유술 방합이 함께 일어나고 있다. 대세운에서
는 축토가 대운의 유금과 유축반합을 하고, 원국과는 사유축 삼합도 함
께 이루고 있다. 이때 세운의 축토는 금으로 변할 수 있을까? 지지에서
충이 일어나지 않기 때문에, 천간의 방해만 없다면 금 오행으로 변할 가
능성이 상당히 높다. 대운에서 금국의 중심인 유금이 강력히 축토를 묶
고 있는 데다, 원국의 연지 사화와 월지인 유금까지 축토를 금국으로 데
려가려 하기 때문이다. 쟁합이 될 경우 합력은 통상 반감되지만, 삼합
과 방합의 간지들이, 그것도 대세운에서 왕지가 힘을 합쳐 모두 같은 방
향으로 합을 일으킬 때는 이야기가 달라진다. 물론, 학문적 견해가 나와
달라 세운의 축토가 금 오행으로 변하지 않는다는 입장이라 하더라도,
여전히 축토가 옆에 붙어 있는 유금을 생조하여 원국의 금 기운을 더욱
강하게 키우는 역할을 한다는 점에 이견은 없을 것이다.

세운	대운
겁재	상관
戊	庚
戌	戌
겁재	겁재
▲■	▲■
辛丁戊	辛丁戊

시주	일주	월주	연주
정재	본원	겁재	겁재
壬	己	戊	戊
申	酉	午	寅
상관	식신	편인	정관
		▲	▲*
戊壬庚	庚辛	丙己丁	戊丙甲

만약 이런 식으로 삼합과 방합이 동시에 일어나게 되면, 어떤 합을 더 우선하여 해석해야 할까? 원칙적으로 삼합과 방합이 모두 사라지는 게 아니라 계속 영향을 준다. 하지만, 굳이 두 합 중 더 영향력이 큰 합을 고르라고 한다면 삼합의 힘이 조금 더 강하다고 해석해야 한다. 삼합의 중심인 왕지 오화가 월지를 차지하고 있기 때문이다. 게다가 술토의 지장간은 초기가 신금, 중기가 정화, 정기가 무토이다. 신금, 유금, 술토가 방합을 하게 되면 술중 신금의 힘이 강해져 술토를 금으로 바꾸는 데 기여하고, 인오술 삼합을 하게 되면 술중 정화의 힘이 강해져 술토를 화로 바꾸는 데 기여한다. 술토의 신금과 정화 중 더 영향력이 강한 간지는 당연히 중기인 정화이다.

제시한 사주는 일간 기토의 힘이 약한 중화신약 사주로, 용신은 화 인성, 희신은 목 관성, 한신은 토 비겁이다. 대세운의 지지에서는 인오술합이 조금 더 영향력이 강하긴 하지만, 합화의 개수가 다섯 개 이상으로 많아지게 되었다. 결국 용신인 화와 구신인 금이 대립하는 끊임없는 모순 속에서, 용희기구한신을 떠나 일이 복잡해지고, 혼란스러운 상황이 연출될 확률이 높아지게 된다.

대운		시주	일주	월주	연주
**		●		●●	●
식신		편관	본원	겁재	편관
壬		丙	庚	辛	丙
辰		子	申	卯	寅
편인		상관	비견	정재	편재
▲		▲	▲ ●	●	*
乙癸戊		壬癸	戊壬庚	甲乙	戊丙甲

위의 사주 역시 대운 진토로 인해, 인묘진 방합과 신자진 삼합이 함께 일어난다. 여기서 눈여겨볼 것은, 월지에 있는 묘목과 시지에 있는 자수다. 인묘진 방합의 구심점을 담당하는 왕지 묘목이 자신의 힘을 가장 잘 드러낼 수 있는 자리인 월지를 차지하고 있다. 신자진 삼합의 구심점을 담당하는 왕지 자수는 조후적으로 자신의 기운을 가장 강하게 드러낼 수 있는 시지를 차지하고 있다. 신자진 삼합과 인묘진 방합이 함께 일어나고 있지만, 신자진 삼합의 합력이 더 강하다고 봐야 한다. 삼합이 방합보다 원래 더 강하지만, 대운의 천간에 온 임수가 진토의 수 기운을 더욱 강하게 만들어 삼합의 힘에 더 무게가 실리게 되었기 때문이다. 만약 대운에서 임수 대신에 갑목이 왔더라도 삼합은 방합보다 더 강하다고 봐야 한다. 삼합과 방합은 물론, 육합이나 반합 등 대세운으로 인해 여러 합들이 지지에서 복합적으로 일어날 경우, 월지와 시지의 간지가 왕지는 아닌지, 조후적으로 자신을 강하게 주장할 수 있는 상태인지 등을 종합적으로 살펴야 한다.

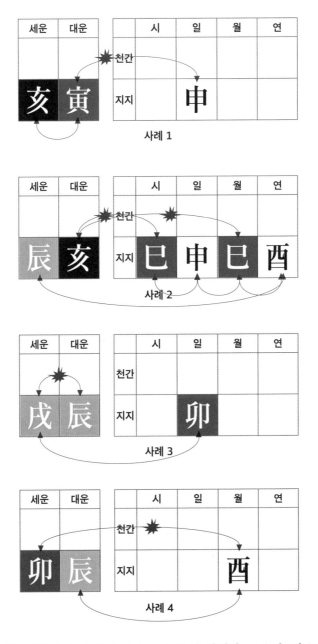

사례 1

사례 2

사례 3

사례 4

육합은 경우의 수가 많지 않으므로, 우선 인해합, 묘술합, 진유합, 사
신합의 경우만 살펴보도록 하자. 사례 1은 대운의 인목이 원국의 신금

과 충하니, 인해합은 일어나지 않는다. 충과 합이 함께 일어나면, 충과 합의 작용은 사라진다. 사례 2는 원국에서 사신합과 사유합이 함께 일어나고 있다. 대운의 해수는 원국과 사해쟁충을 하고, 세운의 진토는 진유합을 하고 있다. 이 경우 사해충으로 인해 원국에서의 사신합과 사유합은 모두 풀리게 된다. 세운 진토는 원국의 유금과 합하여 금으로 바뀐다. 대세운에서 오는 간지는 유동성이 강하기 때문에, 충으로 인한 직접적인 방해만 아니라면 쉽게 합화하기 때문이다. 원국 내에서 연지 유금이 사화와 합하고 있긴 하지만, 유동성이 강한 대세운에서 진토의 합을 방해하는 간지는 존재하지 않는다. 사례 3은 유동성이 강한 대운과 세운끼리 진술충을 하느라, 원국과 묘술합은 일어나지 않게 된다. 사례 4는 세운의 묘목이 월지 유금과 충하고 있다. 대운의 진토는 진유합을 하고 싶어 하지만, 묘목이 원국의 유금을 강하게 흔들어 대니 합하기 어렵게 되었다.

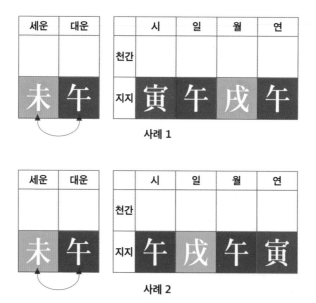

사례 1

사례 2

자축합과 오미합은 다른 육합과 달리, 원국에 미칠 조후적 영향을 세심히 살펴야 한다. 먼저 사례 1과 사례 2 원국의 조후를 비교해 보자. 사례 2 원국이 오월 오시라 훨씬 뜨겁다. 이 경우 대세운의 오미합은 사례 1에 비해 사례 2 원국의 화 기운을 훨씬 더 강하게 키우게 된다. 안 그래도 뜨거운 사주가, 오미합으로 인해 더욱 뜨거워지게 되는 것이다. 물론 사례 1 사주도 인오술합이 존재하지만 월지가 왕지를 차지한 사례 2에 비하면 인오술합의 합력이 훨씬 약함을 알 수 있다.

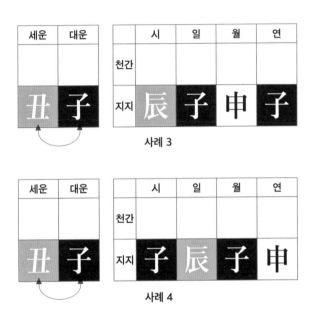

사례 3

사례 4

사례 3과 사례 4의 조후를 비교해 보면 자월 자시인 사례 4 원국이 훨씬 춥다는 것을 알 수 있다. 이 경우 대세운의 자축합은 역시 사례 3에 비해 사례 4 원국에 수 기운을 훨씬 더 강하게 키우게 된다. 원국에서 오미합이나 자축합이 일어날 때, 미토가 완전히 화로 바뀌거나 축토가 완전히 수로 바뀌는 경우는 거의 없다고 했지만, 유동성이 강한 대세운에서 오화나 미토, 또는 자수와 축토가 나란히 올 경우에는 예외다. 특히 대세운에서 오미합 또는 자축합이 일어날 경우, 원국에 화 기운이나 수 기운을 훨씬 강하게 키우게 된다. 그렇기 때문에 다른 육합과는 달리 오미합과 자축합은 조후적으로 원국에 어떤 영향을 미치게 될지를 더 중요하게 살펴야 한다.

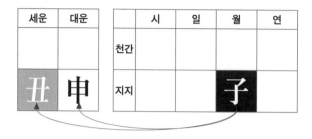

　일반적으로 쟁합이 되면 합력은 약해지지만, 대운과 세운에서 방향이 같을 때는 쉽게 합화가 일어난다. 조후적 의미가 강한 월지 자수가 대운에서 신자합을, 세운에서 자축합을 하고 있다. 이 경우 신금과 축토 합화의 방향이 같기에, 모두 수로 변하게 된다. 역시 원국에 조후적으로 수 기운을 가득 더하게 된다. 만약 임신대운, 계축세운이라면 합화는 더욱 강력히 일어날 것이다.

• 운에 따라 달라지는 욕망의 양상

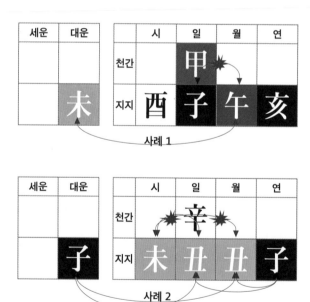

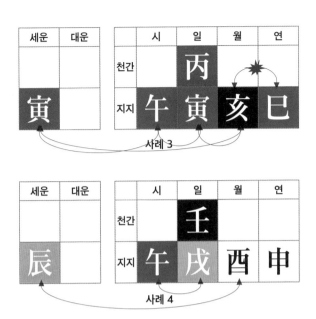

대운이나 세운에서 월지와 육합하는 간지가 들어올 때마다, 월지에 내포된 주체의 욕망은 간지가 상징하는 십성적 요소로 인해 현실에서 강력히 드러나게 된다. 이해를 돕기 위해, 월지가 천간에 투출하지 못한 원국이 있다고 가정해 보자. 이때 대운이나 세운의 천간에 월지와 같은 요소가 들어와 월지가 투출하게 된다면, 주체가 자신의 욕망을 해당 운이 들어오는 시기 동안 비교적 명확하게 인지하게 된다. 또한 지지에서 월지와 육합하는 간지가 들어오면, 월지가 상징하는 욕망을 실현하는 방아쇠로 작용한다.

앞의 보기처럼 원국 내 충합이 복잡한 경우라 하더라도, 운에서 월지와 육합되는 글자가 들어올 경우 욕망의 현실화가 조금 더 쉽게 이루어진다. 단 사례 4처럼 월지가 합이 되어 있을 경우 목표를 달성할 수 있다는 보장은 없더라도, 내면의 욕망에 의해 한 번 세워진 목표가 쉽게 꺾이진 않는다.

사례 1에는 월지가 가진 상관과 관련된 욕망이 잠재되어 있다. 이런 욕망을 가진 주체가 비정규직으로 동네 학원에서 강사 일을 하고 있다고 가정해 보자. 미토 정재가 운에서 들어오면 어떻게 될까? 만약 주체가 자신의 욕망을 인지하고 있든 그렇지 못하든, 상관과 관련된 욕망이 현실에서 정재적 환경과 만나 더욱 공고해진다. 예를 들면 학원 강사 일을 하더라도 전문 강사로서 커리어가 확고해지거나, 비정규직으로 아나운서 일을 하다가도 방송국에서 정규직으로 신분적 변화가 생겨나게 된다. 이런 경우 모두 안정적인 직장(정재)에서 상관이 상징하는 언변, 강의, 비평적 욕망 등을 발현하게 된다고 해석할 수 있다.

사례 2는 자수 식신을 만날 때 편인적인 욕망을 구현할 가능성이 높다. 편인은 끼나 기술, 예술을 활용해 남과 차별화되는 길을 걷는 힘이 있다. 아무도 돈이 될 거라고 생각지 못한 새로운 형식(편인)의 음식(식신)을 개발하여 요식업에 뛰어들거나, 명리학(편인)을 배운 사람이 상담 대신 사주에 좋은 물상을 그림으로 그려주거나, 부족한 기운을 보완하는 팔찌 등을 파는 경우도 여기에 해당한다.

사례 3은 월지 해수 편관이 세운 인목 편인과, 사례 4는 월지 유금 정인이 세운 진토 편관과 육합하는 관계다. 편관은 명예, 브랜드, 자기 세력, 감투, 수상(受賞) 등을 뜻한다. 예를 들면 사례 3이 자신의 이름을 알리기 위해(편관) 예술(영화, 음악, 미술 등) 작품을 관련 공모전에 내거나, 사례 4가 본인이 전문가로 일하는 영역(정인)과 관련된 협회(편관)를 만든 후, 자신의 제자들에게 자격증을 발급하는 경우가 있을 수 있다.

운에서 월지와 육합하는 운이 들어오는데 변화가 없는 경우, 삶의 만족도가 높지 않을 수 있다. 자신의 욕망을 발현시키지 못하고, 그대로 땅속에 욕망을 묻어두는 것과 같은 꼴이기 때문이다. 마찬가지로 관련 운이 들어오지 않거나, 원국에서 월지와 육합하는 글자가 없다 하더라도, 주체가 살아가는 삶의 모습이나 추구하는 방향이 해당 글자와 관련되어 있는지 살펴보면 더욱 풍부하게 사주를 해석할 수 있다.

욕망의 실현이라는 측면에서 보면, 월지와 육합 관계인 간지가 사례 3이나 4처럼 세운에서 오기보다 사례 1이나 2처럼 대운에서 오는 게 훨씬 더 강력하다. 대운은 1년 주기인 세운과 달리, 10년간 주체를 둘러싼 대내외적 환경을 변화시키기 때문이다. 월지의 욕망은 원국 내 투출 여부에 따라 내가 인지할 수도 있고, 인지하지 못할 수도 있다. 그만큼 내면의 욕망을 현실로 끌어오기 위해서는, 많은 시간과 에너지가 필요하다는 이야기다. 대운을 통해서라도 적절한 상황과 환경이 형성되다면, 월지 욕망이 품고 있는 파괴력은 더욱 커지게 된다.

참고로 육합의 경우에 있어 합력을 논하자면, 자축합과 오미합이 가장 약하다. 그래서인지, 월지가 사례 1, 2처럼 자축, 또는 오미인 경우 운에서 육합되는 간지를 만나도 현실에서 욕망의 발현 인자로 쓰기 어려운 경우가 많았다. 이와 달리 운에서 오는 글자가 용희신이고, 일간에게 천을귀인에 해당하며, 합화의 방향 또한 용희신인 경우에는 가장 강력한 힘을 발휘할 수 있다. 육합되는 인자가 기구신이거나 합화의 방향 또한 기구신이라면, 욕망을 실현시키는 동안 긍정적이지 못한 요소가 행복도나 만족감을 떨어트릴 수 있다.

원국에서 일월지가 용희신일 때, 성취도가 높게 나타날 가능성이 크다. 하지만 일월지가 합화해서 한신이나 기구신으로 향하는 건, 일월지 용신이 품은 잠재력을 떨어트리는 요소로 작용한다. 다만, 일월지가 투간된다면, 합화의 방향은 큰 의미가 없게 된다.

관련 내용을 더욱 깊이 공부하고 싶은 분들은 <사주의 대운 및 세운이 직업변동에 미치는 영향>* 을 추가로 읽어보길 권장한다. 해당 논문에 따르면, 대운과 세운이 월지와 합하는 경우 이직을 한 사람의 비율이 전체 응답자 305명 중 78.4퍼센트인 총 239명으로 나타났다. 이는 충이 일어날 때 이직을 한 사람인 80명(26.2퍼센트)에 비해 압도적으로 높은 수치이다.

충보다 합이 들어올 때 이직율이 훨씬 높게 나타났다는 점은 직관에 반할 수 있다. 일반적으론 합보다는 충이 변화를 일으키는 에너지로 작용하는 경우가 훨씬 많다고 여겨지기 때문이다. 내 스승인 강헌 선생은 오직 개인의 임상만으로 '월지와 육합하는 간지가 월지의 욕망을 현실로 운반하는 트리거 역할을 한다'는 이론을 정리했다. 후에 임상을 거듭하며 논문의 내용과 스승님의 이론을 살펴보니, 상통하는 바가 컸다. 현재는 이 이론을 현장에서 사주를 더욱 풍부하게 해석하는 요소로 삼고 있으며, 월지 육합뿐만 아니라, 삼합, 반합 등 지지에서의 다

• 경기대학교 국제문화대학원 동양철학과 배현배의 2008년도 석사학위청구논문

른 작용에 대해서도 연구 중이다.

과거에는 월지에 있는 간지가 투간해야, 그 요소를 바탕으로 개인의 사회적 실현이 가능해진다고 보았다. 월간이 월지에 뿌리내린 것만큼이나, 연간이 월지에 뿌리내린 것 역시 강한 기운으로 해석했다. 가문의 사회적 위치와, 부모의 신분에 따라 개인의 성취도가 크게 달라지는 사회였기 때문이다. 조선시대에는 월지를 충하거나 합하는 운이 들어오더라도, 사회 구성원들 대다수가 직업을 바꾸지 못하고, 자신의 욕망을 억압하거나 은폐한 채 살아가야만 했다. 신분과 직업을 비롯한 거의 모든 것들이 태어날 때부터 이미 정해진 사회에서는, 자신의 욕망을 좇아 살아가기가 불가능했을 것이다. 하지만 과거와 다르게 요즘은 이사, 이직, 전업, 재혼은 물론, 마음만 먹으면 국적까지 바꿀 수 있는 시대가 되었다. 욕망을 주체적으로 발현할 수 있는 시대가 될수록, 월지와 대세운의 관계 또한 더욱 폭넓게 해석해야 한다고 본다.

참고로《격국론》에서도 지지에 뿌리를 갖춘 편재나 편관이 특히 시간에 투간하게 되면, 전생애에 걸쳐 강력히 드러날 만큼 기운이 강하다고 봤다. 욕망의 그릇인 월지의 요소가 천간 중 특히 시간에 투출한 경우, 마찬가지 관점에서 사회적인 퍼포먼스가 훨씬 높은 경우가 많았다. 과거와는 달리 개인의 주체성이 강조되는 현대에는, 가문이나 부모의 영향을 내포하는 연간이나 월간에서의 투간보다, 시간에 투간하는 것이 훨씬 더 빛을 발한다고 볼 수 있다.《명리, 나를 지키는 무기: 기본편》중 연주와 월주, 일주와 사주의 의미를 다룬 마지막 장에서도 자세히 서술했지만, 사주는 사회적 존재로서의 주체가 얼마만큼 확장될 수 있는지를 나타내는 중요한 에너지원이다. 역시 같은 관점에서 시간이 월지에 뿌리를 내린 것뿐만 아니라, 시지가 월지와 육합하는지의 여부를 파악하는 것도 해석의 풍부함을 더할 수 있다.

시주	일주	월주	연주
	●	●●	
편관	본원	정재	비견
甲	戊	癸	戊
寅	申	亥	申
편관	식신	편재	식신
* *	*	● *	*
戊丙甲	戊壬庚	戊甲壬	戊壬庚

　책의 초반부 중 육합 파트에서 잠시 다루었던 방송인 김어준의 명식을 다시 한 번 살펴보자. 실령하고 실지한 극신약한 명식으로, 용신은 토 비겁, 희신은 화 인성, 기신은 목 관성, 구신은 수 재성이 된다. 욕망의 자리인 월지 해수의 정기 임수가 변격으로 월간에 계수로 투출했다. 월주는 물론, 시주 역시 간여지동으로 되어 있어, 목 편관의 힘도 무척 강하다. 편관이 상징하는 명랑함이나 유쾌함, 편재가 상징하는 네트워크나 재물에 대한 욕망 모두 쉽게 읽어낼 수 있을 것이다(하필, 그가 설립한 회사의 법인명은 '명랑사회'이며, 모토는 '명랑사회 구현'이다).

　그는 공영방송에서 활동이 어렵게 되자, 유튜브를 기반으로 한 미디어 회사를 설립한 후 편관이 의미하는 정치 권력을 비평하며 다양한 사람들과 관계를 맺고 있다. 월시지 육합의 관점에서 보자면, 편관이 상징하는 권력이나 우두머리를 향한 힘을 바탕으로, 편재적인 욕망을 현실에서 강하게 드러내고 있다고 볼 수 있다. 일지와 연지에 있는 신금 식신은 커뮤니케이션, 미디어에 대한 힘을 상징한다. 식상생재가 함께 되니 추진력이나 활동성도 무척 강하며, 말이나 글을 통해 편재적 욕망을 실현할 수 있는 권력을 적극적으로 추구하고 있는 사주라고 해석이 가능하다.

　다만, 이 사주의 기구신에 해당하는 월지 해수와 시지 인목이 육합 관계라는 것을 어떻게 바라봐야 할까? 기신인 편관이 월지에 잠재된 나의 이상이나 욕망을 현실로 끌어오는 기제로 작용하고 있긴 하지만,

언젠가 이로 인해 내가 공격당할 수도 있다고 봐야 한다. 즉, 기신인 편

언젠가 이로 인해 내가 공격당할 수도 있다고 봐야 한다. 즉, 기신인 편관 때문에 크게 건강을 상하거나, 조직 내에서 피치 못할 불화가 생길 수도 있다는 뜻이다. 현재 그가 비평의 대상으로 삼고 있는 정치나 권력이, 반대로 그에게 시련으로 작용할 수 있음을 암시하기도 한다.

사실 사례로 든 명식처럼 월지와 육합하는 글자가 일시지에 있는 경우가 많지는 않다. 그렇기 때문에 운에서 오는 글자는 물론, 그 글자를 배우자, 부모, 사업 파트너 등 특수관계인이 가지고 있지는 않은지 유심히 살펴보자. 관계가 가져다 주는 다양한 가능성을 쉽게 확인할 수 있기 때문이다. 예를 들어, 상대방의 월지가 나와 같은 글자라면, 십성에 따라 내용은 달라지겠지만 서로 욕망의 외피는 같다고 볼 수 있다. 상대방의 일지나 시지에 내 월지와 육합되는 글자가 있다면, 나도 모르는 나의 욕망이 상대방이 들고 있는 도구를 통해 이루어진다고 해석할 수 있다. 아내가 남편의 꿈을 이루기 위해 열심히 일하며, 남편이 교수가 될 때까지 학비를 지원해 주는 것도 이런 사례에 해당한다.

덧붙이면 월지와 시지 뿐만 아니라, 일지와 시지, 또는 연지와 월지의 육합을 살피는 것도 의미가 있다. 예를 들어, 내 사주에서는 일지 오화와 시지 미토가 기신인 화의 방향으로 오미합을 한다. 오래 전부터 촬영이나 강의를 할 때마다 얼굴이 저리는 증상으로 고생해왔는데, 내가 안고 있는 자율신경계통 문제나 혈관 질환들이 내 원국의 오미합과 연관이 크다고 본다. 큰 틀에서 연지와 월지가 내면과 가능성의 영역이라면, 일주와 시주는 현실과 실현의 영역에 해당한다. 원국에서 지지 육합의 방향이 용희신인지 기구신인지를 살피는 것도, 사주 해석에 풍성함을 더한다.

남녀 간의 궁합 이론은, 전통적인 명리학의 발전 과정에서는 아예 존재하지도 않는 것이었다. 나의 경우 역시 궁합은 아예 인정하지 않으며, 파트너라는 관점에서 무궁무진한 시너지를 살필 때만 합의 요소를 중요하게 해석하고 있다. 만약, 동업을 하는 부부가 서로 일월지에서 인사신 삼형을 이루고 있다고 가정해 보자. 이 경우 부부 중 한 사람이라도 없어질 경우 사업을 더 이상 존속하기 어려운 형태로 나타나기도 한다. 부부가 모두 각자의 일지에 기구신을 가지고 있는데, 태어난

아이도 일지에 기신을 두고 있다고 하자. 그런데 가족 세 명의 일지가 삼합을 이룬다면, 기구신은 합으로 묶여 별 다른 영향을 주지 못한다. 명리학이 더욱 발전하기 위해서는, 이런 식으로 합은 물론 충이나 형역시 관계 속에서 어떤 화학적 작용을 일으키는지에 대한 연구가 이루어져야 할 것이다. 아쉽지만, 이 책에서는 육합과 관련된 명리학자 강헌 선생의 이론은 이 정도로만 짧게 소개하는 것으로 하고, 관계론을비롯하여 더 깊은 내용을 공부하고 싶다면 강헌 선생의 책이나 철공소강의를 찾아보시길 권한다.

나의 사주 이야기

대운		시주	본원	편관	연주
● ○					
정재		정인	본원	편인	정인
辛		乙	丙	甲	乙
巳		未	午	申	丑
비견		상관	겁재	편재	상관
■●○		*			*
戊庚丙		丁乙己	丙己丁	戊壬庚	癸辛己

99	89	79	69	59	49	39	29	19	9
편인	정인	비견	겁재	식신	상관	편재	정재	편관	정관
甲	乙	丙	丁	戊	己	庚	辛	壬	癸
戌	亥	子	丑	寅	卯	辰	巳	午	未
식신	편관	정관	상관	편인	정인	식신	비견	겁재	상관
묘	절	태	양	장생	목욕	관대	건록	제왕	쇠

나의 사주

욕망을 상징하는 월지를 중심으로 내 사주를 살펴보도록 하자. 내 사주의 월지는 신금 편재로, 편재는 비정기적인 재물, 기부, 봉사, 네트워크(인맥) 등을 뜻한다. 월지가 상징하는 욕망은 천간으로 투출했는지 여부에 따라 내가 인지할 수도, 인지하지 못할 수도 있다. 하지만 빙산의 일각이라는 말이 있듯, 진짜 내 모습은 어쩌면 잠재적 특질에 숨겨져 있을 수 있다. 내가 인식하지 못한다 하더라도, 현실에서 나를 움직이는 가장 강력한 원동력이 될 수 있기 때문이다.

이 월지에 있는 욕망을 현실 영역으로 발현시키는 트리거는 월지와 육합하는 글자이다. 나의 경우, 월지 신금과 육합하는 관계인 사화가 대운에서 들어올 때 직장에서 언론홍보 담당자로 근무하게 되었다. 사화 비견은 나와 동등한 위치에 있는 사람들을 의미한다. 재미있는 건, 이름만 대면 알 만한 여러 대기업의 홍보팀 직원들과 거의 매일 기자들을 만나며 함께 활동했다는 것이다. 역시 비견들과 함께 사회적으로 편재(네트워크)를 썼다고 해석할 수 있는 대목이다.

그 시절 나는 업무 특성상, 근무 시간에 매이지 않고 사무실을 벗어나 대부분의 시간을 기자들과 보냈다. 독립적인 환경에서 자율적으로 일한 것(비겁), 회사 일을 하는 동안 접대비를 쓰거나, 언론사에 꽤 큰 돈을 광고비로 집행했던 것(편재)을 두고도 재미있는 해석이 가능하다.

참고로 월지와 육합하는 글자는 물론, 합화의 방향이 용희신인지 기구신인지도 중요하게 살펴야 한다. 내 사주는 화 비겁이 기신, 목 인성이 구신이다. 나처럼 월지에 있는 욕망이 기구신과 육합할 경우, 욕망이 현실 영역에서 드러난다 하더라도 큰 행복감을 느끼거나, 성취를 이루어내긴 힘들 수 있다. 직장인 시절 누구보다 열심히 일했지만, 거의 매일 업무적으로 술을 먹고, 내가 싫어하는 사람들과도 불편한 내색 없이 만나야만 했던 생활이 썩 만족스럽진 않았다. 그 시절 독립적으로 일할 수 있는 환경이 주어지지 않았다면, 아마도 회사 생활을 오래 지속하진 못했을 것이다.

명리를 소재로 유튜브 채널을 운영하던 중 '사주 잘 가르쳐 주시는 선생님들 모음'이란 영상을 올린 적이 있다. 개인적으로 강의를 잘한다고 생각한 선생님 중 널리 알려지면 좋겠다 싶은 분들을 사심 없이 소개했는데, 좋은 반응이 나와 깜짝 놀라기도 했다. 그때 소개해줘서 감사하다고 연락을 주신 분들과도 새롭게 연(편재)을 맺게 됐다. 나는 명리 유튜버들을 경쟁자로 생각하지 않고, 다 함께 명리학의 저변을 넓혀 나가는 동료라 생각한다. 명리적으로는 겁재보다 비견에 가깝다고 할 수 있다.

현재는 유튜브에서 나를 후원해주는 분들(비견)과 함께 기부금(편재)을 모아, 정기적으로 결식아동을 돕고 있다.《명리, 나를 지키는 무기: 기본편》에서 밝혔듯 언젠가 내가 가진 명리학적 지식을 통해, 사회적으로 어려움을 겪는 사람들을 도울 계획을 세우고 있다. 편재는 또한 약자에 대한 봉사를 상징한다. 나 혼자만으로는 절대 할 수 없는 일이라, 명리학에 몸 담고 있으면서 뜻이 통하는 사람들과 손잡고 함께 목표를 이루어 나가려 한다. 내 원국의 월지 편재와 사화 비겁의 합을 놓고도, 이렇게 여러 가지 의미에서 풍부한 해석이 가능하다.

세운	대운
●	
상관	정인
癸	己
卯	未
정재	정인
●●	
甲乙	丁乙己

시주	일주	월주	연주
*		●	
편관	본원	식신	편인
丙	庚	壬	戊
戌	申	戌	辰
상관	편인	편인	편인
*		*	**
辛丁戊	戊壬庚	辛丁戊	乙癸戊

98	88	78	68	58	48	38	28	18	8
식신	상관	편재	정재	편관	정관	편인	정인	비견	겁재
壬	癸	甲	乙	丙	丁	戊	己	庚	辛
子	丑	寅	卯	辰	巳	午	未	申	酉
상관	정인	편재	정재	편인	편관	정관	정인	비견	겁재
사	묘	절	태	양	장생	목욕	관대	건록	제왕

배우자의 사주

내 배우자의 사주도 추가로 살펴보도록 하자. 편인이 발달하고, 일지 신금 임수가 월간에 투간해 있다. 편인과 식신을 잘 쓸 수 있는 그는, 레시피를 몰라도 한 번 먹은 음식을 그대로 만들어내는 재주가 있다.

2022년 기미대운 임인년에 공무원 생활을 접고, 동네에 작은 규모의 카페를 차렸다. 23년 계묘년은 월지 술토와 육합을 하는 묘목 정재가 들어온다. 그는 가게를 오픈할 때부터 비정기적으로 인스타그램이나 페이스북 등을 통해 온라인 광고를 했다. 광고를 할 때마다 손님이 늘어나, 매출도 큰 폭으로 뛰었기 때문이다. 하지만 23년이 되면서 더 이상 광고를 하지 않았다. 손님이 너무 늘어나면 정신없이 바빠지기 때문에, 차라리 돈을 덜 벌더라도 일을 덜 하고 싶어 광고를 하지 않겠다고 했다. 편재는 장사가 잘되면 가게 분점을 내거나, 직원을 더 뽑는다. 하지만 정재는 장사가 잘되면 직원을 더 뽑는 대신 본인이 더 많은 일을 하고, 몸이 너무 바빠진다 싶으면 원하는 시간에만 일하고 차라리 가게 문을 일찍 닫는다.

단순히 묘목 정재의 기운이 들어와서, 이전과는 달리 정재를 쓰는 형태로 가게를 운영했다고도 볼 수 있다(세운 묘목은 미토와 묘미합도 하지만 원국과는 묘술합도 하기 때문에, 화로 합화한다고 보긴 어렵다). 하지만 나는 육합을 통해 주체가 가진 근원적 욕망이 운에 따라 어떤 형태로 드러나는지를 살피는 것도 사주 해석의 중요한 요소라고 생각한다.

외부 환경이 만들어내는, 은밀한 결속

지지에서 암합이 일어난다고 해서, 충을 방해할 수는 없다. 암합은 겉으로 드러나는 합이 아니라, 지장간들끼리 몰래 벌이는 내통에 가깝기 때문이다. 성격이 다른 두 간지들의 결합을 깨기 위해선, 반대로 그만큼 강한 에너지가 필요하다. 지지 사이에 암합이 아무리 많이 일어나도, 아무리 유동성이 강한 대세운의 간지들이 원국과 암합을 한다 해도, 충을 깰 수는 없다.

시주	일주	월주	연주
●●	*	*	●
식신	본원	편관	정관
戊	丙	壬	癸
子	戌	戌	酉
정관	식신	식신	정재
●●	●	●	
壬癸	辛丁戊	辛丁戊	庚辛

암합이 충의 작용을 무력화시킬 수 없다고 해서, 아무런 의미가 없는 것은 아니다. 이 사주에서 시지 자수는 수 오행을 가장 강하게 극하는 조토인 일지의 술토와 시간의 무토에 둘러싸여 고립된 양상을 보이고 있다 (물론 시지 자수가 월간과 연간에 임수와 계수로 투간했기 때문에 고립은 아니다). 하지만, 자수가 무토와 술토 모두와 암합하고 있어, 극으로 인해 완전히 손상당했다고 볼 수는 없게 되었다.

기운의 결속과 비상, 그 두가지 경우

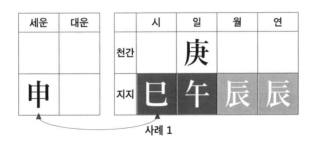

사례 1

사례 2

사례 1은 사화 편관과 오화 정관이 혼잡된 경금 일간의 사주다. 세운
에서 신금이 오면 원국과 사신합이 일어나, 사화 편관의 힘은 떨어지고
오화 정관의 힘은 선명해진다. 이때는 관살혼잡의 기운에서 벗어나, 정
관과 관련된 십성적 작용이 더 강하게 펼쳐지게 된다. 이렇듯 대세운의
합으로 인해 원국의 간지가 무력화되는 상황을 합거(合去)라고 한다.

사례 2 역시 관살혼잡된 사주다. 대운에서 온 자수가 원국의 오화와
자오충을 하면서, 오화 편관의 힘을 빼가고 있다. 원래 일 대 일로 충이
일어날 경우 서로의 에너지가 활성화되지만, 특정 십성이 혼잡된 사주
에서는 원국의 혼잡된 기운이 순일하게 정리되는 효과가 발생한다. 대
세운의 충으로 인해 오화 편관이 바빠지게 되면서, 사화 정관의 기운
이 안정적으로 펼쳐질 수 있게 되었다. 이렇게 대세운의 충으로 인해
원국의 간지가 무력화되는 상황을 충거(冲去)라고 한다.

세운	대운		시주	일주	월주	연주
◉	◉					
비견	비견		편재	본원	정재	편재
戊	戊		壬	戊	癸	壬
戌	申		子	申	卯	寅
비견	식신		정재	식신	정관	편관
◉	▲＊		▲	▲＊◉	◉	＊
辛丁戊	戊壬庚		壬癸	戊壬庚	甲乙	戊丙甲

스승이신 명리학자 강헌 선생의 명식이다. 연지와 월지가 관살혼잡을 이루고 있다. 하지만 2018년 용신운인 무술년에 묘술합이 일어나 연지 인목 편관만 깨끗하게 남게 된다. 합거가 일어나는 해에, 그는 경기문화재단 대표이사로 취임하게 된다. 정관이 단계를 밟아 올라가는 승진이라면, 편관은 초고속 승진이나 임명직, 명예 등을 상징한다. 대운의 신금은 인신충을 하긴 하지만, 신자합으로 인해 큰 영향을 주지는 않는다.

명리영역 기출문제

1. 다음 중 지지에서 일어나는, 대세운과 원국의 합충 작용과 관련하여 가장 거리가 먼 것을 고르면?(난이도 하)

① 종철: "지지는 천간보다 합충이 되는 경우의 수가 훨씬 많아. 그래서 무엇보다, 대세운이 기반되는 걸 잘 살펴야 해. 용신인 줄 알았는데 기구신으로 전락하거나, 기구신이 용신으로 탈바꿈하는 반전이 더 변화무쌍하게 일어날 테니까."

② 윤서: "천간은 정신과 내면의 영역을, 지지는 현실 영역을 상징한다고 하잖아? 지지에서 일어나는 합충 변화는 천간보다 삶의 실질적인 변화나 변동과 관련이 더 클 것 같아."

③ 장우: "지지 중 일지가 건강, 배우자, 직업을 뜻하잖아. 대세운에 의해 쟁충, 삼쟁충 등이 일어나 일지가 타격을 입으면, 건강상 문제가 생길 가능성도 상당히 높아진다고 봐야 해."

④ 다현: "천간과 달리 지지에서만 충거나 합거에 따라 원국의 간지가 무력화되거나, 더욱 선명하게 자신의 힘을 되찾을 때가 있어."

⑤ 우진: "대세운에서 오화와 미토, 또는 자수와 축토가 함께 올 경우 구조에 따라 원국에 조후적인 영향을 크게 미칠 수 있어."

2. 아래 사주와 관련된 대화 중 가장 옳지 않은 것은?(난이도 하)

대운		시주	일주	월주	연주
		※	***	※	※
정관		편관	본원	편관	편관
壬		癸	丁	癸	癸
戌		卯	酉	亥	酉
상관		편인	편재	정관	편재
●		**			
辛丁戊		甲乙	庚辛	戊甲壬	庚辛

① 현화: "위 사주 원국은 정계삼쟁충 때문에 일간이 너무 위험해. 일간의 뿌리도 약한 상태에서 쟁충이 존재하기 때문에, 일단 건강면에서 화 오행과 관련된 부위에 가장 신경을 써야겠지?"

② 민정: "일간을 최우선적으로 지켜야 하는 사주라, 화 비겁을 용신으로 써야 할 거야. 아쉽게도 지지에 화 기운은 하나도 없지만, 묘목이 인성으로서 정화를 지원해주고 있어 다행인 것 같아."

③ 정찬: "시지 인성이 중요한 사주라, 어릴 때에는 무엇보다 어머니의 역할이 중요하다 할 수 있어."

④ 종민: "인성이 묘유쟁충을 맞고 있긴 하지만, 다행히 해묘합도 있어서 충의 영향이 거의 사라지게 되었어."

⑤ 종현: "수 오행은 화를 극하고, 토 오행은 화생토로 화의 기운을 빼앗아가잖아? 임술 대운이 무척 불리한 대운이지 않을까?"

3. 다음 중 천간은 제외하고 지지만 살폈을 때, 대운과 세운 모두 기반하는 보기를 전부 고르면?(난이도 중)

세운	대운
亥	申

	시	일	월	연
천간				
지지	寅	申	酉	巳

❶

세운	대운
戌	戌

	시	일	월	연
천간				
지지	申	卯	子	辰

❷

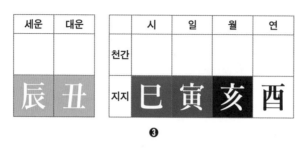

❸

❹

① ❶, ❷, ❹

② ❶, ❷, ❸, ❹

③ ❷, ❸, ❹

④ ❸, ❹

⑤ ❹

4. 다음 중 일지에 있는 인목이 대세운과의 충으로 인해 손상당
할 가능성이 가장 낮은 것부터 높은 것까지를 순서대로 나열하
면?(난이도 중)

❶

세운	대운
申	申

	시	일	월	연
천간				
지지	辰	寅	未	申

❷

세운	대운
申	申

	시	일	월	연
천간				
지지	亥	寅	巳	未

❸

세운	대운
申	申

	시	일	월	연
천간				
지지	丑	寅	子	辰

❹

① ❹ → ❸ → ❶ → ❷

② ❹ → ❷ → ❸ → ❶

③ ❸ → ❹ → ❶ → ❷

④ ❸ → ❹ → ❷ → ❶

⑤ ❶ → ❸ → ❹ → ❷

5. 다음 중 대세운으로 인해 합거와 충거가 모두 일어나는 보기를
   고르면?(난이도 중)

❶

❷

❸

❹

① ❶, ❷

② ❷

③ ❷, ❸

④ ❸, ❹

⑤ ❷, ❹

풀이 노트

1. 정답은 ④번이다. 지지뿐만 아니라, 천간에서도 충거나 합거의 여부를 잘 살펴야 한다.

2. 정답은 ⑤번이다. 임술대운에서 천간 임수는 정임합화하여 목 인성 희신으로 기반된다. 원국에서 정계삼쟁충이 일어나고 있긴 하지만, 대운은 유동성이 상당히 큰 기운이라 일간과 합하여 목 으로 기반된다. 지지 술토는 묘술합을 하여 화 비겁으로 기반된 다. 이렇듯 기구신이나 한신이 용희신으로 기반될 경우 운은 훨 씬 유리하게 흐르게 된다.

3. ❶번은 사해충과 사신합, 인해합과 인신충 등의 영향으로 대세 운의 합화 변화는 일어나지 않는다. 다만, 인신사해 사맹이 성 립되기 때문에, 원국과 대운의 인신사해 모두 형으로 묶여 자기 힘을 제대로 드러내지 못하게 될 가능성이 있다. ❷번은 묘술쟁 합과 진술쟁충으로 인해 합화 변화는 일어나지 않는다. ❸번은 진유합, 사유축삼합, 유축반합으로 인해 대세운이 모두 금으로 기반된다. ❹번은 해묘미삼합으로 대세운이 모두 목으로 기반된 다. 따라서 정답은 ④번이다.

4. 대세운에서 인신쟁충이 일어날 경우, 합으로 충의 영향을 완화 시킬 수 있다. ❶번은 원국에서 인해합이 존재한다. ❷번은 원

국에 이미 인신충이 있기 때문에, 대세운으로 인해 인신삼쟁충이 일어나고 있다. ❸번은 인신사해 사형이 존재하긴 하지만, 합과 충의 관계로만 따질 경우 원국에서는 인해합이, 대세운과는 사신쟁합이 일어나고 있다. ❹번은 신자진 삼합이 일어나고 있다. 쟁충을 가장 무력화시킬 수 있는 합은 합력이 가장 강한 삼합이다. ❶번과 ❸번 중 합의 개수가 더 많은 ❸번이 쟁충을 더 강하게 무력화시킬 수 있다(물론 ❸번은 형으로 묶여 쟁충의 영향이 더 떨어진다고 볼 수 있다. 참고로, 인신사해가 1:1:1:1로 성립되는 게 아니라 2:1:1:1로 성립될 경우에는 형의 불안정성이 더 높아지게 된다). 따라서 정답은 ①번이다.

5. ❶번은 인신충으로 인해 묘목만 남게 되니 충거가 일어난다. 하지만 일월지와 세운 때문에 축술미 삼형이 성립되기도 한다. ❷번은 사해충으로 인해 오화만 남게 되니 충거가 일어난다. 또한 진유합으로 신금만 남아 합거가 일어나기도 한다. ❸번은 자오충으로 인해 해수만 남으니 충거가 일어난다. 하지만 오미합과 사오미방합으로 인해 자오충의 영향은 그리 크진 않다. ❹번은 사신합과 사유쟁합이 존재하긴 하지만, 이외 합거나 충거라고 할 만한 상황은 일어나지 않는다. 따라서 충거와 합거가 모두 일어나는 보기는 ❷번 하나로, 정답은 ②번이다.

⑥ 천간과 지지의 합과 충 : 주체, 격동의 소용돌이에 놓이다

천충지충 : 하늘과 땅, 동시에 흔들리다

대세운과 원국 사이에 충이 일어날 때, 충의 작용력은 일주 → 월주 → 시주 → 연주순으로 나타난다. 당연히 일간의 충이 가장 작용력이 큰데, 대세운이 일간과 일지를 동시에 충할 때는 충의 파괴력이 폭발적으로 드러난다. 나를 상징하는 일간과 일간의 터전인 일지가 동시에 충을 하기 때문이다. 예로부터 천충지충은 큰 질병, 목숨을 앗아갈 수도 있는 사건, 사고 등으로 불길하게 여겨져 왔는데, 현대에는 좋은 쪽으로든 나쁜 쪽으로든 불안정성이 높아진다고 보면 된다. 여기서 주의할 것은, 충의 작용력이 강하다고 하여 무조건 운이 유리하게 흐른다거나, 불리하게 흐른다고 볼 수 없다는 것이다. 운의 유불리는 용희신운인지, 기구신운인지를 통해 살펴야 한다. 대운은 대세적인 분위기나 환경을 좌우하지만, 세운은 보다 직접적으로 변화와 성과의 향방에 큰 영향을 미친다.

예를 들면 신해일에 태어난 사람은 을사년에 천간에서 을신충, 지지에서 사해충을 맞게 된다. 이렇게 세운과 일주가 충할 때, 실질적인 변동이 생길 가능성이 아주 높다고 예상할 수 있다. 일간과 일지라는 글자들의 자기 정체성이 흔들리니, 내게 익숙하고 당연하게 여겨졌던 것들이 충을 기점으로 다르게 느껴지게 된다. 실질적으로 금 일간에 목이 재성, 화 관성이 용희신인 사람이라면 주변 사람들과의 관계가 좋아진다거나, 뜻하지 않게 승진을 한다거나, 갑자기 사업이 잘 풀린다고 보는 등 이때의 운을 매우 긍정적으로 해석할 수 있다. 반대로 목화인 재성, 관성이 기구신인 사람이라면, 주변 사람과의 관계가 안 좋아진다거나, 회사 내에서 원치 않던 사건, 사고로 스트레스를 받게 된다거나 하는 등 부정적인 쪽으로 해석할 수 있다.

세운	대운		시	일	월	연
乙	乙	천간		辛		
巳	巳	지지		亥		

붕충을 제외하고, 천간과 지지 모두 편재나 편관인 간지와 충을 한다. 가능성이 높진 않지만, 대운과 세운에서 같은 간지가 들어와 일주와 이 대 일로 쟁충하게 되면 불안정성이 전시에 준할 만큼 폭발적으로 커진다. 긍정적인 쪽으로든 부정적인 쪽으로든 변화가능성이 큰 만큼, 용희신운인지, 기구신운인지를 잘 파악해야 한다. 다만, 기구신운으로 쟁충을 맞게 되는 해에는, 급작스런 사고나 질병 등 신체 건강과 관련하여 세심한 주의가 필요하다.

세운	대운		시주	일주	월주	연주
*	● ●					
편관	편재		정인	본원	편인	정인
壬	庚		乙	丙	甲	乙
子	辰		未	午	申	丑
정관	식신		상관	겁재	편재	상관
▲●			*			*
壬癸	乙癸戊		丁乙己	丙己丁	戊壬庚	癸辛己

나의 원국에서, 2032년 임자년은 일주와 천충지충이 일어나는 해다. 수 관성은 내게 한신이라 일 대 일로 천충지충을 하더라도 부정적인

쪽보다는 오히려 긍정적인 해석의 여지가 더 크다고 할 수 있다. 다만, 지지에서는 신자진합, 자축합도 함께 일어나 자오충의 충은 거의 무력하게 되었다. 이 경우 임자년에는 세운 천간의 임수와 일간 병화가 일대 일 충을 한다고만 봐야 한다.

• 50대 월주충

모든 사주는 50대 대운에 이르면 반드시 월간에서는 충 또는 극이, 월지에서는 충이 일어난다. 만약 50대 대운이 일 대 일로 월간과 월지와 깨끗하게 충한다면, 설령 기구신 대운이라 하더라도 긍정성이 무척커진다. 월지는 내면, 욕망, 무의식의 영역이며, 월간은 욕망이 현실화되는 자리로서 직업 또는 심리적인 요소와 깊은 관련을 맺고 있다. 이런 월주와 깨끗하게 충을 한다는 것은, 자기 내면의 욕망을 원동력 삼아, 현실에서 직업이나 취미, 또는 다른 활동 영역에서 관련 행위를 수행하며 행복감을 느낄 확률이 높음을 뜻한다. 50대 대운이 월지와는 충을 하고, 월간과는 극만 하더라도 그 충극이 일 대 일로 깨끗하게만 이루어진다면 역시 긍정성이 커진다. 천간에서 극이 일어난다고 할 때무토는 갑목, 기토는 을목이 충의 글자를 대신한다.

참고로, 대세운의 글자가 사주와 일 대 일로 충하는 것은, 원국이 가용할 수 있는 에너지가 더욱 활성화됨을 의미한다. 역시 대세운이 기구신운이라 해도 일 대 일로 충이 일어난다면, 현실에서의 피로도는 높아질지언정 에너지가 더욱 활성화된다는 의미에서 긍정성이 높다.

• 합충의 수

원국 자체가 충합이 복잡하게 얽혀 있는데, 대운이나 세운에서 충과 합이 늘어나 총 6~7개 이상이 되면 설령 용희신 대세운이라 하더라도 부정적으로 작용할 가능성이 아주 높아진다. 충과 합의 수가 많아지면, 불안정성이 폭발적으로 높아지기 때문이다. 시계 제로(視界 Zero)가 되어 아군과 적군을 구분할 수 없는 상황으로, 운이 어디로 튈지 모르게 된다. 기구신 운일 때 충과 합의 개수가 많아진다면, 일단 안정지향적인 자세를 갖춰야 한다.

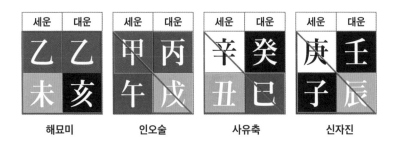

세운	대운
◉	＊
정재	겁재
丁	癸
卯	亥
상관	비견
◉＊	△
甲乙	戊甲壬

시주	일주	월주	연주
◉	◉		
정관	본원	정재	식신
己	壬	丁	甲
酉	戌	卯	午
정인	편관	상관	정재
＊	▲◉	◉＊	△
庚辛	辛丁戊	甲乙	丙己丁

충과 합이 복잡한 원국에 또 서로 충과 합이 일어나고 있는 대세운이 들어왔다. 대세운과 원국 사이에서도, 천간에서는 정계쟁충과 정임합이, 지지에서는 묘유쟁충, 묘술쟁합, 해묘합이 일어나고 있다. 수가 용신인 사주이지만, 이렇게 충합이 복잡하게 일어나는 세운에서는 용신이 힘을 잃을 가능성이 높아진다.

천간삼합 : 하늘과 땅의 기운, 함께 묶이고 함께 날다

세운	대운
乙	乙
未	亥

해묘미

세운	대운
甲	丙
午	戌

인오술

세운	대운
辛	癸
丑	巳

사유축

세운	대운
庚	壬
子	辰

신자진

대세운은 유동성과 운동성이 훨씬 강하기 때문에, 조건만 맞으면 원국에서보다 더 강하게 천간삼합이 일어난다. 위의 예시에서는, 해묘미 삼합의 합력이 적어도 사유축 삼합의 합력보다 더 강력하다. 왕지 역할을 대신하는 간지가 모두 대세운 천간에 나란히 있기 때문이다. 천간삼합이 강력히 일어나려면 대세운의 천간에 모두 왕지가 오거나, 지지에서 오술, 자진처럼 이미 반합이 형성되어 있는 상태에서, 그 반합

의 합화 방향을 돕는 간지가 올 때에 한해 천간삼합이 성립될 수 있다.

다만, 대세운에서의 천간삼합이 원국에서의 천간삼합보다 더욱 합력이 강하다 하더라도, 합화는 일어나지 않는다. 대신, 합으로 묶이면 기구신의 간지가 더는 부정적인 역할을 하지 못하게 된다. 용희신인 간지가 합으로 묶일 때 역시, 용신의 긍정성을 조금 잃을 수 있다. 대신 합화의 방향이 용희신 쪽이라면 오히려 운은 더 긍정적으로 흐른다.

왕자충쇠쇠자발, 쇠신충왕왕신발 : 힘의 역학, 강자와 약자의 충돌

《적천수》의 유명한 구절로, '왕자충쇠쇠자발(旺者沖衰衰者拔)'은 왕(旺)한 자가 쇠(衰)한 자를 충하면 쇠한 자는 뿌리째 뽑혀 나간다는 뜻이고, '쇠신충왕왕신발(衰神沖旺旺神發)'은 쇠한 자가 왕한 자를 충하면 왕한 자는 더욱 분노하여 기세가 더욱 커지게 된다는 뜻이다.

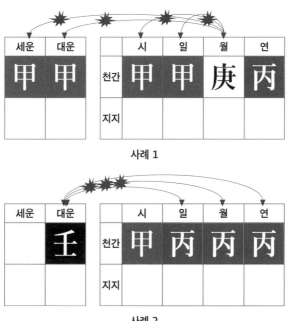

사례 1은 월간 경금이 원국과 대세운을 통틀어 사 대 일로 쟁충을 맞고 있다. 이때 경금은 깨져 아무런 힘도 쓸 수 없게 된다. 사례 2는 대운의 임수가 반대로 원국의 병화와 삼 대 일로 쟁충을 하는 상황이다. 이

때 대운의 임수 역시 아무런 힘도 쓸 수 없게 된다. 천간만 예시로 들었지만, 지지에서도 쟁충의 상황을 잘 살펴야 함은 물론이다.

대운		시주	일주	월주	연주
**					*
편관		정관	본원	비견	겁재
壬		癸	丙	丙	丁
寅		巳	戌	午	丑
편인		비견	식신	겁재	상관
▲		▲	▲	▲	
戊丙甲		戊庚丙	辛丁戊	丙己丁	癸辛己

전체적으로 뜨거운 사주이지만, 연지 축토에 뿌리를 내린 시간 계수의 영향으로 전왕은 아니게 된 명식이다. 임인대운 때 임수는 병임쟁충과 정임합으로 인해 그대로 임수로 남는다. 하지만 지지 인목은 인오술 삼합으로 반드시 화로 변한다. 이때 대운의 임수는 원국의 화기와 대운 지지의 화기에 의해 거의 수증기가 되어 증발할 지경이다. 이때 대운에서는 임수를 쓰기가 무척 어렵게 된다.

전왕사주의 경우 기신이 강한 힘을 가지고 운에서 들어올 때가 가장 위험하지만, 기신이 약하게 들어올 때는 오히려 왕자충쇠쇠자발, 쇠신충왕왕신발의 작용으로 인해 큰 타격이 없을 수도 있다. 하지만 안심할 게 아니라, 충이나 합으로 인해 기반하여 포켓세운으로 돌변할 때가 언제인지를 잘 살펴야 한다.

세운	대운
	●●
겁재	편관
乙	庚
酉	戌
정관	편재
	●●
庚辛	辛丁戊

시주	일주	월주	연주
겁재	본원	겁재	정인
乙	甲	乙	癸
亥	寅	卯	卯
편인	비견	겁재	겁재
戊甲壬	戊丙甲	甲乙	甲乙

92	82	72	62	52	42	32	22	12	2
겁재	식신	상관	편재	정재	편관	정관	편인	정인	비견
乙	丙	丁	戊	己	庚	辛	壬	癸	甲
巳	午	未	申	酉	戌	亥	子	丑	寅
식신	상관	정재	편관	정관	편재	편인	정인	정재	비견
병	사	묘	절	태	양	장생	목욕	관대	건록

위는 고전에 언급된 목 비겁전왕의 사주로 목이 용신, 수가 희신이다. 소년등과하여 30대에 재상에 오른 천재였으나, 40대 경술 대운에 요절했다고 한다. 요절한 세운에 대한 언급은 없지만, 을유세운의 시기에 가장 큰 타격이 있지 않았을까 추측하고 있다. 을목이 경금과 합하려는 성향이 강해지고, 유금이 묘유쟁충으로 화로 기반된 술토를 다시 토로 돌려놓는다. 을유년의 유금은 술토의 생조를 받고, 대운의 천간 경금 역시 왕지 유금에 뿌리를 내리니 기신 금 관성의 기세가 만만치 않게 강해지는 해가 된다. 물론 경술 대운에 요절했다고 하지만, 이는 결과론적 해석이기도 하다. 초년운의 압도적인 흐름에 힘입어 젊은 나이에 승승장구하다 보니, 경금 관운이 들어올 때 더 높은 권력을 탐하다 암살을 당했을 수도 있고, 급격한 스트레스에 화병으로 요절했을 수도 있겠다. 이럴 때는 나아갈 때가 아니라 물러날 때로, 권력을 탐하는 대신 스스로 벼슬에서 물러나 고향에서 제자들을 양성했다면 어땠을까? 관을 권력

이 아니라, 명예로 쓰는 것이 더 현명했을 것으로 보인다.

⑦ 삼형의 성립 : 외부에서 주어지는 강력한 무기

인사신 삼형 : 외부로부터 극단화되는 지배와 권력의 기운

세운	대운		시	일	월	연
		천간				
	申	지지	巳	寅		

사례 1

세운	대운		시	일	월	연
		천간				
申		지지			巳	寅

사례 2

세운	대운		시	일	월	연
		천간				
寅	巳	지지	申	巳		

사례 3

세운	대운		시	일	월	연
		천간				
寅	亥	지지	申	巳	巳	申

사례 4

사례 1에서 3 모두 대세운에서 인, 사, 신에 해당하는 간지가 와서 원국과 삼형을 이루는 경우다. 여기서 중요한 건, 인사신 삼형이 용희신 대세운에서 이루어질 경우에는 긍정성이 훨씬 높아진다는 것이다. 예를 들면 신금이 용신인 경우 사례 1이나 사례 2처럼 인사신 삼형이 이루어지면, 비약적인 도전 속에서 발전과 큰 성취를 이룰 가능성이 커진다.

　사례 3의 경우 인신사해 사형을 이루는데, 이때는 좋은 쪽으로든 나쁜 쪽으로든 에너지가 극단으로 넘쳐 불안정성이 더 높아진다고 해석할 수 있다. 대운에서 인신사해나 후술할 진술축미 사형이 성립되는 경우, 기존의 해석과 달리 용희신 세운이라 해서 꼭 현실적인 성과가 좋게 나타나진 않는다. 사형은 삼형보다 더 복잡하고 변동성이 더욱 큰 기운이기 때문이다. 이때 실질적인 성과를 결정하는 건 주체의 의지다.

　인사신의 위험성은 예상치 못한 사고나 재난, 재해로 인한 수술 등과 관련이 깊긴 하지만, 삼형이 들어온다고 해서, 무조건 나쁘게만 해석할 필요는 없다. 동전의 양면처럼 위기와 기회는 늘 한 몸을 이루기 때문이다. 삼형은 극단적인 성취나 극단적인 실패를 암시한다. 예상치 못한 성공이 밀려왔을 때에는 나를 다스리고 보호하는 지혜가, 수렁에 빠졌다면 허우적거리며 위험을 자초하기 보다, 몸에 힘을 빼고 훗날을 도모하는 지혜가 필요한 법이다.

　삼형이 이루어질 경우 넘치는 에너지들은 차라리 바깥 활동으로 풀어내는 것이 좋다. 예를 들면 전에는 시도하지 못했거나 아예 생각지도 못했을 새로운 일들에 도전해 보는 것이다. 예상치 못한 사고가 나서 몸이 불편해지고, 계획했던 일을 전혀 할 수 없는 상황이라 하더라도, 다른 곳에서 출구를 찾아보기를 권한다. 힘들다고 주저앉으면 그자리가 감옥이 되어, 자기가 감옥에 갇히는 꼴이 되기 때문이다. 아니면, 강한 활동성을 필요로 하는 운동이라도 꼭 새롭게 시작해 보는 것이 좋다. 인사신 삼형은 특히 지배, 권력과 관련된 힘이다. 특수한 케이스이긴 하지만, 학생의 경우 적성을 살릴 수 있는 경시대회나, 기능대회, 토론대회, 운동대회 등 결과의 성취 여부를 떠나 남과 경쟁해서 이

겨야 하는 종목에 뛰어들어 새롭게 도전해 보는 것도 좋다.

단, 삼형이 아주 위험할 때가 있다. 예를 들면 원국에서 신금이 고립되어 있는데, 그 고립되어 있는 신금이 대세운에서 사화와 인목을 만나 삼형을 당할 때이다. 원국에서 형이 일어난 간지는, 합으로 묶인 것보다 훨씬 더 강한 작용으로 힘을 쓸 수 없다고 보면 된다. 이때는 해당 간지가 쟁충을 맞은 것처럼, 십성과 관련된 부정성이 극단적으로 커질 수 있다.

축술미 삼형 : 외부로부터 극단화되는 갈등과 구속의 기운

세운	대운		시	일	월	연
		천간				
	戊	지지		未	丑	

사례 1

세운	대운		시	일	월	연
		천간				
丑		지지			未	戌

사례 2

세운	대운		시	일	월	연
		천간				
未		지지	戌	丑		戌

사례 3

세운	대운		시	일	월	연
		천간				
戌	未	지지		丑		辰

사례 4

　사례 1에서 3 모두 대세운에서 축, 술, 미에 해당하는 간지가 와서 원국과 삼형을 이루는 경우다. 사례 4의 경우 진술축미 사형을 이루는데, 이때 역시 좋은 쪽으로든 나쁜 쪽으로든 불안전성이 아주 높아진다. 인사신은 사고나 재해로 인한 수술, 축술미는 재물, 질병, 또는 질병으로 인한 수술과 관련이 크다. 토 오행의 용신, 기구신 여부에 상관 없이, 축술미 삼형이 일어날 때는 투자한 돈이 묶이거나, 과거로부터 축적된 질환 또는 질병 때문에 고생하는 경우가 많다. 여성의 경우 암과 관련된 부인과 질환에 특히 유의하고, 건강검진을 세밀히 받는 것이 좋다.

　축술미는 고지의 작용으로 자기 기운을 제대로 펼치지 못하고 창고에 갇히는 형국이라, 인사신 보다 활용이 어려운 편이다. 하지만 잘만 쓰면 음악 영재가 방에 틀어박혀 온종일 악기를 연주하는 것처럼, 어떤 부분에 꽂혀 비상한 집중력이나 통찰력을 발휘하는 힘이 되기도 한다.

세운	대운		시주	일주	월주	연주
	*		*	+*	*	*
정관	편재		정재	본원	겁재	편재
己	丙		丁	壬	癸	丙
丑	申		未	戌	巳	辰
정관	편인		정관	편관	편재	편관
*	●			*		*
癸辛己	戊壬庚		丁乙己	辛丁戊	戊庚丙	乙癸戊

앞 원국의 명주는 진술축미 사형살이 성립되던 기축년에 열감기를 심하게 앓은 후, 부작용으로 뇌전증을 겪었다. 특히 토 오행이 기구신인데 축술미, 또는 진술축미 형까지 성립될 경우에는 재물은 물론, 건강에 특히 유의해야 한다. 이렇게 형으로 묶이면, 해당 오행과 십성의 기운 모두 부정적으로 흐르게 된다.

세운	대운
●	
상관	겁재
丙	甲
戌	申
정재	정관
	●
辛丁戊	戊壬庚

시주	일주	월주	연주
** ●	*		*
편관	본원	정재	비견
辛	乙	戊	乙
巳	丑	寅	未
상관	편재	겁재	편재
●	* ●	● ●	* ●
戊庚丙	癸辛己	戊丙甲	丁乙己

극히 드문 사례지만, 대세운으로 인해 인사신과 축술미 삼형이 모두 성립할 때가 있다. 인사신은 방향이 다른 생지들의 충돌로 활동력이 폭발적으로 강해지는 기운인데, 축술미는 고지의 작용으로 자기 기운을 제대로 펼치지 못하고 창고에 갇히는 형이라 볼 수 있다. 용희신이나 기구신을 떠나 위험성 자체가 극도로 높아지는 시기인 만큼, 안정을 도모하는 지혜가 필요하다.

형합 : 시계 제로, 안개에 갇히다

대세운에서 인사신, 또는 축술미 삼형과 합이 동시에 일어나는 경우를 형합이라 한다. 형합이 성립되면 설령 용희신 운이 들어온다 해도 예측 불가능성이 극단적으로 높아지는 만큼, 예상치 못한 사건 사고 또는 질병의 발생 가능성을 염두에 둬야 한다.

세운	대운
●	●
편재	식신
癸	辛
卯	未
편관	비견
▲● *	*
甲乙	丁乙己

시주	일주	월주	연주
●	●		
편재	본원	편관	겁재
癸	己	乙	戊
酉	亥	丑	戌
식신	정재	비견	겁재
▲			
庚辛	戊甲壬	癸辛己	辛丁戊

아버지의 명식이다. 정확히 신미대운의 미토 소운에서부터 성인 아토피 피부염이 본격적으로 시작되었다. 어렸을 때부터 종종 아토피 피부염이 발병했는데, 내 입장에서는 축술미 대운에서 발병한 질병이 암이 아니어서 무척 다행이었다. 계묘년에는 축술미 삼형과 더불어 해묘미 삼합도 일어나 형합이 성립한다. 이때 운이 부정적으로 흐를 가능성이 높아지기 때문에, 전년도에 미리 요양을 위해 풍수적으로 화 기운이 강한 지역으로 이사를 한 후 현재는 몸 회복에만 신경을 쓰고 있다. 다행히도 조금씩 회복하여 현재는 거의 완치 상태다. 참고로, 불리하고 위험도가 높은 운이 올 때는 부정적인 쪽으로 단정 짓고 가만히 있으면 안 된다. 때론 아무것도 하지 않는 게 최선의 방책이 될 수도 있지만, 방어할 수 있는 방법이 있다면 그 방법을 택해 피해를 최소화하는 전술을 구사해야 한다.

나의 사주 이야기

세운	대운
	● ○
식신	정재
戊	辛
戌	巳
식신	비견
▲	●● ○
辛丁戊	戊庚丙

시주	일주	월주	연주
정인	본원	편인	정인
乙	丙	甲	乙
未	午	申	丑
상관	겁재	편재	상관
*			*
丁乙己	丙己丁	戊壬庚	癸辛己

99	89	79	69	59	49	39	29	19	9
편인	정인	비견	겁재	식신	상관	편재	정재	편관	정관
甲	乙	丙	丁	戊	己	庚	辛	壬	癸
戌	亥	子	丑	寅	卯	辰	巳	午	未
식신	편관	정관	상관	편인	정인	식신	비견	겁재	상관
묘	절	태	양	장생	목욕	관대	건록	제왕	쇠

초명

2018년 무술년

위는 나의 사주고, 297쪽은 배우자의 사주다. 왼쪽과 오른쪽 명식의 용희신, 기구신을 각각 구해보자. 내 사주의 용희신은 금 재성, 토 식상이고, 배우자의 용희신은 목 재성, 수 식상이다. 배우자의 기구신은 금 비겁과 토 인성이 된다. 그 전까지는 관계가 너무 좋았는데, 2018년이 되면서 작은 일로도 부부간 사사건건 부딪히기 시작했다. 설상가상 각자가 잘못된 투자를 하여 저축하던 돈을 모두 잃은 후엔, 서로를 탓하기 시작했다. 이혼을 앞두고 몇 군데 사주를 봤더니 '이번은 물론이고, 앞으로도 여러 차례 이혼을 할 거다'와 같은 소리를 몇 번이나 들었다.

296

세운	대운
편인	정인
戊	己
戌	未
편인	정인
*	
辛丁戊	丁乙己

시주	일주	월주	연주
*			
편관	본원	식신	편인
丙	庚	壬	戊
戌	申	戌	辰
편인	비견	편인	편인
*	*	*	**
辛丁戊	戊壬庚	辛丁戊	乙癸戊

98	88	78	68	58	48	38	28	18	8
식신	상관	편재	정재	편관	정관	편인	정인	비견	겁재
壬	癸	甲	乙	丙	丁	戊	己	庚	辛
子	丑	寅	卯	辰	巳	午	未	申	酉
상관	정인	편재	정재	편인	편관	정관	정인	비견	겁재
사	묘	절	태	양	장생	목욕	관대	건록	제왕

배우자

2018년을 돌아보면, 나와 아내 모두에게 운이 무척 불리하게 흐르던 시기임을 쉽게 알 수 있다. 내 사주에서 2018년 무술년의 술토는 축술미 삼형을 이루고, 오술합과 대운 사화가 사주의 화기를 더욱 치솟게 만든다(형이 우선이라 오술합화는 되지 않는다). 희신이 기신이 된 것도 모자라 형으로 부정성이 더욱 커지게 된 것이다. 아내에게 무술년은 구신 대운에 구신 세운인 해였다. 만약 명리학을 미리 공부했더라면, 아내와의 관계가 나빠지는 걸 어느 정도 방어할 수 있었으리라 생각한다.

배우자와의 관계 회복

배우자는 경신일주로 토의 생조를 받아 무척 신강한 데다, 수 식신의 영향으로 금이 맑게 씻기기까지 했으니 자기 주장이 분명한 성격이다. 명리학의 기본인 오행으로만 놓고 설명을 해도, 금의 기운이 무척 강하기 때문에 공사가 확실하고, 무슨 일을 하든 맺고 끊는 게 분명하다는 것을 알 수 있다.

배우자는 육아휴직을 끝내고 2018년 직장에 복귀했다. 양가 부모님의 도움을 기대하기 힘든 상황에서 퇴근 후에도 어린아이를 돌보느라 매일 그렇게 피곤할 수 없었다. 집 청소, 설거지, 빨래 등 집안일을 번갈아가면서 했는데, 피곤함을 못 이겨 조금이라도 지체가 되면 상대방이 집안일을 열심히 하지 않는다고 서로를 비난하는 일이 잦았다.

보통은 돌아가면서 집안일을 하는데, 내가 감기 몸살이라도 걸려 설거지를 대신 해달라고 부탁하면 아내는 냉정하게 안 된다고 했다. 어쨌든 당신이 할 차례이니, 그대로 놔뒀다가 몸이 회복되면 그때 몰아서 설거지를 하면 된다고 했다. 빨래를 하면 아내의 옷도 다 개서 옷장이나 서랍에 넣어둔 나와 달리, 배우자는 내 빨래에는 손을 대지 않을 테니, 자신의 옷도 그냥 손대지 말라고 수없이 이야기했다. 나는 화 기운이 강해 대체적으로 뒤끝이 없는 편이었지만, 다툼이 잦아지면서 너무 냉정하게만 구는 배우자에게 점점 서운해지기 시작했다.

명리학을 공부해 보니, 아내의 사주상 성격이 점점 눈에 들어왔다. 게다가 한술 더 떠 아내가 어린 시절 무려 20년 이상 금 대운을 보냈다는 걸 알게 됐다. 가치관이 형성되는 중요한 시기에 금의 기질이 강하게 형성될 수밖에 없었던 것이다(아내의 경우처럼, 월주에 따라 대운이 간여지동으로 들어오는 사주가 있다. 예를 들면, 원국은 무식상이라 하더라도 10~20대 같은 성장기 때 식상운이 간여지동으로 강하게 들어왔다면, 당연히 주체의 내면에는 식상과 관련된 내용들이 견고하게 형성되었을 것이다. 특정 십성이 없어 관련된 특성이 약할 거라 판단하기 이전에, 어린 시절 대운에 따라 어떤 가치관이 강하게 형성되었는지도 함께 살펴야 한다).

그 시절 강원도에 있는 처가에 놀러 갔다가, 깜짝 놀란 적이 있다. 장모님이 건조기에서 갓 꺼낸 빨래들을 거실에 쌓아놓곤 식구들을 향해 '나와!'라고 외쳤다. 각자의 방에서 TV를 보던 장인어른과 PC게임을 하던 처남이 곧바로 거실에 나와 재빨리 본인의 빨래들을 챙겨갔다. 이외에도 여러 에피소드가 있는데, 하고 싶은 말은 배우자가 자기 일은 자기 스스로 해야 한다고 교육받으며 자라왔다는 것이다.

배우자와 나는 자라온 환경도, 가치관도, 생활 습관도 모든 면에서 달랐다. 이를 인정하자 그의 성장환경이 눈에 들어오게 되었고, 그간 내게 했던 말들도 조금씩 다시 생각해보게 되었다. 그의 입장에선, 빨래를 개는 방식도, 서랍에 넣는 방식도 모두 다르기 때문에, 내가 그의 빨래를 개어 넣어두더라도 빼서 다시 정리할 수밖에 없다고 여길 만했다.

배우자와 협의 후, 칼로 무 자르듯 모든 집안일들을 빠짐없이 기록하기로 했다. 누가 언제 설거지를 하고 빨래를 했는지, 누가 언제 쓰레기통을 비웠는지, 누가 언제 아이에게 밥을 먹였는지, 누가 언제 아이를 씻기고, 아이 옷을 빨았는지, 모든 집안일들의 리스트를 만든 후, 엑셀에 누가 언제 그 일을 했는지 횟수까지 기록하기 시작했다. 이후 놀라운 일이 일어났다. 한창 싸우던 2018년이 도무지 이해되지 않을 만큼, 배우자와 집안일로 싸우는 횟수가 놀랄 만큼 줄어들기 시작했다.

친구들은 '정 없이 부부 사이에 무슨 엑셀이냐'라고 이야기했지만, 솔직히 나로서는 부부가 싸움을 피하고 서로 원만해진 현재가 더 없이 좋기만 하다. 그리고, 정말 웃긴 이야기지만 이 일을 시작한 지 얼마 되지 않아, 자기 빨래는 자기가 하는 것이 더 편하고 당연한 일로 느껴졌다. 지금은 각방을 쓰고, 욕실도 따로 쓴다. 잠을 자는 스타일도, 시간도, 청소하는 방식도 모두 다르기 때문이다. 서로의 생활 패턴이 달라 평일에는 밥을 따로 먹는 게 당연한 상황이 되었다. 누가 뭐라 하든 서로를 원망하던 과거에서 벗어나, 연애하던 시절만큼이나 상대의 꿈을 응원해주는 관계로 나아가게 되었다.

2021년 신축년

세운	대운
●	● ○
정재	정재
辛	辛
丑	巳
상관	비견
*	■●●
癸辛己	戊庚丙

시주	일주	월주	연주
정인	본원	편인	정인
乙	丙	甲	乙
未	午	申	丑
상관	겁재	편재	상관
*			*
丁乙己	丙己丁	戊壬庚	癸辛己

　다시 내 사주를 살펴보자. 2021년 신축년은 내게 용희신 세운이었다. 대운은 기신인 사화 소운이었지만, 세운이 유리했던 만큼, 신축년에 희망적인 일들이 많이 일어나지 않을까 내심 기대가 컸다. 하지만 2020년 초부터 시작된 코로나의 영향으로 직장이 휘청이기 시작하더니, 2021년에는 상황이 더욱 나빠지기 시작했다. 급여는 삭감되고, 어쩔 수 없이 무급휴직까지 쓰게 됐다. 분명 식상생재되는 용희신 세운임에도 회사가 어려워지자, 경제적인 고민이 커져만 갔다.

　'용희신 운인데 왜 아무런 일도 안 일어나지?'라며 투덜거리던 어느 날, 별 생각없이 틀어놓은 방송에서 스승 강헌 선생이 이런 말씀을 했다.

　"용희신 운이면 뭐하나요, 내가 아무것도 안 하는데! 여러분, 감나무 밑에서 입 벌리고 있는다고 감이 떨어집니까? 용희신 세운도 내가 써야 되는 거예요!"

　'아, 그래! 바로 이거야!' 나는 뭔가 깨달은 듯 신축년 하반기에 '초코명리'라는 이름의 유튜브 채널을 개설했다. 그러고는 그간 공부하면서 쌓아온 명리학 지식을 바탕으로 명리 강의 영상을 하나씩 올리기 시작했다.

　한 달쯤 지나 우연찮게 고등학교 동창인 친구로부터 유튜브 잘 봤다고 연락이 왔다. 크게 사업을 하던 친구가 고민이 크다고 해, 무료로 사주를 봐줬다. 진심으로 잘 되었으면 하는 마음에 그저 공부하던 대로 이야기를 해줬을 뿐인데, 얼마 전 자기 사주를 봤던 역술가보다 내가 더 낫다며 꽤 큰 돈을 상담비로 쥐여줬다. 당시에는 유료로 상담을 하기 전이라, 돈을 받을 수는 없다고 했는데 친구는 이 참에 상담가로 나서보라고 진지하게 권하며 주변에 사업하는 사람들을 줄줄이 데리고 왔다. 유튜브 역시 조금씩 알려지며, 유료 상담을 시작하게 되었다. 회사는 여전히 어려웠지만, 회사가 안정적일 때 받던 월급보다 훨씬 많은 돈을 벌게 되면서 경제적인 상황도 조금씩 호전되었다.

내 사주 신사대운의 2021년 신축년을 다시 한 번 살펴보자. 대세운에서 사유축 천간삼합이 일어난다. 이 때문에 대운의 사화가 금으로 바뀌지는 않지만 적어도 삼합으로 묶여 기신으로서의 부정적인 역할은 더 이상 하지 못하게 된다. 지금 와서는 신축년 초에 유튜브를 일찍 시작했다면 더 좋았을 것 같다는 아쉬움이 든다. 하지만 강헌 선생 덕분에 내게 주어진 최고의 기회를 놓치지 않고, 행동으로 유리한 운을 내 것으로 만들어내어 다행이라고도 생각한다. 전에는 생각없이 감나무 밑에서 입만 벌리고 있었는데, 어쨌든 감 하나가 내 입 속에 떨어진 게 분명했다. 중요한 건 눈에 보이지 않는 하늘의 감들을 향해 내가 장대를 휘저었다는 것이다. 놀랍게도 내 삶은 이때를 기점으로 조금씩 바뀌기 시작했다.

2022년 임인년

운이 주어지더라도 그걸 쓰는 건 결국 나의 몫이라는 걸 깨닫게 된 후, 나는 조금 더 적극적인 자세로 살아가기로 했다. 내 사주에서 용희신이 식상과 재성이라는 것은, 식상 또는 재성과 관련된 활동들을 통해 내게 주어진 운을 더욱 유리하게 끌고갈 수 있다는 것을 의미한다. 식상과 재성을 식상생재라고도 하는데, 보통 재화 활동을 뜻한다. 하지만 식상생재는 재화 활동 이전에 넓은 사회적 관계를 의미하기도 한다.

나는 사회적 관계망을 더 넓히기 위해 명리학 단톡방에 들어가기로 했다. 그간 공부한 것들을 정리해서 공유하기도 하고, 다른 사람의 질문에도 열심히 답변하며 다양한 사람들과 교류의 폭을 넓혀 나가던 어느 날, 익명으로 활동하던 내게 메시지가 날아왔다.

'혹시 초코명리 님이신가요?'

마침 사는 지역도 같아 며칠 후 카페에서 만난 그 분이 블로그 '안녕, 사주명리'의 운영자이자 학문적 동료인 현묘이다. 서로의 사주를 명함처럼 교환하자마자 목, 화가 많은 나와 금, 수가 많은 현묘는 서로가 서로에게 용희신인 관계라는 걸 알았다.

명리학자 현묘와 명리에 대한 격의 없는 토론을 주고받으며 귀한 인연에 감사하던 때에, 뜬금없지만 강헌 선생을 만나뵙고 싶다는 생각을 했다. 현묘 역시 나처럼 강헌 선생의 책으로 명리에 입문한 터라, 블로그를 통해 종종 철공소에서 이루어지는 강헌 선생의 강의 소식을 정기적으로 홍보하고 있었다. 나 역시 강헌 선생을 어떤 방식으로든 돕고 싶기도 했고, 사이버 제자(?)로서 온라인 강의를 통해서만 선생을 뵙던 터라 나에 대한 짧은 소개를 담아 선생께 편지를 써보냈다.

당시 선생께서는 경기문화재단 대표로 공무에 한창 바쁘던 때라, 실은 뵐 수 있을 거라 생각을 전혀 못하고 있었는데 편지를 보내자마자 다음 날 연락이 왔다. 출장이 있어 지역에 내려가는데, 저녁에 시간이되면 한 번 만나자고. 그럼에도 불구하고, 운이 우호적으로 흐를 때에는 되든 안 되든 식상이나 재성과 관련된 활동을 하는 게 명리학적으로 내가 할 수 있는 최선의 선택이었다. 스승을 처음 만나 뵌 그때가 바로, 신사세운이 끝나갈 무렵이었다.

세운	대운
*	*●*○
편관	정재
壬	辛
寅	巳
편인	비견
▲*	■●○
戊丙甲	戊庚丙

시주	일주	월주	연주
정인	본원	편인	정인
乙	丙	甲	乙
未	午	申	丑
상관	겁재	편재	상관
*			*
丁乙己	丙己丁	戊壬庚	癸辛己

도반들 사이에서 유튜브 채널이 알려지기 시작하고, 상담 신청 메일이 조금씩 쌓여가는 걸 보며, 주어진 운을 어떻게 써야 하는지 조금은 알게 될 것도 같았다. 임인년에는 임수 편관과 인목 편인이 들어온다. 임수 편관은 명예, 세력, 브랜드, 간판, 임시직 임명, 승진, 수상(受賞) 등을 상징하기에, 관련된 일을 적극적으로 해보기로 했다.

• 시도 1. 광고 영화제 수상

일단 회사 후배와 백수인 친구를 꼬드겨서, 한 광고 영화제에 작품을 내보기로 했다. 사실 우연히 인터넷 검색을 하다가 영화제 소식을 알게 됐는데, 유튜브 영상 정도를 겨우 편집하는 실력이었지만 왠지 작품을 내면 수상할 수 있을 것만 같았다.

임인년에 임수 편관과 인목 편인이 들어온다는 것은, 편관이나 편인과 관련한 환경이 조금 더 수월하게 조성된다는 뜻이기도 했다. 결국 편관과 편인에 관련된 일들을 새로 시작하기에도 도움이 되는 데다, 병화 일간인 나에게 임수 편관은 힘들더라도 긍정적으로 작용할 여지가 컸다. 내 사주에서 월지인 신금의 중기가 임수다. 그 임수가 세운에서 오니, 임수의 힘은 결코 약하지 않다. 시나리오를 쓰고, 각본에 맞게 연출을 하며 며칠 만에 두 편의 영상을 찍었다. 결국, 난 그 작품으로 인기상을 받게 됐다. 영상으로 상을 받기는 생전 처음이었다.

당시 함께 영화를 찍은 회사 후배와 친구는 내가 의도하진 않았만, 명리학적으로 서로가 용희신인 관계였다. 운의 도움도 컸지만, 관계적으로 서로에게 부족한 기운을 복돋아 줄 수 있는 사람들과 하나의 목표를 향해 뭉치니, 업무적으로도 큰 시너지가 났다고 생각한다.

• 시도 2. 강헌 선생 강연의 임원 활동

2022년 임인년에는 강헌 선생의 명리학 심화 수업을 듣게 되었는데, 갑작스럽게 선생께서 내게 임원을 맡아보라 했다. 처음에는 부담이 되었지만, 편관에 리더나 우두머리라는 뜻이 있는 만큼 임인년에 편관과 관련된 환경이 자연스럽게 조성될 수도 있겠다는 생각이 들어 한 번 해보기로 했다. 사람들에게 연락하여 수업 이외에도 몇 번의 MT를 주최하게 됐는데, 회계적인 부분도 투명하게 하고, 프로그램도 알차게 구성하다 보니 참석한 사람들의 호응이 컸다. 당시 강헌 선생은 명리 애플리케이션은 물론 다양한 사업을 구상 중이었는데, 사람들 사이에서 내가 일을 잘한다는 이야기가 오고가자 자연스럽게 이런저런 사업에 참여할 기회를 얻게 되었다. 당시 다니던 회사가 여전히 어려운 상태라 경제적인 불안감이 컸는데, 회의에 참석하거나 자문을 할 때마다 결코 적지 않은 비용을 수고비로 받게 되어 큰 도움이 됐다.

편관은 더 넓게 보면, 사람들로부터 인정을 받고, 사회적인 성취를 이룰 수 있는 기운이 되기도 한다. 병화가 임수를 만나 병임충을 이루는 상황을 고전에서는 무척 긍정적으로 여겼는데, 과정은 힘들었지만 결국 내가 맡은 일을 책임감 있게 끝내니 사람들의 인정 속에서 여러 우호적인 환경이 펼쳐진 게 아닌가 싶다.

당시 오프라인 모임에서 교류하던 제자 중에는 현업에서 상담가로 활동하던 분은 물론, 명리학뿐 아니라 동양철학의 테두리 안에서 한의학이나 기수련을 오래 한 분들도 많이 있었다. 이전보다 훨씬 더 넓은 공간에서 이분들과 교류하며, 크게 성장해 나갈 수 있어 감사하다는 생각을 했다.

• 시도 3. 방송출연

임인년에 온 천간 임수는 내 원국 월지 신금에 뿌리를 내려 그리 약하지 않다. 신중 임수가 세운에서 투출하여 일간인 병화와 충하는 양상으로, (조금 피곤하긴 하지만)병화를 긍정적으로 활성화시키는 작용을 하기도 한다. 병화는 방송, 미디어 등 시각적인 요소와 인연이 깊으며, 특히 병화가 활성화될 때 남 앞에 나서는 환경이 자연스럽게 조성될 수도 있음을 암시한다.

임인년 중순, tvN 제작진으로부터 사주명리를 주제로 대규모의 방송 프로그램을 제작할 예정이니 자문을 해달라는 연락을 받았다. 당시 내 유튜브 구독자는 몇 명 되지 않았고, 무엇보다 명리학계에 유명한 분들이 많아 내게까지 그런 연락이 올 거라곤 전혀 생각을 못하고 있었다. 다른 명리학 선생들과 달리, 당시 나는 회사원 신분이라 방송 출연에 대한 부담이 무척 컸다. 일단, 임인년에 조성되는 환경적 흐름에 몸을 맡기고 출연해보기로 했다. 이 방송은 2023년 계묘년 초 'MBTI VS 사주명리'라는 이름으로 방영되었고, 여기저기에서 크게 회자되었다.

• 시도 4. 개인 소송

임인년 초에 중고거래사이트에서 뜻하지 않게 소액 사기를 두 번이나 당했다. 금액으로 따지면 두 건을 모두 합쳐도 10만 원대의 금액밖에 되지 않았지만, 나홀로 소송에 도전해보기로 했다. 임인년이 나의 월지 신금과 대운에서의 사화, 세운의 인목이 만나 인사신 삼형을 이루는 해였기 때문이다. 삼형은 내가 남을 지배하거나, 반대로 남에게 지배당할 수도 있는 강력한 기운을 암시한다.

결국 나는 임인년에 법조인의 조력 없이 유튜브와 블로그를 통해 찾아낸 정보만으로 개인 소송을 걸어, 두 사람의 사기꾼 모두에게 각각 영치금을 받아냈다. 두 번째 민사소송에서는 기왕의 경험을 바탕으로, 판사에게 화해권고를 요청한 후 내가 사기 당한 금액보다 더 큰 금액을 변상받을 수 있도록 합의를 이끌어냈다. 후에 이 경험은 가족이 인테리어 사기를 당했을 때, 변호사 조력없이 소송을 도와 승소를 이끌어내는 바탕이 되었다.

22년 12월 말, 다니던 회사에서 인사가 났다. 2~3년에 한 번씩은 전

직원이 빠짐없이 부서 이동을 하던 회사에서, 나만 언론 홍보와 미디어 관련 업무를 10년째 담당하던 상황이었다. 갑자기 새로운 부서로 발령을 받게 되었는데, 그 부서에서 맡을 업무에 대한 부담이 컸다. 부서 이동을 한다면 밤에도 출근해야 했기 때문에, 아이 양육에 지장이 생길 것 같았기 때문이다.

안 그래도 23년 계묘년 11월 중순 즈음부터 내 인생에서 가장 우호적인 경진대운이 강하게 들어오기에, 새로운 일을 하려면 23년 계묘년에는 회사를 그만둬야겠다고 생각하고 있었다. 문제는 회사의 인사가 이루어진 시기가 인사신 삼형이 끝나지 않은 임인년의 막바지였다는 것이다(2023년 계묘년의 입춘 시작일이 2월 4일이기 때문에, 23년 2월 3일까지는 임인년으로 봐야 한다). 일지에 인사신 간지 중 하나가 있고 대세운에 나머지 간지들이 와서 삼형을 이루는 것과, 월지에서 인사신 삼형을 이루는 건 양상이 조금 다르다. 나처럼 월지에서 인사신이 성립되면, 표면화되지 않고 누구도 알지 못하지만 내면의 스트레스나 고민으로 인한 특정 사건이 내 발목을 붙잡을 수 있다. 왠지 계속 회사에 있다가는 퇴사 타이밍을 놓치게 되어, 가정은 물론, 내가 하고 있던 명리 공부나 사업들에 신경을 쓰지 못할까 염려가 됐다. 결국 난 임인년 막바지인 23년 1월 말 퇴사를 한 후, 앞으로의 일을 준비하기로 했다.

- 2023년 계묘년

세운	대운		시주	일주	월주	연주
	● ●					
정관	편재		정인	본원	편인	정인
癸	庚		乙	丙	甲	乙
卯	辰		未	午	申	丑
정인	식신		상관	겁재	편재	상관
			*			*
甲乙	乙癸戊		丁乙己	丙己丁	戊壬庚	癸辛己

23년 계묘년은 정관, 정인으로 관인상생이 되는 해였다. 직장생활을 하던 것에 비하면 경제적 안정감은 떨어질 수 있겠지만, 꾸준히 한 가지 일에 매진하기 좋은 해라 생각했다.

퇴사를 하자마자, 평소 눈여겨봤던 출판사와 논의하여 하반기를 목표로 출간 계약을 했다. 때마침 그간 자문하고 출연했던 tvN의 'MBTI VS 사주명리' 프로그램이 방영된 후, 지역에서 방송과 강연 요청도 조금씩 늘어갔다.

명리학자로 살아가야겠다 마음먹으면서, 내 원국의 강한 상관의 힘을 적극 활용하기로 했다. 고전에서는 관을 깬다는 부정적인 틀을 덧씌웠지만, 현대 사회에서 상관은 남과 비교되는 독창성의 도구가 되기도 한다. 상관을 활용하여 시중에 있는 다른 명리책들과 차별화되는 책을 쓰고 싶었고, '명리영역 기출문제'가 담긴 이 책을 기획했다. 기존 유튜브 채널에는 서울대학의 명리학과(?)를 나온 일타강사 콘셉트로 콩트식 명리 영상도 함께 올렸다.

'안녕, 사주명리'의 명리학자 현묘가 때마침 23년 계묘년부터 명리 플랫폼 '철공소'에서 첫 명리 강의를 시작했다. 난 그간 회사에서 쌓은 업력을 활용하여, 수업을 홍보하거나 강의를 온라인으로 송출하는 일들을 옆에서 도왔다. 감사하게도 강헌 선생과 현묘의 배려로, 온전히 집필에만 집중하고, 명리를 연구할 수 있는 사무실을 편하게 얻어쓸 수 있었다. 정리하면 내게 23년 계묘년은 경제적인 소득은 없었지만, 책을 집필하는 동안 퇴직금을 크게 까먹지 않고도 안정적인 미래를 준비할 수 있는 해였다.*

---

* 현재는 이 책의 원고를 집필했던 23년 계묘년을 지나, 본인이 마음 먹었던 대로 24년 갑진년 초부터 명리플랫폼 철공소에서 대중 강의를 시작하게 됐다. 저자의 이후 계획이 궁금한 분들은 269쪽 '나의 사주 이야기'를 다시 한 번 참고하기 바란다.

명리영역 기출문제

1. 다음 중 대운에서 일간과 충하는 간지가 들어올 때, 일간의 안정
   성이 조금이라도 더 높은 사주를 고르면?(단, 대운의 지지는 고
   려하지 않기로 한다) (난이도 하)

시주	일주	월주	연주
	●		
편재	본원	정관	상관
辛	丁	壬	戊
亥	亥	戌	戌
정관	정관	상관	상관
	●		
戊甲壬	戊甲壬	辛丁戊	辛丁戊

①

시주	일주	월주	연주
	●		
편재	본원	편재	상관
辛	丁	辛	戊
亥	亥	酉	申
정관	정관	편재	정재
	●		
戊甲壬	戊甲壬	庚辛	戊壬庚

②

2. 다음 중 원국과의 합충 작용은 전혀 고려하지 않고 대운만 따로
   살필 경우, 화 기신의 부정성이 가장 커지거나, 가장 떨어지는
   대운을 알맞게 고른 것은? (난이도 하)

❶ 병자대운　　❷ 병술대운　　❸ 정미대운
❹ 신사대운　　❺ 경오대운

부정성이 가장 커지는 대운 / 부정성이 가장 떨어지는 대운

①	❷	/	❶
②	❸	/	❶
③	❸	/	❷
④	❹	/	❶
⑤	❹	/	❷

3. 대세운에서 천간삼합이 일어나지 않는 보기를 고르면? (난이도 중)

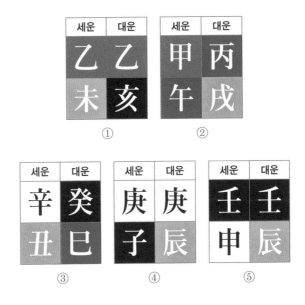

4. 다음 명식과 관련된 대화 중 적절하지 않은 것을 고르면? (난이도 중)

96	86	76	66	56	46	36	26	16	6
상관	식신	정재	편재	정관	편관	정인	편인	겁재	비견
戊	己	庚	辛	壬	癸	甲	乙	丙	丁
寅	卯	辰	巳	午	未	申	酉	戌	亥
정인	편인	상관	겁재	비견	식신	정재	편재	상관	정관
사	병	쇠	제왕	건록	관대	목욕	장생	양	태

① 찬영: "이 명식은 일간이 지지에 뿌리가 없어서 극신약해. 일간
을 최우선적으로 지켜야 하기 때문에 화 비겁을 용신으로 쓰는
게 좋을 것 같아."

② 진미: "화 비겁 중에서도 병화는 병신합화하여 수로 바뀌니, 때
에 따라 병화는 용신의 역할을 하기 어려울 것 같아."

③ 영우: "16세 때 찾아오는 병술대운의 병화는 신금 때문에 수로
기반이 돼. 이때 병화는 화 오행의 성격을 잃고, 수 관성으로만
작용할 거야."

④ 장현: "용신인 화가 기신인 수로 바뀌는 걸 기반이라고 해. 기반
이 일어나는 병술대운은 정말 최악의 대운이라 할 수 있어."

⑤ 정화: "병술대운의 천간 병화가 수로 바뀐 상황에서, 지지 술토
가 절각을 하지 않아? 한신 술토가 기신인 수를 파묻어버리기 때
문에 기신의 폐해가 덜할 거 같은데?"

5. 다음 명식과 관련된 대화 중 적절하지 않은 것을 고르면? (난이
   도 하)

시주	일주	월주	연주
상관	본원	겁재	편인
庚	己	戊	丁
午	巳	申	未
편인	정인	상관	비견
戊壬庚	庚辛	丙己丁	戊丙甲

92	82	72	62	52	42	32	22	12	2
겁재	편인	정인	편관	정관	편재	정재	식신	상관	비견
戊	丁	丙	乙	甲	癸	壬	辛	庚	己
午	巳	辰	卯	寅	丑	子	亥	戌	酉
편인	정인	겁재	편관	정관	비견	편재	정재	겁재	식신
건록	제왕	쇠	병	사	묘	절	태	양	장생

① 윤주: "전체적으로 토와 화의 기운이 강한 신강한 사주라 할 수
   있어. 따라서 용희신으로 수 재성과 금 식상을 써야 해."

② 우현: "월지에 있는 신금이 시간 경금으로 투간한 건, 희신이 그
   만큼 힘이 있다는 이야기잖아? 일간의 옆, 즉 시간이나 월간에
   용희신이 힘을 갖추고 있으면 그와 관련된 기운을 일생에 걸쳐
   유력하게 쓸 수 있어."

③ 찬아: "월지에 있는 신금이 일지 사화와 사신합으로 묶여 있네.
   이렇게 합으로 묶여 있는 간지는 오행이나 십성의 기운을 잘 드
   러내지 못할 가능성이 있어."

④ 루민: "무슨 소리야? 합이 되면 뭉쳐서 더욱 강력해지고, 충이

되면 서로 싸우느라 힘이 떨어지기 때문에 고전에서도 합은 반기고 충은 꺼려했던 거잖아. 사신합의 방향은 수인데, 금 오행은 다른 오행과 달리 수를 만나면 맑게 씻겨 빛난다고 했어. 신금이 사화와 묶이는 건 반가운 일이야."

⑤ 호수: "신해대운이 오면 지지에서 사해충이 일어나네. 이때 합으로 묶여 있던 신금이 풀려서 자기 기운을 더욱 강력하게 드러낼 수 있게 되지 않을까? 게다가 용신인 해수가 희신을 자유롭게 풀어주니 정말 유력한 대운이 될 것 같아."

풀이 노트

1. ①은 일간 정화가 월간과 합이 되어 있고, 연지, 월지의 술중 정화에 뿌리를 내리고 있다. ②는 일지와 암합 관계이긴 하지만, 지지에 전혀 뿌리내리지 못해 위태로운 상황이다. 하지만 ①이나 ② 모두 일간 정화의 힘이 약해 무척이나 신약한 사주가 되었다. 이때 대운이나 세운에서 모두 계수가 들어와 이 대 일로 정화와 충하는 것은 위험할 수 있다. 《적천수》에서는 정신적인 영역인 천간의 충은 반기고, 현실 영역인 지지의 합은 꺼린다는 말이 있다. 하지만 ①과 같이 극신약한 경우에 한해, 예외가 될 수 있다. 합이 되어 안정적인 상황에선, 충이 일어나도 어느 정도 방어가 되기 때문이다. ① 같은 사주에서 계수가 들어와 충을 할 경우, 오히려 천간의 합이 풀려 일간이 자유롭게 된다. 계수가 이 대 일로 들어온다 하더라도, 당연히 ②의 사주보다 이미 천간 합이 되어 있는 ①이 훨씬 더 안정적이라 할 수 있다. 따라서 정답은 ①번이 된다.

2. 절각이나 개두에 관한 문제다. 대운의 천간이 지지를 극하는 걸 개두, 지지가 천간을 극하는 걸 절각이라 한다. 용신이 절각이나 개두를 당할 때 힘이 꺾이듯, 기신 역시 마찬가지다. 정미대

운은 정화 기준으로 미토가 식신에 해당되지만, 간여지동급 일주라 할 만큼 정미는 천간 정화가 미토의 열기에 의해 강하게 힘을 얻는다. 병자대운은 천간 병화가 지지 자수에 의해 극을 받아 제어당하는 형국이다. 따라서 정답은 ②번이 된다.

병화와 자수는 물상적으로 작용하는 위치가 달라 병화가 자수로부터 극을 당하지 않는다고 하는 견해도 있는데, 동의하기 어렵다. 자수의 지장간은 병화를 잘 괴롭히는 계수와, 병화와 충을 하는 임수로 이루어져 있기 때문이다. 병술일주는 병화가 술토 위에서 입묘되기 때문에, 외화내허가 가장 큰 특징이라 할 만큼 병화의 기운이 잘 드러나지 않을 때가 있다. 그렇다고 하여 병화가 직접적으로 자신을 극하는 자수보다 술토에게 더 큰 힘을 빼앗긴다고 보기는 힘들다. 3권 심화편에서 자세히 다루겠지만, 십이운성상 병화는 자수 위에서 태지, 술토 위에서 묘지에 놓인다. 천간이 양간인 경우, 묘지 보다 태지에서의 에너지 준위가 더 낮다.

3. ①번은 해묘미, ②번은 인오술, ③번은 사유축, ④번은 신자진 천간삼합이 성립한다. 정답은 ⑤번으로, 얼핏 신자진 천간 삼합이 성립할 것처럼 보이나 그렇지 않다. 천간에 있는 임수들이 자수의 역할을 할 수는 없다. 자수는 천간의 계수와 임수가 지장간으로 구성된 간지인데, ⑤번의 천간에는 계수가 없기 때문이다.

4. 정답은 ④번이다. 병술대운에서 천간 병화가 신금과 합을 하여 수로 기반한다. 하지만 한신인 술토가 지지에서 천간을 극하여 기신의 부정성을 크게 떨어트린다. 이렇게 절각이 일어나면 기신의 경우 부정성이, 용신의 경우 긍정성이 크게 줄어든다.

5. 정답은 ④번이다. 대체적으로 합으로 묶이면 해당 간지의 오행이나 십성의 기운이 잘 드러나지 않게 되는데, 이 명식은 월지 신금의 정기 경금이 시간에 투간하여 유력해졌다. 대신, 대세운

의 지지에서 사화가 들어오면 사해충의 작용으로 원국의 사신합
이 풀린다. 이때 월지 신금은 더욱 강력하게 자기 존재를 드러내
게 된다.

원국의 중요한 기운이 합으로 묶여 있을 때는 충으로 이를 풀어주
는 것이 반갑다. 반대로 용신이 충으로 공격당해 손상당할 위험
이 생길 경우, 합으로 묶어 보호해주는 것을 반긴다. 합과 충은
원국과 대세운의 양상에 따라 해석이 얼마든지 달라질 수 있기 때
문에, 합은 무조건 좋고 충은 나쁘다는 선입견을 버려야 한다.

오행과 건강의 관계를
해석하는 방법

命理
武器

4
장

우주의 기운과 내 몸의 상관관계

의학이 발달하지 못한 옛날에는 많은 아기들이 병으로 인해 채 100일을 넘기지 못하고 죽는 경우가 허다했다. 환갑잔치가 마을의 경사로 여겨질 만큼, 성인이 된 후의 평균 수명 또한 무척이나 짧았다. 이런 시대적 분위기 속에서 과거의 명리학은 어쩔 수 없이 단명이나 장수의 여부에 관심을 둘 수밖에 없었다.

현대의 명리학은 한의학과 결합한 의명학'醫命學'이라는 새로운 분야를 통해, 음양오행의 원리를 바탕으로 인간의 신체에 대한 이해의 지평을 조금씩 넓혀 나가는 중이다. 과거와는 달리 특히 신체적인 요소뿐 아니라, 음식, 생태 환경, 심리, 정신적인 분야에 있어서도 활발한 연구가 진행 중이다. 의명학이 모든 것을 밝혀낼 순 없겠지만, 질병의 예방과 개선 차원에서 앞으로도 할 일이 많다고 본다.

적어도 질병으로 인해 생명을 잃을 위험이 과거보다 급격히 줄어든 현대에는, 은퇴 이후의 삶과 노후 때문에라도 어떻게 하면 지속적으로 건강한 삶을 유지할 수 있는지에 대한 관심이 커지고 있다. 사주를 내가 태어난 순간 내 몸에 깃든 우주의 기운을 나타낸 기호로 본다면, 내 정신과 몸을 이루고 있는 기운들을 조화롭게 운용하는 것이 무엇보다 중요해진다. 우선 음양오행의 관점에서 명리학이 오행과 신체, 환경, 음식을 어떻게 연관 짓고 있는지 중요한 것만 살펴보자. 이를 통해 정신과 육체의 균형을 유지하고, 건강상 위험이 따르는 때에 가장 효율적으로 방어할 수 있는 전략에 대해 알 수 있을 것이다.

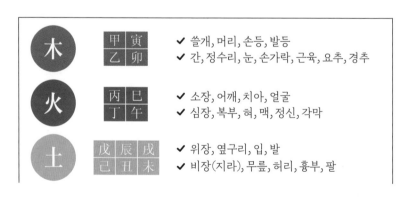

木	甲 寅 乙 卯	✔ 쓸개, 머리, 손등, 발등 ✔ 간, 정수리, 눈, 손가락, 근육, 요추, 경추
火	丙 巳 丁 午	✔ 소장, 어깨, 치아, 얼굴 ✔ 심장, 복부, 혀, 맥, 정신, 각막
土	戊 辰 戊 己 丑 未	✔ 위장, 옆구리, 입, 발 ✔ 비장(지라), 무릎, 허리, 흉부, 팔

		✔ 대장, 배꼽, 털, 허벅지
庚 | 申 辛 | 酉		✔ 폐, 다리, 피부, 유방, 기관지, 코

		✔ 방광, 종아리, 머리카락
壬 | 亥 癸 | 子		✔ 신장, 생식기, 뼈, 귀

간지	신체 부위	증상
甲 寅 乙 卯	간/쓸개, 팔, 다리(사지), 눈(시신경), 머리/뇌, 손발톱, 신경계, 요추, 경추, 근육	간담계 질환, 만성피로, 신경통, 두통, 근육통, 수족장애, 신경쇠약, 불면증, 이노증(분노조절장애)

명리학에서는 음목인 을목과 묘목은 간, 양목인 갑목과 인목은 담과 관련이 크다고 본다. 하지만 임상에 비추어 보면 원국에 있는 목 오행이 고립될 때, 원국에 있는 목 오행이 대세운에서 쟁충이 되어 공격당할 때, 운에서 목 오행이 과다하게 들어올 때, 원국에는 없는 목 오행이 대세운에서 충하여 깨질 때, 전체적으로 목과 관련된 건강상 문제가 두드러진다. 즉, 원국이 가진 오행의 균형이 무너질 때 문제가 발생하는 것이다.

덧붙이면, 상담 시 목 오행과 관련된 건강 문제는 신체부위를 굳이 음목과 양목으로 세세하게 구분하기 어렵기 때문에, 모두 동일하게 해석해도 무방하다. 이는 다른 오행에 있어서도 마찬가지다.

오행과 관련한 건강 부분에서는 첫째, 오행의 기본적인 상생상극 관계와 둘째, 조후적인 부분을 더욱 세심히 살펴야 한다. 원국에 있는 목 오행이 과다해지면 목극토의 작용 때문에 토 오행이 공격받게 된다. 중용을 상징하는 토는 신체 부위 중 위장을 관장한다. 따라서 목이 지나치면 토가 공격을 받으니 소화불량에 걸리기 쉽다. 하지만 반대로 금 오행이 목 오행을 극하여 목의 과다를 막거나, 목과 토 사이에 화 오행이 있어 둘 사이를 중재한다면 토 오행이 공격받는 일은 잘 일어나지 않게 될 것이다.

또는 원국에서 수 오행은 아주 과다한데 목 오행은 미약할 경우, 물을 너무 많이 주다 나무가 썩어버리는 것처럼 수생목의 긍정적인 작용을 기대하기 어렵게 된다. 원국에서 목은 너무 과다한데 수가 미약할 경우, 목이 수를 강하게 설기하니 수와 관련된 문제인 불면증, 우울증에 노출되기 쉽다.

만약 해자축월의 갑목이나 을목이 해자축시에 태어났다면, 사주에 수 기운이 넘칠 가능성이 높아지게 된다. 조후로만 판단할 때는 일간을 따뜻하게 데워줄 병화가 필요한 상황이다. 고서에서는 '수목응결(水木凝結)'이라 하여 자율신경계 이상으로, 수족장애가 발생할 가능성이 높다고 봤다. 현대의학이 발달하여 방어가 가능한 시대지만, 수의 과다로 인해 우울증, 신경쇠약, 이노증 같은 정신계통 질환으로 발현될 가능성이 높은 만큼 어렸을 때부터 세심한 주의가 필요하다. 원국에 수가 과다할 경우에는, 수의 기운을 가장 잘 설기시키는 인목이 큰 도움이 된다.

간지	신체 부위	증상
丙 巳 丁 午	심장, 소장, 심혈관, 눈(각막), 혀, 이마, 어깨, 턱	심장질환, 고혈압(심혈관질환), 가슴 두근거림, 심신불안, 조증

화 오행은 심장, 심혈관 질환과 관련이 큰 만큼, 건강상 다른 오행보다 수명과 직결되어 있다. 목이 시력을 관장한다면, 화는 각막과 시각적인 부분과 관련되어 있다. 화가 과다하거나 고립되어 있을 때 역시 눈과 관련된 문제가 생길 수 있다. 화가 과다한 경우 목 오행이 지나치게 설기당할 수 있는 만큼, 역시 오행의 상생상극 관계를 잘 살펴야 한다. 화가 강해 조후적으로 뜨거울 경우, 정신적인 부분을 관장하는 수 기운이 메말라 조증이나 우울증에 걸리기 쉽다. 더불어 원국에 화 기운이 과다한데 금 기운이 약한 사람은 양악수술이 위험할 수 있으니 주의해야 한다.

土

간지	신체 부위	증상
戊 己 辰 戌 丑 未	비장, 위장, 살/지방, 가슴, 허리, 유방, 옆구리, 배, 췌장, 피부	비 / 위장 질환, 식욕부진, 소화불량, 위산과다, 구토, 장 팽창, 장내 가스, 당뇨, 결석, 피부감염

　토의 고립, 과다, 불급 시 가장 두드러지는 건강 문제는 소화계 질환이다. 토는 맛으로는 단맛에 해당되는 만큼 당뇨나 결석과도 관련이 크다. 토는 안정성을 뜻하는데, 토가 과다할 경우 부정성이 커져 정서적으로 권태를 느끼기 쉽다. 참고로 기토는 상관이 없지만, 일간이 무토인 경우 꼭 알아두어야 할 것이 있다. 바로, 원국에 없는 오행과 관련된 건강 문제가 생길 가능성이 다른 천간에 비해 아주 높다는 것이다. 무토가 조후적으로 문제가 생기거나 공격받을 때 인체의 면역계통과 관련된 부분이 취약해질 수 있다. 덧붙이면 원국에 진토(辰)가 병존된 사람은 평상시 아토피나 피부감염과 같은 질환에 유의하는 것이 좋다. 같은 피부질환이라 하더라도 습토는 지루성(여드름), 조토는 건선(당뇨)와 관련이 깊다.

金

간지	신체 부위	증상
庚 辛 申 酉	폐, 대장, 항문, 뼈, 골격, 이비인후계 통, 치아, 골수	폐 / 기관지 등 호흡계통 질환, 변비, 치질 등 대장 질환, 골수 계통 질환, 신경계 질환

　금은 호흡계통, 뼈, 대장, 항문 질환과 관련되어 있다. 금 기운이 약하면 치아도 약할 가능성이 높다. 원국에 화가 강해 금이 쉽게 공격받는 구조라면 평소 흡연이나 술을 삼가는 것이 좋다. 흡연이나 술 모두 화 오행과 관련되어 있는 만큼, 화 기운을 키워 금과 관련된 건강 문제

를 스스로가 자초하는 꼴이 된다.

간지	신체 부위	증상
壬 癸 子 亥	폐, 대장, 항문, 뼈, 골격, 이비인후계통, 치아, 골수	폐, 기관지 등 호흡계통 질환, 변비, 치질 등 대장 질환, 골수계통 질환, 신경계 질환

　현대에는 수와 관련된 우울증, 조울증, 공황장애 같은 정신과 질환이 더욱 증가하는 추세다. 과거와는 달리 미디어 사용 시간 증가, 출산 시 오후 시간대의 제왕절개 증가, 수면의 부족과 같은 복합적인 원인으로 인해 화 기운은 넘쳐나고 수 기운은 더욱 부족해지고 있기 때문이다. 아무래도 수의 고립이나 태과(太過), 불급 시 건강에 가장 치명적인 신장질환이 발생할 가능성이 높기 때문에 유의해야 한다. 스트레스로 인한 탈모 증상 역시 수와 관련이 크다.

사례로 보는 기운과 질병의 관계

① 고립된 기운은 채워줘야 한다

원국에서 고립된 오행을 충하거나 극하는 오행이 대세운으로 들어올 때 해당 오행과 관련된 부분에 문제가 발생할 가능성이 높아진다. 특히 고립된 오행이 일간인 경우에는 더욱 주의해야 한다. 일간이 지지에 뿌리가 없거나, 천간에서도 자기를 도와주는 세력이 없을 때가 그렇다. 만약 이때 건강상 문제가 생겼다면, 자신에게 필요한 오행을 갖춘 특수관계인의 조력을 구하거나, 해당 오행의 기운이 강한 지역으로 이사하는 것도 도움이 된다. 일간뿐 아니라 일지가 쟁충되거나, 일간과 일지, 즉 일주가 대세운과 동시에 충할 때도 위험도가 높아진다.

세운	대운
*	
편재	상관
丁	甲
酉	午
편인	편재
庚辛	丙己丁

시주	일주	월주	연주
		*	
정관	본원	편재	편인
戊	癸	丁	辛
午	卯	酉	未
편재	식신	편인	편관
	*		
丙己丁	甲乙	庚辛	丁乙己

97	87	77	67	57	47	37	27	17	7
편재	정관	편관	정인	편인	겁재	비견	상관	식신	정재
丁	戊	己	庚	辛	壬	癸	甲	乙	丙
亥	子	丑	寅	卯	辰	巳	午	未	申
겁재	비견	편관	상관	식신	정관	정재	편재	편관	정인
제왕	건록	관대	목욕	장생	양	태	절	묘	사

일간 계수가 다행히 월지에 왕지 유금을 두고 있지만, 지지에 뿌리가 없어 힘이 약한 신약사주다. 월간에 떠 있는 정화가 시지 오화와 연지 미토에 뿌리를 얻어 강한데, 계수와도 충을 하니 불편하다. 갑오대운에서 지지 오화에 뿌리를 얻은 세운의 천간 정화가 일간 계수와 충한다. 사주의 주체는 이때 소뇌에 조그마한 종양이 발견되어 제거 수술을 했다. 일간의 뿌리가 없지만, 월지에 있는 인성이 금생수로 일간을 도우니 다른 사주에 비해 위험이 덜하다고 할 수 있다. 사실상, 인성인 어머니의 도움으로 쉽게 건강을 회복했다(게다가 어머니의 경우 수 기운이 강한 사주였다).

세운이 한 번 기구신으로 흐른다고 해서 건강이 단번에 안 좋아지기보다, 기구신 대운이 20년 이상 지속적으로 흐르는 가운데 세운까지 불리할 때 건강에 이상이 생기는 경우가 많다. 갑오대운 바로 직전 을미대운이 왔는데, 특히 사주를 뜨겁게 만드는 갑오년과 을미년을 지나는 동안 건강에 더욱 주의를 기울이는 것이 좋았을 것이다.

세운	대운
●	●
정인	정인
辛	辛
丑	未
정관	정관
▲	
癸辛己	丁乙己

시주	일주	월주	연주
●	※	*	●
정관	본원	편재	식신
己	壬	丙	甲
酉	辰	寅	寅
정인	편관	식신	식신
●			
庚辛	乙癸戊	戊丙甲	戊丙甲

94	84	74	64	54	44	34	24	14	4
편재	상관	식신	겁재	비견	정인	편인	정관	편관	정재
丙	乙	甲	癸	壬	辛	庚	己	戊	丁
子	亥	戌	酉	申	未	午	巳	辰	卯
겁재	비견	편관	정인	편인	정관	정재	편재	편관	상관
제왕	건록	관대	목욕	장생	양	태	절	묘	사

　참고로, 천간이 지지에 뿌리를 튼튼히 내렸다 해도, 대세운에서 합이 들어와 간지의 기운이 흐려지면 위험해질 수 있다. 이 사주의 주체는 전업투자자로 극심한 스트레스에 시달리다 신미대운, 신축년, 신묘월 심장마비로 쓰러진 후 기적적으로 살아났다. 이 사주의 월간 병화는 연월지 인목에 강하게 뿌리내리며 조후적으로 매우 중요한 역할을 하고 있다. 하지만, 병화를 유일하게 묶을 수 있는 신금이 천간에 강하게 들어오면서 건강상 탈이 났다. 일반적으로 쟁합은 합력이 약하지만, 병화의 입장에서 쟁합이 될수록 간지의 기운은 더욱 흐려지게 된다.

명리학자 강헌의 명식

남, 신강

세운	대운		시주	일주	월주	연주
	*		○	○	○	
편관	정인		편재	본원	정재	편재
甲	丁		壬	戊	癸	壬
申	未		子	申	卯	寅
식신	겁재		정재	식신	정관	편관
▲			▲	▲ ●	●	*
戊壬庚	丁乙己		壬癸	戊壬庚	甲乙	戊丙甲

98	88	78	68	58	48	38	28	18	8
정재	편재	상관	식신	겁재	비견	정인	편인	정관	편관
癸	壬	辛	庚	己	戊	丁	丙	乙	甲
丑	子	亥	戌	酉	申	未	午	巳	辰
겁재	정재	편재	비견	상관	식신	겁재	정인	편인	비견
양	태	절	묘	사	병	쇠	제왕	건록	관대

47	46	45	44	43	42	41	40	39	39
2008	2007	2006	2005	2004	2003	2002	2001	2000	1999
비견	정인	편인	정관	편관	정재	편재	상관	식신	겁재
戊	丁	丙	乙	甲	癸	壬	辛	庚	己
子	亥	戌	酉	申	未	午	巳	辰	卯
정재	편재	비견	상관	식신	겁재	정인	편인	비견	정관
태	절	묘	사	병	쇠	제왕	건록	관대	목욕

토 비겁 용신

정미대운 갑신년에 대동맥 파열로 죽음 직전까지 가는 큰 위기를 겪
었다. 대운을 보면 용신인 미토가 원국의 월지 묘목과 묘미합을 하여,
목으로 기반된다. 게다가 쓰러지기 바로 전 해인 계미년에도, 역시 미
토가 목으로 기반된다. 이렇게 용신이 기신으로 기반되어 약해진 일
간을 공격할 때가 가장 위험하다. 세운에서 연이어 목 기신의 기운을
만난 것이 일간을 취약하게 만든 가장 큰 요소로 작용했다. 계미년에
서 천간 계수는 수생목으로 기반된 대세운 지지의 목을 도우니 과다
한 목기운이 일간 토 기운을 위협하는 형국이 되었다. 무토 일간은 특
히 원국에 없는 오행과 관련하여 건강상 취약해질 위험이 높다. 화 기
운이 약한 사주라, 심혈관 계통과 관련한 건강 관리가 아주 중요하다.
강헌 선생은 아직 성인이 되기 전 친구 아버님께 우연히 사주를 보게
되었다. 그때, 마흔 즈음에 건강상 큰 위기에 처할 수 있다는 이야기를
처음 들었다고 한다. 평생 그 말을 잊고 지내다, 죽음 직전의 위기를
겨우 넘긴 후 뒤늦게 명리학을 접하게 됐다. 명리학적으로 일간의 기
운을 키우기 위해, 화 기운이 강한 전남 담양에서 요양에 매진하여 기
적적으로 회복했다. 참고로 선생은 당뇨와 봉와직염으로 고생하기도
했다. 이처럼 원국의 토가 약할 경우 당뇨나 신체 면역력이 약해져 생
기는 질병에 쉽게 취약해질 수 있으니 평소 건강 관리가 중요하다.

② 너무 추워도 너무 더워도 안 된다

시주	일주	월주	연주
●		●●	●
상관	본원	정재	비견
己	丙	辛	丙
丑	寅	丑	子
상관	편인	상관	정관
●●	●●	●●	●●
癸辛己	戊丙甲	癸辛己	壬癸

96	86	76	66	56	46	36	26	16	6
정재	편관	정관	편인	정인	비견	겁재	식신	상관	편재
辛	壬	癸	甲	乙	丙	丁	戊	己	庚
卯	辰	巳	午	未	申	酉	戌	亥	子
정인	식신	비견	겁재	상관	편재	정재	식신	편관	정관
목욕	관대	건록	제왕	쇠	병	사	묘	절	태

　조후가 불리한 사주가 조후를 더욱 치우치게 하는 대세운을 만나는 것도 좋지 않다. 일간 병화가 다행히 일지 인목에 뿌리를 두고 있지만, 축월 축시에 태어나 조후적으로 불리한 측면이 있다. 게다가 축토에 뿌리를 단단히 둔 월간 신금이 병신합으로 병화를 묶었다. 연간 병화는 연지 자수의 극으로 미약하다. 사주의 주체는 경자대운과 기해대운을 지나는 동안 우울증을 겪었다. 기해대운의 경우 기토가 습토인 데다 지지는 해자축 방합으로 흐르니 조후적으로 불리한 면이 커졌다.

③ 외부로부터 극단화되는 구속의 기운

　대세운의 글자로 인해 인사신, 축술미 삼형이 성립할 경우, 건강상의 문제가 발생할 가능성이 아주 높다. 특히 축술미의 경우 과거로부터 축적된 질환(암, 지병)이 다시 재발하는 경우가 많다. 이때는 건강검진을 꼼꼼히 하고, 병원에서 증상을 발견할 경우, 여러 의사의 조언을 함께 참고해야 한다. 여성의 경우 특히 토가 상징하는 유방, 자궁 등 부인과 질환에 특히 유의할 것을 권장한다. 일지나 월지에 인사신, 또는 축술미에 해당하는 글자가 있을 경우, 일생에 한 번은 삼형이 성립할 가능성이 있으니 대세운의 조합을 잘 살펴야 한다.

④ 대운과 세운도 나의 몸이다

세운	대운
편인	편재
乙	辛
亥	未
정관	식신
※	▲
戊甲壬	丁乙己

시주	일주	월주	연주
편인	본원	편인	정인
乙	丁	乙	甲
巳	卯	亥	辰
겁재	편인	정관	상관
※	▲	▲※	
戊庚丙	甲乙	戊甲壬	乙癸戊

92	82	72	62	52	42	32	22	12	2
편인	겁재	비견	상관	식신	정재	편재	정관	편관	정인
乙	丙	丁	戊	己	庚	辛	壬	癸	甲
丑	寅	卯	辰	巳	午	未	申	酉	戌
식신	정인	편인	상관	겁재	비견	식신	정재	편재	상관
묘	사	병	쇠	제왕	건록	관대	목욕	장생	양

대세운이 들어오는 동안, 실제 우주에서 내게 주어지는 기운이 되기 때문에, 마치 내 몸처럼 작용한다. 해당 명식의 주체는 신미대운 을해년부터 골육종으로 고생하다 하체 건강이 더욱 안 좋아졌다. 대운에서

용신인 신금이 들어왔지만 을신삼쟁충을 당하는 데다, 대세운의 지지 또한 해묘미 합으로 묶인다(사해충이 있지만, 삼합의 힘이 더 강하니 목의 영향이 조금 더 강해진다고 봐야 한다).

정리하면, 이 사주의 경우 과다해진 목 오행이 미약했던 금 오행을 설기시켜, 금 오행과 관련된 건강 문제가 불거진 사례라 할 수 있다. 용신이라 하더라도, 힘이 없어 깨지는 경우는 아닌지 잘 살펴야 한다. 덧붙이면, 건강 문제는 충이나 극의 관계는 물론, 오행의 여러 상생상극 법칙을 두루 적용해 살펴야 한다. 후술하겠지만, 어느 오행이 원국에 미약한 오행을 너무 과다하게 생하거나, 미약한 오행이 강하게 설기당하더라도 오행의 균형이 쉽게 무너질 수 있기 때문이다.

대운		시주	일주	월주	연주
**					
정인		정재	본원	정재	편관
丁		癸	戊	癸	甲
卯		丑	寅	酉	辰
정관		정인	편관	상관	비견
*		▲●	●	▲●	●
甲乙		癸辛己	戊丙甲	庚辛	乙癸戊

96	86	76	66	56	46	36	26	16	6
정재	편관	정관	편인	정인	비견	겁재	식신	상관	편재
癸	甲	乙	丙	丁	戊	己	庚	辛	壬
亥	子	丑	寅	卯	辰	巳	午	未	申
편재	정재	겁재	편관	정관	비견	편인	정인	겁재	식신
절	태	양	장생	목욕	관대	건록	제왕	쇠	병

이 사주는 일지 인목에 병화가 중기로 있긴 하지만, 전체적으로 화의 기운이 약하다. 56정묘 대운 중 경자년에 고관절 골절로 수술한 후

신축년을 지나는 동안 고혈압과 고지혈 증세가 생겨났다. 월간, 시간 계수와 정계쟁충을 하는데 대운의 지지 묘목이 습목이라 정화에게 큰 도움이 되어주진 못한다. 경자, 신축년을 지나는 동안 조후가 치우친 점, 대운의 정화가 미약해진 점 등이 건강상 문제로 불거졌다.

하나의 기운으로 종하는 전왕사주의 경우, 임상 시 원국에서 지장간에 조차 없는 오행이 건강상 문제로 드러난 경우가 있었다(189쪽에 위치한 계해일기격 사주 참고). 하지만, 예를 들어 수 전왕사주인데 토 오행이 원국에 미약하게 있는 경우, 소화장애나 위염으로 가끔 고생하긴 했지만 유방암처럼 토 오행과 관련된 건강상 문제가 심각하게 드러나는 경우는 없었다.

정리하면 전왕인 경우 위 정묘일주, 무인일주의 사례와 달리, 특이하게도 원국에서 약한 오행이 대세운에서 파극당할 때 건강상 문제가 심각하게 불거진 경우는 아직까지 확인하지 못했다. 내격의 경우 원국에 있는 미약한 오행이 깨지면 해당 오행이 뜻하는 신체부위가 취약해지기 때문에, 차라리 원국에 미약한 오행이 있다면 전왕이 되는 게 건강면에서 어느 정도 유리하다고 생각한다. 전왕에 대해서는, 가장 힘이 약한 오행의 건강 문제와 관련한 연구가 좀 더 필요하다는 말을 덧붙인다.

⑤ 붕충이 일어날 경우

토 오행의 충은 진술충과 축미충 두 가지뿐이다. 이들을 친구 사이의 충이라 하여 붕충(朋沖)*이라 부르지만, 보이는 것과 달리 충의 영향이 매우 크기 때문에 붕충은 주의 깊게 살펴야 한다. 지장간에서 충이 일어나면, 원국에 없는 오행과 관련한 건강 문제가 심각해질 수 있기 때문이다. 토 오행이 억부 용신이라 해도 붕충이 발생할 경우, 내게 없는 오행과 관련된 신체부위에 문제가 발생할 가능성이 높아진다. 참고로, 원국 내 토 오행이 충하지 않는 경우, 대운에서 다른 토 오행이 들

* 원국 내 붕충에 관한 다양한 사례는 '진술충과 축미충(붕충)'(58쪽) 부분을 참고하길 바란다.

어와 붕충이 일어나는 것도 유의해야 한다.

시주	일주	월주	연주
●	●●	●	●
정재	본원	상관	정재
乙	庚	癸	乙
酉	申	未	亥
겁재	비견	정인	식신
庚辛	戊壬庚	丁乙己	戊甲壬

97	87	77	67	57	47	37	27	17	7
상관	편재	정재	편관	정관	편인	정인	비견	겁재	식신
癸	甲	乙	丙	丁	戊	己	庚	辛	壬
酉	戌	亥	子	丑	寅	卯	辰	巳	午
겁재	편인	식신	상관	정인	편재	정재	편인	편관	정관
제왕	쇠	병	사	묘	절	태	양	장생	목욕

이 사주는 월지 미토가 충이나 합 없이 매우 안정적으로 놓여 있다. 원국에는 화 기운이 없는데, 미토 안에 있는 지장간 정화가 손상당하지 않았으니 매우 아름답다. 만약 초년에 사오미 대운이 아니라 축토 대운이 일찍 와서 축미충이 일어났다면, 미중 정화가 깨지면서 화와 관련된 건강 문제가 불거졌을 수 있다. 57대운에 축토가 들어와 월지 미토와 충을 하지만, 월지 미중 정화가 대운의 천간 정화로 투출하는 형국이라 다행히 화와 관련된 문제는 어느 정도 방어가 가능하다.

대운	시주	일주	월주	연주
			●	●
편인	비견	본원	식신	편관
丁	己	己	辛	丙
未	巳	丑	丑	申
비견	정인	비견	비견	상관
＊＊	●	●		
丁乙己	戊庚丙	癸辛己	癸辛己	戊壬庚

96	86	76	66	56	46	36	26	16	6
식신	상관	비견	겁재	편인	정인	편관	정관	편재	정재
辛	庚	己	戊	丁	丙	乙	甲	癸	壬
亥	戌	酉	申	未	午	巳	辰	卯	寅
정재	겁재	식신	상관	비견	편인	정인	겁재	편관	정관
태	양	장생	목욕	관대	건록	제왕	쇠	병	사

　　원국 내 월일지 축토는 충이 없어 매우 안정적인 상황이다. 하지만,
56정미 대운에 미토가 들어오면서 이 대 일로 대운의 미토와 붕충이
발생한다. 이때 미중 을목이 축중 신금에 의해 손상당하면서, 목 오행
과 관련된 신체 부위에 문제가 생길 수 있다. 대세운은 실제 우주에서
내게 주어지는 기운이라, 마치 내 몸처럼 작용하기 때문이다. 실제 이
사주의 주체는 정확히 정미대운 미토 소운에서부터 목이 주관하는 눈
에 녹내장이 생겨 수술을 했다.

음식에 담긴 오행의 기운

맛	색깔	음식
신맛	청색, 녹색	보리, 녹두, 밀, 깨, 호두, 땅콩, 오미자, 사과, 파인애플, 귤, 오렌지, 완두콩, 강낭콩, 부추, 감자, 칡, 모과, 차조기, 매실, 상추, 깻잎, 민들레, 솔잎순식초, 참기름, 들기름, 닭고기, 간

목은 물상으로서의 나무가 아니라, 봄이라는 계절의 성향, 봄이라는 계절이 품고 있는 에너지의 흐름을 나타낸다. 씨앗으로 있던 나무가 겨울을 지나 단단한 땅을 뚫고 올라와 싹을 틔워낼 때의 기운이 바로 상승지기인 목이다. 순수한 직선의 힘으로 아이처럼 순수하고, 생동감이 넘치며, 호기심이 많다. 궁금한 게 생기면 곧바로 물어보거나, 선생님의 질문에 손을 흔들며 어떻게든 말하고 싶어 하는 아이들의 모습과 같다. 실제 목 기운이 강한 사람은 호기심이 많고, 새로운 일을 시작하는데 주저함이 없다. 또한 순수한 생명을 뜻하는 만큼, 타인에 대한 측은지심도 강하다.

신맛을 상징하는 목 오행은 항산화 작용력이 큰 음식과 밀접한 관련을 맺고 있다. 비타민C, 오렌지, 베리류 등이 그것이다. 사람의 노화는 세포가 산소와 결합하는 산화과정을 통해 진행된다. 명리학적으로 봄, 젊음, 어린이, 생동감 등을 뜻하는 목의 음식을 통해 젊음을 오래 유지할 수 있다.

만약 사주에서 목 기운이 필요할 경우 첫째, 과일 섭취 둘째, 등산 셋째, 식물 가꾸기 넷째, 아침에 일찍 일어나기 다섯째, 스트레칭이나 필라테스 여섯째, 목 기운이 강한 산지나 강원도에 거주하기 등의 방법을 통해 목 기운을 끌어올 수 있다.

아이들은 해가 뜨기 전에 일찍 일어나서 부모들을 귀찮게 할 때가 종종 있는데, 목 기운이 필요하다 보니 일어나는 자연스러운 현상이다. 목 기운이 필요한 경우 수가 넘치는 밤에는 조용히 지내고, 아침에 맑은 정신으로 일어나 요추와 경추를 쭉 펴주는 스트레칭을 하는 것이 좋다. 잘 만든 참기름이나 들기름, 솔잎순식초 등을 아침에 먹는 것도 특히 도움이 된다. 백숙처럼 튀기지 않은 닭 요리에 녹두를 넣어 먹는 것도 건강에 좋다.

맛	색깔	음식
쓴맛	붉은색	조, 옥수수, 도토리, 토마토, 가지, 고사리, 묵, 쑥갓, 취나물, 은행, 커피, 고들빼기, 냉이, 인삼, 더덕, 도라지, 다시마, 아욱, 케일, 익모초, 두릅, 술(와인, 위스키), 양고기, 오리고기, 칠면조, 염통, 살구

화는 물상으로는 불이지만, 정확히는 여름의 계절적 성향, 여름이라는 계절이 품고 있는 확산의 에너지를 나타낸다. 꽃이 잎을 틔울 때도, 나무가 옆으로 가지를 뻗을 때의 에너지도 모두 확산지기인 화다. 자신을 드러내려는 성향이 강하기 때문에 화 기운이 강하면 밝고 명랑하며, 열정적으로 비쳐지기도 한다. 화가 강하면 말이나 꾸미는 행동이 많아지는 만큼, 내실이나 실속이 없을 수 있다. 때문에 차분한 가운데 자기 객관화를 얼마큼 잘 할 수 있는지가 화 기운이 강한 사람에겐 늘 숙제처럼 주어진다.

쓴맛을 상징하는 화 오행은 쓴맛을 좌우하는 성분인 알칼로이드와 밀접한 관련을 맺고 있다. 자연물에 존재하는 알칼로이드는 식물과 동물 모두에서 추출할 수 있다. 식물성 알칼로이드인 코카인, 카페인, 니코틴, 모르핀 등은 고대부터 의약품이나 마약류로 사용되어 왔다. 동물성 알칼로이드는 행복감을 좌우하는 세로토닌이나 흥분감을 좌우하는 아드레날린 등 인간의 고양된 감정과 관련 있는 호르몬으로 작용한다. 오행 화가 흥분이나 환희(치유)와 관련된 감정인 만큼 연관성이 크다. 커피나 술을 마시며 사람들과 웃고 떠드는 것도 화의 기운을 끌어오는 행위 중 하나다.

만약 사주에서 화 기운이 필요할 경우 첫째, 쓴 음식 섭취 둘째, 커피나 술 마시기 셋째, 낮 시간에 밖에서 활동하기 넷째, 격한 운동하기 다섯째, 높은 층이나 화기가 강한 지역에서 거주하기 등의 방법을 통해 화 기운을 끌어올 수 있다. 그림을 그리거나 영상을 시청하고, 직접 유튜브를 하거나 조명으로 실내를 밝게 만드는 것도 전부 화 기운과 관련되어 있다.

아이들에게 프라이드치킨을 먹이는 것은 정말 건강에 좋지 않다. 프라이드치킨 자체가 부정적인 쪽으로 목과 화의 기운이 아주 강한 음식이기 때문이다. 닭고기를 먹이더라도 오븐에 구운 치킨이 더 좋다. 그리스 같은 지중해 지역 사람들은 심장병 발병률이 미국인에 비해 10분의 1 정도로 낮다고 하는데, 그 원인으로 올리브와 토마토가 꼽힌다. 화 기운이 심장과 관련되어 있는 만큼, 특히 설탕을 빼고 올리브유에 토마토를 구워먹으면 좋다. 밥을 할 때 조를 넣는 것도 추천한다.

맛	색깔	음식
단맛	황토색 노란색	백미, 노란콩, 두부, 쌀(백미), 기장, 호박, 된장, 대추, 미나리, 시금치, 꿀, 양배추, 감, 양배추, 연근, 감초, 황기, 갈근, 홍당무, 설탕, 엿, 소고기, 토끼고기, 붕어, 동물의 위장, 구기자차, 칡즙

토는 봄, 여름, 가을, 겨울의 계절적 에너지를 중간에서 이어주는 간절기 또는 환절기의 역할을 한다. 이 때문에 다른 오행에 비해 간지의 수도 많고, 좀 더 복합적인 특성이 있다. 오행과 오행 사이를 중재하고, 만물을 조절하는 성격을 갖기에 중화지기라고도 한다.

토는 물상적으로는 흙이지만, 조금 더 확장하면 말 그대로 우리가 발을 딛고 살아가는 현실적 기반으로서 안정감, 편안함, 포용성 등을 상징한다. 사주에 토가 발달된 사람은 마음이 안정적이다. 다른 사람의 이야기도 잘 들어주고, 어떤 상대를 만나든 비교적 느긋하게 대한다. 하지만 토가 지나치게 되면 삶을 지루하게 느끼고, 즐거움을 찾지 못하게 될 수도 있다.

단맛을 상징하는 토 오행은 단맛을 좌우하는 성분 중 하나인 포도당과 밀접한 관련을 맺고 있다. 포도당은 우리 몸의 필수 요소로, 주로 곡물(탄수화물, 당류)에서 비롯된다. 혈액 내 포도당의 수치가 올라가면 인슐린이 분비되고, 포도당은 글리코겐으로 변해 세포 내로 흡수된다. 인슐린이 분비되는 곳이 췌장인 만큼, 토가 과다, 고립, 불급할 경우 췌장에 문제가 생겨 당뇨에 걸릴 가능성이 높아진다. 토가 과다해서 문제가 생긴다면, 오행의 상극작용에 따라 목으로 토를 극하거나, 토를 금으로 설기하는 것이 좋다.

만약 사주에서 토 기운이 필요할 경우 첫째, 단 음식을 섭취하거나 둘째, 황톳길을 걷고 셋째, 느긋하게 활동하며 넷째, 낮은 층이나 토기가 강한 대전, 세종, 중국(평지가 넓게 펼쳐진 지역) 등에서 거주하는 방법을 통해 토 기운을 끌어올 수 있다. 경제적 여유가 있다면 주거지를 우선적으로 마련하여, 토가 상징하는 안정성을 높이는 것도 좋다. 참고로 의명학 중 생태치유법을 주로 연구하는 한의사들은 토 오행의 문제가 생길 경우 황톳길 걷기를 적극 권장하는데, 특히 맨발로 촉촉하게 젖은 땅을 걸으면 정말 효과가 좋다. 연구에 의하면, 어린 아이들이 흙을 자주 만지고 놀수록 정서적 안정은 물론 체내의 면역력도 올라가 과민성 알레르기 반응도 적게 나타난다고 한다. 특히 흙과 가까이하는 환경이 소아당뇨, 피부염 등 면역계 알레르기와 관련 있는 질환에 도움이 된다는 점에서 토 오행에 관한 명리학적인 접근과 연관성이 크다.

토가 기신일 경우 백미는 줄이는 것이 좋다. 당뇨환자에게 백미 섭취를 줄이기 위해 잡곡을 섞어서 먹는 것을 권장하는 것과 같은 이유다. 토가 기신일 경우 소고기를 많이 먹는 것도 좋지 않다. 만약 소화를 위해 양배추를 먹는다면, 삶거나 데쳐서 먹는 것이 좋다. 식도를 다쳐서 음식을 먹을 때 위액이 역류하여 고생하거나, 위장이 좋지 않을 경우 양배추 스프 같은 것이 좋은 음식이 된다.

맛	색깔	음식
매운맛	흰색	현미, 율무, 마늘, 고추, 무, 표고, 달래, 상황, 양파, 파, 생강, 수정과, 복숭아, 배, 박하, 후추, 겨자, 와사비, 어패류, 유제품, 말고기, 동물의 허파 / 대장

금은 계절로는 가을이다. 가을에는 봄에 심은 작물의 열매가 열리고 곡식이 익는다. 봄의 계절적 에너지인 목 오행은 인본주의적 성향이 강한데, 금극목으로 목과 대척점에 있는 금은 성과주의가 강하다. 금 오행이 열매나 곡식을 수확하는 것처럼 뚜렷한 성과나 결실을 지향하기 때문이다.

가을이 들어서면, 나무는 모든 양분을 끌어모아 맺은 열매들도 어느 시기에 톡 떨어트린다. 사람으로 치면 자기 살을 깎아내는 듯한 이러한 과정을 통해, 나무는 다음 계절인 겨울을 예비한다. 단호함과 냉정함 등을 상징하는 금 오행은 늦가을의 찬 서리와 같은 기상을 갖고 있다 하여 숙살지기라고 표현한다. 금이 강한 사람은 합리성과 결단력 등을 갖추고 있지만, 자칫 지나치면 성과주의로 흐를 위험이 있다.

퓨린(요산)이라는 물질은 질소화합물로, 주로 동물의 간에서 고농도로 발견된다. 퓨린은 소고기, 돼지고기, 등푸른생선, 어패류, 맥주(효모), 과당 주스나 탄산음료에 많이 함유되어 있다. 육류, 해산물, 맥주를 지나치게 섭취하면 퓨린이 과다해져 통풍에 걸리기 쉽다. 통풍에 효과적인 성분은 후추의 매운맛을 담당하는 피페린(piperine)과 유제품이다. 오행 금에 해당하는 유제품은 통풍 환자들도 부담 없이 먹을 수 있다.

만약 사주에서 금 기운이 필요할 경우 첫째, 매운 음식을 섭취하거나 둘째, 동굴 체험을 하거나 셋째, 갯벌을 걷거나 넷째, 헬스나 필라테스 등 몸을 가꿀 수 있는 운동을 하거나 다섯째, 금 기운이 강한 미국, 캐나다, 독일, 북유럽 등지로 거주지를 옮기거나 여섯째, 자세를 바르게 하는 등의 방법을 통해 금 기운을 끌어올 수 있다. 역시 의명학의 생태치유법에서는 금 기운을 키우기 위해 동굴 체험, 갯벌 걷기, 갯벌 찜질 등을 권하고 있다. 특히 토가 과다하거나 고립되는 문제로 인해 당뇨나 심한 피부염, 봉와직염으로 고생하는 분들에게 정말 좋다.

금의 음식은 주로 마늘, 고추, 양파, 생강 같은 오신채에 해당된다. 금 기운이 필요한 사람에게 고등어 생선 무조림, 매운탕, 생강, 계피도 좋다. 오행의 상생상극 법칙은 특히 음식을 조합할 때도 유용하게 적용된다. 기침을 비롯한 감기 증상으로 고생할 경우 꿀생강차나 배꿀즙을 마시는 것도 여기에 해당된다. 금을 뜻하는 폐나 호흡기의 건강을 보강하기 위해, 금과 관련된 음식을 섭취하는 것이다. 특히 금을 뜻하는 생강이나 배즙, 토를 뜻하는 꿀을 함께 섞어 마시는 것은 토생금의 작용으로 더욱 금의 기운을 강화시키기 때문에 호흡기 건강에 더욱 도움이 된다.

나의 경우 사주 원국에 화기가 강해 특히 커피가 몸에 좋지 않다. 이 때문에 드물게 커피를 마시더라도, 우유가 들어간 라떼, 또는 계피가 들어간 카푸치노를 마시며 커피의 화 기운을 중화시키고 있다.

맛	색깔	음식
짠맛	검은색	메밀, 검은콩, 흑임자, 김, 미역, 된장, 간장, 소금, 파래, 밤, 수박, 오이, 해삼, 젓갈, 돼지고기, 서리태

수의 계절은 만물이 성장을 멈추는 겨울이다. 화의 여름에 만물이 외부적으로 활발한 움직임을 보인다면, 수의 겨울에는 외부적 움직임이 멈추고 안으로 응축하는 성향이 나타난다. 사주에 수 기운이 많은 경우 대체적으로 잘 나서지 않으며, 힘든 일이 있어도 드러내지 않는다.

물이 용기의 형태에 따라 모양을 달리하듯, 수는 상황에 따른 변신 능력, 융통성 등을 뜻하기도 한다. 수의 기운이 잘 발달되어 있으면, 물이 상황에 따라 모양을 달리하듯 뛰어난 임기응변력을 보인다. 정신적으로는 물이 흐르듯 생각이 열려 있어, 정답을 꼭 한 가지로만 한정 짓지 않는다. 상상력이 뛰어나며, 지적 계산 능력 또한 탁월하다. 수 오행을 지혜를 상징하는 오행으로 표현하는 이유다.

전해질은 우리 몸에서 에너지를 전달해주는 역할을 한다. 염화나트륨(소금)은 인체의 대표적인 전해질로, 오행 수가 유통이나 교류, 흐름을 담당하는 것과 일맥상통한다. 짠맛을 담당하는 수 오행은 신체 중 생식계통을 상징한다. 염화나트륨의 섭취와 동물의 생식활동에 큰 연관성이 존재하는데, 몸에 염분이 부족해지면 성욕 감퇴, 임신 가능성 저하, 유아 체중 감소, 발기 부전, 피로, 수면장애, 여성의 초경이 늦어지는 현상이 일어난다는 연구결과가 있다. 특히 선천성 부신 문제로 소모성 신장을 가진 여성의 경우 가임률과 출산율이 낮다고 한다.

만약 사주에서 수 기운이 필요할 경우 첫째, 짠 음식을 섭취하거나 둘째, 밤에 일찍 자거나 셋째, 외국어를 공부하거나 넷째, 어항을 가꾸거나 다섯째, 음악을 감상하거나 여섯째, 기수련이나 명상 또는 요가를 하거나 일곱째, 강가나 바닷가 근처, 또는 외국에 거주하는 등의 방법을 통해 수 기운을 끌어올 수 있다. 수영, 프리다이빙, 스킨스쿠버, 서핑 등의 운동과 레저활동도 전부 수 기운과 관련되어 있다.

우리는 왜 동짓날이 되면 팥죽을 먹는 걸까? 수 기운이 가장 넘치는 동짓날이 되면, 너무 과다한 수 기운 때문에 임산부가 삿된 것을 보거나, 기운이 울체될 수 있어 건강을 보살펴야 하는 날로 여겼다. 수의 기운이 과다해지면 거꾸로 화의 기운은 약해질 수 있기 때문에, 화기가 강한 팥죽을 먹어 부족한 기운을 보충해주던 것이 풍습으로 자리 잡게 된 것이다.

생활에서 끌어오는 오행의 기운

오행의 상생상극 개념을 생활 속에 적용해보는 것도 공부에 도움이 된다. 예를 들면, 여름철 선글라스를 착용하는 게 왜 눈에 도움이 되는지를 오행의 작용으로 떠올려보는 것이다. 우리는 보통 야외 활동 시 과다한 빛을 막아 눈을 보호하기 위해 선글라스를 착용한다. 이때 어두운 선글라스는 수로, 야외의 태양빛은 화로 볼 수 있다. 신체적으로 눈은 목이다. 눈은 과도한 빛에 노출될 경우 극심한 피로를 느낀다. 지나친 화 기운이 목을 강하게 설기시키기 때문이다. 이때 선글라스(수)를 착용하면, 수생목의 작용이 일어나 눈(목)의 극심한 피로를 막을 수 있다. 선글라스가 화의 빛을 약화시키는데, 이는 수가 화를 극하는 작용으로 볼 수 있다. 결국 선글라스를 착용하는 행위 속에는 수생목, 목생화의 흐름과 더불어 수극화의 작용이 숨어 있음을 알 수 있다.

조금 더 나아가, 오행의 뿌리가 되는 음양 개념도 실생활에 적용해볼 수 있다. 예를 들어 남자는 가을을 타고, 여자는 봄을 탄다고 한다. 남성은 가을이 되면 우울증이나 무기력증이 나타나고, 여성은 봄에 마음이 들뜨고 설레는 경향이 있다. 의학적으로는 계절에 따라 변화하는 일조량이 체내 호르몬 분비량에 영향을 주기 때문이지만, 동양에서는 오래전부터 이를 음양 개념으로 이해했다. 봄에 태동하는 양기가 음인 여성을 생기 있게 만들고, 가을의 음기가 남성의 양기를 위축시킨다고 본 것이다. 같은 원리로, 남성이 많은 곳에 속해 있는 여성이 활달해지고, 여성이 많은 곳에 있는 남성은 다소 얌전해지는 것도 쉽게 이해할 수 있다.

다른 예로 낮에 술을 마시면, 밤에 마시는 것보다 더 빨리 취하는 이유가 무엇일까? 낮은 양기가 강한 시간이고, 술은 양기가 강한 음식이기 때문이다. 양의 기운이 강하고 빠르게 더해지면, 사람은 누구나 말이 빨라지고 고양감을 느끼다 결국 극양에 이르러 다시 음의 상태로 넘어가게 된다. 술에 취해 쓰러지거나 잠이 들 때가 곧 음의 상태이다. 덧붙여, 오행 중 목을 유아기에, 수를 노년기에 비유하기도 한다. 음적 성향이 강한 노인들이 새벽에 일찍 일어나는 것도, 음양의 이치로 설명할 수 있다.

　음양의 개념을 동물에게도 적용할 수 있다. 개와 고양이 중에서 각각 어떤 동물이 더 양기나 음기가 강할까? 개는 양기가, 고양이는 음기가 더 강한 동물이라 생각할 수 있다. 개는 보통 나이 들수록 종양(암)에, 고양이는 신부전에 걸려 죽는 경우가 많다. 종양이 지나친 양기와 관련이 있다면, 신장과 관련된 문제는 음기인 금, 수와 관련이 크기 때문이다.

　지구에 사는 모든 포유류 중에서 유일하게 암에 안 걸리는 동물이 바로 고래라고 한다. 덩치가 큰 고래는 몸에 이상 세포가 생기더라도, 순식간에 건강한 세포들이 이상 세포를 압도적으로 덮어버리는 까닭에 일평생 암에 걸리지 않는다고 한다. 고래를 수 기운, 즉 음기가 강한 동물이라 생각하면 음양의 이치로도 이 같은 현상을 충분히 이해할 수 있다.

　참고로, 중요한 수술을 할 때도 오행을 신체 부위와 연관 지어 보면 건강을 지키는 데 도움이 많이 된다. 목이나 화 기운이 고립되거나 불급한 경우에는 라식이나 라섹 수술을 피하는 것이 좋고, 조토가 원국에 많고 수 기운이 약한 여성의 경우에는 불필요한 가슴 수술은 하지 않는 것이 좋다. 금이 고립되거나 불급된 경우, 미용을 위해 코뼈나 턱을 심하게 깎는 수술은 권장하지 않는다. 수 기운이 너무 미약하다면, 모발이식 수술을 해도 결과가 좋지 않을 가능성이 높다. 수 기운이 약하다면 수가 많이 들어오는 대세운에 수술을 하고, 수 기운이 너무 많다면, 내게 용희신에 해당하면서 수 기운도 설기하는 대세운에 수술하는 것이 좋다.

　명리학 도반 중에 원국에 금 기운이 지나치게 약한 이가 있었다. 이분은 평소 치아 건강이 좋지 않았는데, 화가 강하게 들어와 금 기운이 공격받는 해가 되기 직전에 명리학을 공부하다 치아보험에 가입했다. 결국 치주질환으로 고생하게 되었는데, 보험을 통해 큰 부담 없이 치료를 받을 수 있었다. 화 기운이 강해 금 기운이 약해진 나의 경우 화 기운과 관련된 심장, 혈관질환, 금 기운과 관련된 피부, 호흡계통, 대장, 항문 질환으로 오랫동안 고생한 바 있다. 당연히 보험에 가입할 때 특히 심혈관계통과 관련된 특약을 탄탄하게 넣었음은 물론이다.

특정한 오행이 강해진다는 것은, 반대로 약한 오행이 공격당하기 쉽다는 뜻이다. 특히 용신이 구신으로 기반될 때를 비롯하여, 내 원국의 약한 오행이 언제 공격받게 되는지를 세심히 살펴보도록 하자. 또한 삼형이라 하더라도 인사신보다 축술미 삼형이 질병과의 연관성이 더 크니, 토가 기신인 경우 특히 건강 관리에 주의가 필요하다. 고립된 오행과 관련된 수술을 진행할 때도, 꼭 그때 수술을 해야 하는 게 아니라면 고립된 오행이 운에서 들어와 그나마 균형이 유지될 때 하는 것이 좋다.

오행의 고립, 과다와 발병률의 상관관계를 인지한다면, 병원에서 진단을 받았을 때, 과거 내가 거쳐온 운을 확인하는 방식으로 언제부터 발병이 시작됐는지에 대한 역추적도 가능하다. 급성질환은 발병과 진단 시기가 짧은 편이지만, 특히 원국 내 약한 오행과 관련된 고질병을 앓고 있을 경우 과거 운을 추측하는 것은 향후 치료에 도움이 될 수 있다.

참고로, 동양학적인 관점에서 건강을 유지하기 위한 가장 좋은 방법은 양생과 섭생이다. 규칙적이고 절제된 식습관과 꾸준한 운동은 아무리 강조해도 지나치지 않다. 철공소 내 연구원들과 신체 부위별 암, 뇌졸중, 심장마비 등 여러 질병 때문에 돌아가셨거나 질병으로 고생 중인 분들의 명식 700여 개를 꼼꼼히 분석한 결과, 다른 십성과 달리 일지가 정재, 정관인 분들의 발병률이 현저하게 낮았다. 정재, 정관이 상징하는 꾸준한 관리능력은 양생과 섭생의 기본 바탕이 된다는 점에서 시사하는 바가 크다.

대세운과 원국에서 발생하는 오행의 부조화

건강 문제는 원국의 특정 오행이 지나치게 과다하거나, 심하게 깨져 있을 때 더욱 유심히 살펴야 함을 강조한 바 있다. 여기에 더해, 원국이 한쪽으로 치우쳐진 어린 아이의 경우, 초년 20~30년의 대운이 원국의 치우쳐진 기운을 키워주는 쪽으로 흐르는 건 아닌지를 상세히 살펴야 한다. 예를 들어, 금 기운이 무척 강한 원국을 타고난 어린 아이의 초년 에 신유술 대운이 흐를 경우, 금과 관련된 신체 부위가 더욱 취약해질 우려가 있기 때문이다.

대세운의 작용으로 인해 원국에 금의 기운이 강해진다는 건, 반대로 금과 충하는 목의 기운이 약해질 수도 있다는 뜻이다. 이때는 금이 주 관하는 폐, 대장, 피부뿐 아니라 목이 주관하는 간, 근육, 눈, 척추 질환 에도 더욱 유의해야 한다.

시주	일주	월주	연주
편인	본원	편인	정관
辛	癸	辛	戊
酉	酉	酉	戌
편인	편인	편인	정관
庚辛	庚辛	庚辛	辛丁戊

건강 문제는 오행의 생극제화와 깊은 관련이 있다. 아무리 금이 수 를 생한다 하더라도, 금의 기운이 과다한 반면 원국의 수 기운이 너무 도 미약할 경우 수와 관련된 문제가 생길 수 있다. 이른바 금다수탁(金 多水濁)의 형국으로 위의 사주가 이에 해당한다. 이 경우 어릴 적 대운이 금 운으로 강하게 흐르면 수가 주관하는 신장이 취약해지거나, 불면증 으로 고생할 가능성이 있다. 반대로 토 운이 강하게 흘러 일간인 수를

극해도 같은 문제에 노출될 수 있다.

　여기서 중요한 것은, 금과 토가 강한 이 사주의 경우 대세운에서 화운이 와도 수와 관련된 건강 문제가 추가로 생길 수 있다는 점이다. 화는 금을 극하기도 하지만, 토를 생조한다는 것을 잊어서는 안 된다. 화의 기운을 받아 더욱 강해진 토가, 수를 더욱 강하게 극할 수도 있기 때문이다.

　화생토를 고려하지 않더라도, 수와 상극인 화 기운은 그 자체만으로 원국의 수를 고갈시킬 수도 있다. 당연히 정화가 와서 일간인 계수와 충할 때는 건강상 위험도가 높아질 수 있으니, 화는 일간을 위협하는 여러 잠재적 요소를 안고 있다고 봐야 한다. 이런 이유 때문에, 일간이 뿌리가 없는 인다신약이나 극신약한 형태의 원국은 건강을 최우선적으로 방어해야 한다.

시주	일주	월주	연주
겁재	본원	겁재	겁재
壬	癸	壬	壬
子	卯	子	戌
비견	식신	비견	정관
	●	●	●●
壬癸	甲乙	壬癸	辛丁戊

　이 사주는 원국만 보면 어떤 쪽에 문제가 생기기 쉬울까? 일지 묘목이 수에 둘러싸여 있기 때문에, 목 오행과 관련된 질환에 취약해질 수 있다. 나무에 계속해서 물을 들이붓다 보면 뿌리가 썩는 것과 같은 원리로, 이 사주는 이른바 수다목부(水多木浮)의 형국에 해당한다.

　극신강한 사주로 화 재성은 용신, 목 식상은 희신이 된다. 기구신은 수 비겁과 금 인성이다. 이 사주의 포인트는 아무리 용신 운이라 해도 어설프게 화 기운이 들어오면 건강상 불리해질 수 있다는 점에 있다.

화 기운이 원국에 있는 수 기운을 왕자충쇠쇠자발의 원리로 더욱 키워, 안 그래도 습한 묘목을 더욱 힘들게 할 수 있기 때문이다.

또한 구신인 금이 운에서 들어오면 희신인 목 기운과 상극을 이루는데다, 금생수로 수 기운을 더욱 키우니, 묘목이 위험해진다. 정리하면 일간이 뿌리가 없는 것도 건강상 매우 불리하지만, 이처럼 원국에서 하나의 오행이 자신을 생조해주는 기운에 지나치게 둘러싸여 있는 것도 문제가 될 수 있다.

시주	일주	월주	연주
	●		
정재	본원	상관	정재
戊	丙	己	庚
戌	辰	丑	子
겁재	정재	비견	편관
	●●	●	
丁乙己	壬癸	辛丁戊	戊丙甲

사례 1

시주	일주	월주	연주
	●		
겁재	본원	비견	편인
己	戊	戊	丙
未	子	戌	寅
식신	식신	상관	정관
＊	▲＊	●	▲●
辛丁戊	乙癸戊	癸辛己	壬癸

사례 2

사례 1은 일간 병화가 토 식상에 둘러싸여 있어 매우 힘이 약하다. 사례 2는 일지 자수가 왕지이긴 하지만, 역시 자신을 극하는 토 비겁에 의해 고립되어 있으니 힘이 없다. 이런 원국의 경우 각각 화와 관련된 심혈관, 수와 관련된 생식계통 질환에 유의해야 한다. 또한 둘 다 토 기운이 강하니, 토가 주관하는 소화기관이 약해 자주 체하거나, 위염 등으로 고생할 가능성도 높다.

344

세운	대운		시주	일주	월주	연주
*						
편관	비견		식신	본원	상관	편재
壬	丙		戊	丙	己	庚
戌	戌		戌	辰	丑	子
식신	식신		식신	식신	상관	정관
*	*		*	▲*	●	▲●
辛丁戊	辛丁戊		辛丁戊	乙癸戊	癸辛己	壬癸

붕충이 일어나면, 지장간에서 특정 오행이 깨질 수 있다. 이 때문에 위와 같이 토 오행이 많은 명식은, 특히 대세운에서 토 오행이 올 때를 잘 살펴야 한다. 이 사주의 경우, 원국에 이미 진술충이 있는데 대세운에서 술토가 오며 삼 대 일로 진술충이 발생하게 됐다. 진중 을목이 술 중 신금에 의해 삼 대 일로 공격당하는 형국으로, 원국에는 다른 지장 간에도 목 오행이 없기 때문에 병술대운 임술세운 때 목 오행의 손상을 피하기가 어렵게 된다. 이 경우 목이 주관하는 눈, 근육, 척추 등이 질병으로 인해 더욱 취약해질 수 있다.

나의 사주 이야기

시주	일주	월주	연주
정인	본원	편인	정인
乙	丙	甲	乙
未	午	申	丑
상관	겁재	편재	상관
*			*
丁乙己	丙己丁	戊壬庚	癸辛己

화기가 강한 나는 돌이 막 지난 무렵 심장에 가와사키라고 하는 급성혈관염이 와 고생했다 한다. 그때가 하필이면 화기가 강한 병인년이었다. 게다가 대운은 월주와 같은 갑신대운이었다. 학자마다 대운에 대한 견해는 조금씩 다르겠지만, 나는 첫 대운이 시작되기 전에는 월주의 간지가 대운처럼 작용한다고 본다. 갑신대운 병인세운은 지지에서 인신충이 일어나 금 기운이 약화되는데, 목생화로 천간 병화는 더욱 기세등등해진다.

물론, 화기가 강하다고 해서 무조건 심혈관 질환에 걸릴 수밖에 없다고 생각해선 안 되고, 남보다 심혈관 질환에 취약하다고 보는 것이 타당하다. 위에서 살폈듯 명리학적으로 오행이 과다하거나 고립, 불급될 시에는 건강 문제가 생길 가능성이 높다. 이 같은 원리에 의해 화기가 강한 병오일주는 심혈관 질환에, 일간의 뿌리는 약한데 금의 기운은 강한 계유일주는 특히 신장 질환에 취약한 편이다.

어릴 때부터 나는 비염으로 크게 고생했다. 학창시절 때는 여름에도 축농증과 중이염 때문에 집중력 저하로 공부하는 데 어려움을 겪었다. 특히 고등학생 때가 비염으로 가장 힘든 시기였는데, 계미대운 미토 소운에서 세운이 사오미로 뜨겁게 흐르던 시기와 일치한다. 연지 축토가 월지 신금을 도와주고 있긴 하지만, 운에서 화기가 강해질 때마다 원국의 금 기운이 버티기 힘들었던 것으로 보인다.

콜린성 두드러기

세운	대운
정관	정관
癸	癸
未	未
상관	상관
*	*
丁乙己	丁乙己

시주	일주	월주	연주
정인	본원	편인	정인
乙	丙	甲	乙
未	午	申	丑
상관	겁재	편재	상관
*			*
丁乙己	丙己丁	戊壬庚	癸辛己

고2~고3 때는 원하는 만큼 성적이 나오지 않아 매일 잠을 네 시간만 자고 공부를 했다. 고3이 되는 계미년 때, 몸의 온도가 조금만 올라가도 온몸이 따갑고 간지러운 증세가 나타났다. 지금도 고생하고 있지만, 당시에는 콜린성 두드러기 때문에 햇빛만 쬐어도 증상이 나타나 더운 낮에는 밖에 못 나갈 지경이었다. 미토 소운의 계미세운은 원국의 시지와 함께 미토 삼병존을 이룬다. 게다가 대세운의 계수는 지지에 있는 미토로부터 극을 당해 무력하기 짝이 없다. 토 식상이 희신이긴 하지만, 내게는 뜨거운 토라 기신과 다름이 없다. 게다가 미토가 삼 대 일로 원국의 희신인 축토를 공격하니, 건강상 불리한 해였다. 나중에 명리학을 공부해보니, 차라리 그때 공부하는 시간을 줄이고 잠을 푹 잤더라면 피부병으로 고생하진 않았을 거란 후회가 들었다. 참고로, 진진병존처럼 원국에 습토가 많을 때는 염증성 피부 질환이, 조토가 많을 때는 피부가려움증을 동반한 건선이나 아토피성 피부 질환으로 드러나는 경우가 많다.

이렇게 건강에 문제가 생길 때에는 관련 오행을 많이 갖춘 부모, 형제, 배우자, 자녀 등 특수관계인이 큰 도움이 된다. 여기에서 특수관계인은 오랜 시간 같은 공간을 공유하는 관계를 말한다. 내게는 토(습토)와 금이 강한 사람이 큰 도움이 된다. 수 기운이 강한 사람 역시, 내 원국의 화 기운을 다스려주니 더없이 좋다. 반대로, 건강에 문제를 겪고 있을 때 특수관계인의 원국이 나의 일주를 극하는 경우에는 문제가 커질 수 있다. 특히 일간이 신약한 경우 위험도가 높아지니, 방어할 수 있는 방안을 모색해야 한다.

같은 관점에서, 상담 시 특히 어린 아이가 오행의 과다, 불급, 고립으로 인한 건강 문제를 겪고 있을 경우, 사는 지역과 부모의 사주도 함께 살펴야 한다. 나의 경우 어린 시절 화로 인한 질병을 안고 있었을 때, 부모 등 특수관계인이 토, 금, 수의 기운을 갖고 있었다면 치료에 큰 도움이 되었을 것이다. 더 나아가 특수관계인이 전왕에 가까울 만큼 금, 수로 도배된 사주를 가지고 있거나, 사는 지역이 금, 수 기운이 무척이나 강한 곳이었다면, 아예 화로 인한 문제가 발생하지 않았을 수도 있다고 본다.

3권 심화편에서 자세히 다루겠지만, 계수는 미토 위에서 십이운성으로 묘지에 해당한다. 묘지는 천간의 작용력을 제한하는 기운으로, 미토 위에서 계수는 자신의 힘을 온전히 드러내기 힘들어진다. 물론, 계미년에 대운과 세운에서 모두 계수가 들어와 병존을 이룬다. 계수는 천간 중 가장 음기가 강한 간지라 병존을 이루면, 천간의 어떤 간지보다 결속력과 방어력이 매우 강해진다. 그럼에도 불구하고 계수가 한신으로서 내게 건강 측면에서 별 도움을 주지 못하고 무력화된 이유는, 바로 십이운성의 입묘 작용 때문이라는 것이다.

게다가 조토인 미토에게 극까지 당하니, 계수가 얼마나 힘들었을지는 굳이 말할 필요가 없겠다. 만약 같은 극이라 해도, 천간이 지지를 극하는 개두와, 지지가 천간을 극하는 절각 중 상황에 따라 무엇이 더 치명적일까? 답은 절각이다. 천간이 뿌리 없이 허공에만 붕 떠 있는 경우, 지지에서 극을 하면 더욱 위협적으로 작용하기 때문이다.

십이운성 입묘를 활용하는 방법은, 루틴과 습관이다. 계미년에는 일찍 자는 습관을 길러 수 기운을 보충하며, 입묘의 시기를 더욱 방어적으로 보냈어야 하지 않았나 싶다.

임오대운 병술세운

세운	대운
※●	
비견	편관
丙	壬
戌	午
식신	겁재
▲	●
辛丁戊	丙己丁

시주	일주	월주	연주
정인	본원	편인	정인
乙	丙	甲	乙
未	午	申	丑
상관	겁재	편재	상관
※			※
丁乙己	丙己丁	戊壬庚	癸辛己

99	89	79	69	59	49	39	29	19	9
편인	정인	비견	겁재	식신	상관	편재	정재	편관	정관
甲	乙	丙	丁	戊	己	庚	辛	壬	癸
戌	亥	子	丑	寅	卯	辰	巳	午	未
식신	편관	정관	상관	편인	정인	식신	비견	겁재	상관
묘	절	태	양	장생	목욕	관대	건록	제왕	쇠

이 해에 내게 세 번의 위험이 있었다.

당시 나는 군인으로 복무 중이었다. 아침에 일찍 일어나 단체 구보를 할 때도 아무 이상이 없었는데, 오후에 야외 활동 중 갑자기 숨이 잘 쉬어지지 않았다. 병원에 가서 엑스레이를 찍은 후에야 기흉이라는 걸 알게 됐다. 병술년에는 대운 천간의 임수가 일간 병화와 세운 천간의 병화로 인해 쟁충을 당한다. 게다가 세운 지지 술토는 원국과 축술미 삼형을 이루는 데다 대운 지지 오화와 오술합을 하여 원국을 더욱 뜨겁게 만든다. 결국 기신인 화기가 강해져 사주 원국의 신금이 공격받으니, 결국 폐에 문제가 생긴 것이다.

억부적으로 한신은 기신을 극하기 때문에, 건강을 지키는 데 큰 도움이 된다. 당시 내가 군인으로서 좋든 싫든 늘 규칙적으로 생활하던 중이라, 기흉으로 인한 건강 문제가 그리 심각해지진 않았다고 본다. 밤에 일찍 자고 규칙적으로 생활하는 것은, 수 기운과 관성을 함께 끌어오는 행위가 된다. 결국 3주 정도의 병원 치료 끝에 나는 건강하게 몸을 회복할 수 있었다.

이후 몇 달이 지났을 때, 이번에는 가슴에(심장 부근) 종양이 생겼다. 검진한 의사는 악성 종양이 아니기 때문에, 제대 후에 수술하길 권했다. 제대를 몇 달 안 남겨두고 있었지만, 해당 부위에 통증도 있었고, 종양의 크기도 꽤 컸다. 결국 수술을 한 후 병원에 입원해 있다가 다시 부대로 복귀했다. 며칠이 지나 훈련 도중 숨도 못 쉴 만큼, 갑자기 가슴에 극심한 통증이 밀려왔다. 상처가 다 아물지 않았는데 몸을 자꾸 움직이다 보니, 안에서 출혈이 일어난 것이다. 몸 안에서는 피가 엄청나게 쏟아지는데, 피부가 말끔히 봉합되어 있어서인지, 밖으로 피가 전혀 빠져나오지 못했다. 가슴에 대한 압박감에 숨도 쉴 수 없는 상황이었다. 급하게 앰뷸런스를 타고 사단 위병소까지 갔는데, 사단장이 연락을 받지 않았다. 멍청하게 입구 검문소에서 시간을 허비하던 중, 상황이 위급해 의무병이 마취 없이 칼로 출혈이 일어난 부위를 찔러 피를 뺐다. 병원에서 무사히 처치를 하고 다시 회복했지만, 자칫 잘못하면 죽을 수도 있던 상황이었다. 그 긴박했던 순간의 감정이 지금도 생생하다.

세 번째 사달은, 그 이후 몇 달이 지난 밤에 일어났다. 내무반 후임 두 사람이 경계근무에 투입됐는데, 막내 후임 한 명이 근무 중 자신의 몸에 총을 쐈다. 전역을 위한 계획적인 총기사고였다. 막내 후임이 자살소동을 일으키기 전, 우발적으로 내무반 사람들을 향해 총기사고를 냈다면 나는 어떻게 됐을까 식은땀이 난다. 하마터면 자살을 시도한 후임과 함께 근무에 투입될 뻔했던 상황이라, 사건을 전해 듣곤 정말 아찔했다. 축술미 삼형과 오술합의 영향으로 기신해가 되는 병술년 때를, 나는 정말 다사다난했던 해로 기억한다. 만약 명리학을 알았다면, 기신이 되는 해가 포함된 시기에 군대에 가진 않았을 것 같다.

임오대운 경인년

	99	89	79	69	59	49	39	29	19	9
	편인	정인	비견	겁재	식신	상관	편재	정재	편관	정관
	甲	乙	丙	丁	戊	己	庚	辛	壬	癸
	戌	亥	子	丑	寅	卯	辰	巳	午	未
	식신	편관	정관	상관	편인	정인	식신	비견	겁재	상관
	묘	절	태	양	장생	목욕	관대	건록	제왕	쇠

2009년 기축년에 뉴질랜드로 워킹 홀리데이를 갔다가 2010년 경인년에 귀국했다. 월운이 사오미로 흐르던 시기에 금 오행과 관련된 폐결핵에 걸렸다. 월지 신금이 세운 경인년을 만나, 천간으로 경금이 투출되는 상황에서 왜 폐와 관련된 병에 걸린 걸까? 임오대운에서 경인년은 오화가 강해지는 오화 소운이다. 세운 인목이 내 월지와 인신충을 하기는 하지만, 대운과 일지 오화와 만나 강하게 땔감 역할을 한다. 세운의 천간 경금이 인목을 극하느라 힘이 설기되는 데다, 원국의 천간과 을신쟁충에 갑경충을 하니 경금의 기운은 순도가 떨어지게 되었다.

현대에 결핵은 약만 규칙적으로 먹으면 쉽게 나을 수 있다. 하지만 당시 하루에 한 알씩 먹어야 했던 결핵약을, 바보 같이 하루에 세 알씩 먹는 바람에, 간이 크게 손상되어 한동안 제대로 된 치료를 할 수 없었다(간은 오행으로 목에 속한다).

임오대운과 경인세운을 원국과 함께 놓고 보면, 충합으로 너무도 어지럽다. 임오 암합까지 포함하여 총 여덟 개의 충합이 펼쳐지는데, 이런 식으로 용신이 운으로 들어온다 하더라도 충합이 너무 복잡하게 전개되면 한 치 앞도 알 수 없게 된다. 누가 적군인지 아군인지 구분할 수 없는 상황이 되는 것이다.

3권 심화편에서 자세히 후술하겠지만, 인목 위에 놓인 경금은 십이운성으로 절지다. 절지는 변화, 변동의 기운으로, 역시 절지에 놓인 용신은 힘도 떨어지는 데다 예측이 어려운 상황에 놓여 있다고 볼 수 있다. 개두나 절각은 물론, 충합으로 복잡해진 용신운은 제대로 된 용신 역할을 하기 힘들다.

신사대운 갑오년

세운	대운
편인	정재
甲	辛
午	巳
겁재	비견
丙己丁	戊庚丙

시주	일주	월주	연주
정인	본원	편인	정인
乙	丙	甲	乙
未	午	申	丑
상관	겁재	편재	상관
*			*
丁乙己	丙己丁	戊壬庚	癸辛己

99	89	79	69	59	49	39	29	19	9
편인	정인	비견	겁재	식신	상관	편재	정재	편관	정관
甲	乙	丙	丁	戊	己	庚	辛	壬	癸
戌	亥	子	丑	寅	卯	辰	巳	午	未
식신	편관	정관	상관	편인	정인	식신	비견	겁재	상관
묘	절	태	양	장생	목욕	관대	건록	제왕	쇠

이 해는 내게 기구신 세운으로 목, 화의 기운이 강해진다. 입사 2년 차의 회사 홍보담당자로서 매일 언론인들과 어울리며 밤마다 술을 마셨다. 과민성 대장 증후군에 시달리다, 결국에는 치질 때문에 수술까지 하게 됐다. 화기가 이렇게 강해질 때 술을 마시지 않았다면, 적어도 수술하는 지경에까지 이르진 않았을 것이다.

나의 사주에서도 알 수 있듯, 과다, 고립, 불급 세 경우에 오행상 건강 문제가 나타날 가능성이 높다. 화 기운이 강한 나는 심장의 근육이 두꺼워 매년 검진을 받고 있고, 고혈압과 고지혈증으로 매일 약을 복용하고 있다. 고등학생 때부터 고혈압이 있었고, 병원에서는 약을 복용하길 권했으나 평생 약을 먹어야 한다는 말에 주저하고 있었다. 하지만, 명리를 공부한 후 방어하는 차원에서 건강 관리에 최선을 다하고 있다.

어떻게 건강을 지킬 것인가

대운		시주	일주	월주	연주
● ●					
편재		정인	본원	편인	정인
庚		乙	丙	甲	乙
辰		未	午	申	丑
식신		상관	겁재	편재	상관
		*			*
乙癸戊		乙癸戊	丙己丁	戊壬庚	癸辛己

99	89	79	69	59	49	39	29	19	9
편인	정인	비견	겁재	식신	상관	편재	정재	편관	정관
甲	乙	丙	丁	戊	己	庚	辛	壬	癸
戌	亥	子	丑	寅	卯	辰	巳	午	未
식신	편관	정관	상관	편인	정인	식신	비견	겁재	상관
묘	절	태	양	장생	목욕	관대	건록	제왕	쇠

48	47	46	45	44	43	42	41	40	39
2032	2031	2030	2029	2028	2027	2026	2025	2024	2023
편관	정재	편재	상관	식신	겁재	비견	정인	편인	정관
壬	辛	庚	己	己	丁	丙	乙	甲	癸
子	亥	戌	酉	申	未	午	巳	辰	卯
정관	편관	신신	정재	편재	상관	겁재	비견	식신	정인
태	절	묘	사	병	쇠	제왕	건록	관대	목욕

이 책이 출간된 2024년 기준으로, 경진대운 중 건강 관리에 힘써야할 해를 고른다면 언제가 될까? 일단 을사년, 병오년, 정미년이 되겠다. 특히 병오년, 정미년은 화기가 강하게 치솟는 해로, 방어에 최선을 다해야 한다. 이때 억부적으로 한신의 기운을 끌어오는 것이 큰 도움이 된다. 강한 화 기운을 수 기운으로 다스려주는 것이다. 앞서 언급했듯이 첫째, 수와 관련된 음식을 섭취하고 둘째, 밤에 일찍 잠들며 셋째, 외국어를 공부하고 넷째, 어항을 가꾸거나 다섯째 음악을 감상하거나 여섯째, 기수련이나 명상, 요가를 하고 일곱째, 강가나 바닷가 근처, 또는 외국에 거주하는 등의 방법을 통해 수 기운을 끌어올 수 있다. 게다가 내게 오행을 십성과 연결시켜 보면 수 관성이 되므로, 무엇보다 밤에 일찍 자면서 규칙적인 생활을 하는 게 큰 도움이 된다(수와 목이 용희신인 사람은 무엇보다 일찍 자고 일찍 일어나는 생활을 습관화해야 한다). 나는 명리를 공부한 후 현재까지 틈날 때마다 기수련과 수영, 프리다이빙을 병행하고 있고, 취미로 물고기들을 키우고 있다. 이외에도 화 기운을 덜어내기 위해 격한 운동을 하는 것도 좋은 방법이 될 것이다. 참고로, 신약한 사람이 격하게 운동하는 것은 별로 권장하고 싶진 않다.

수술 날짜 잡기

언젠가부터 눈 위 쌍꺼풀이 처지고 졸린 듯한 인상이 되면서, 미용을 목적으로 눈 수술을 해야겠다는 생각을 했다. 결국, 24년 갑진년 초에 성형외과 의사와 상담 후 눈썹하거상 수술을 받기로 했다. 갑진년

중 갑목의 기운이 강한 상반기는 내게 구신에 해당하고, 진토가 강한 하반기는 내게 희신에 해당한다. 수술 날짜를 하반기로 미루고 싶었으나, 하반기에는 바빠질 수도 있는 까닭에 생각을 바꿔 되도록이면 빨리 눈 수술을 하기로 했다.

사실, 신약한 경우 용희신인 비겁 세운에 수술을 받으면 회복이 빠르다. 신강하면 용희신인 식재가 들어오는 세운도 괜찮지만, 건강을 상징하는 한신 관성 세운에 수술을 해도 예후가 좋은 편이다. 나는 고민하다가 24년 상반기 중에서도, 내 원국의 강한 화 기운을 설기할 수 있는 희신 무진월에 한신 이상의 기운이 들어오는 날짜를 찾아보았다. 신유(辛酉), 경신(庚申), 계축(癸丑), 계해(癸亥), 무진(戊辰)일이 후보로 꼽혔다.

내게 용신 금 재성, 희신 토 식상이 들어오는 날이 가장 이상적일 듯하지만, 사실 수술의 주체는 내가 아니라 의사다. 결국 의사의 사주를 모르는 상황에서, 무조건 내게 용희신인 날에 수술을 받는 것은 좋지 않다. 토가 기신인 의사에겐 무진월 무진일이 가장 좋지 않은 날이 될 것이기 때문이다. 계해일의 해수는 내게 천을귀인에 해당하는 날이지만, 계수가 월운의 천간 무토와 무계합화화 하여 좋지 않다. 계축은 천간의 기반을 고려하지 않더라도, 지지에서 희신인 축토가 화기를 강하게 설기해주니 그리 나쁘진 않다. 사실 어떤 날이든 크게 상관은 없지만, 신유일과 경신일이 내겐 용신인 날이라 더할 나위 없었다.

결국 나는 무진월, 경신일에 눈 수술을 받기로 했다. 원국의 구조에 따라 충과 합의 작용을 살펴야 하겠지만, 경신이나 신유처럼 금의 기운이 강하게 들어올 때는, 긍정적인 쪽이든 부정적인 쪽이든 금의 기운이 모든 사람에게 적용되기 때문이다. 섬세한 수술을 할 때는 신유일이 더 유리하겠지만, 병원의 사정이 있어 2차 선택지인 경신일에 눈수술을 받을 수 있었다. 사실 실패의 우려가 큰 쌍꺼풀 수술을 하는 것은 아니라서, 어떤 날짜에 수술을 받아도 큰 상관은 없었다. 하지만, 중요도에 따라 연운은 물론, 월운과 일진도 고려하여 내게 가장 좋은 날짜에 수술을 받는 것이 더 좋을 것이다.

나는 이사하거나 결혼하기 좋은 날을 잡기보다, 일단 비가 오는 날을 피하는 게 먼저라고 본다. 같은 관점에서 수술 날짜에 무리하게 집착하기보다, 당연히 실력 있는 의사를 만나는 게 먼저다. 개인적으로 이를 위해, 수술 스케줄을 빡빡하게 잡으며 돈벌이에만 매달리거나, 과한 수술을 권하지 않는 의사를 꼼꼼하게 찾아나섰다.

수술 도중, 상담할 때와 달리 갑자기 의사가 내게 눈두덩이의 지방 제거도 함께하는 게 어떻겠냐고 물었다. 당황했는데, 내 눈두덩이가 두꺼운 만큼 원래 하기로 한 수술을 해도 효과가 크지 않을 듯하니 공짜로 해주겠다고 말했다. 경신일은 병화일간인 내게, 횡재를 상징하는 편재가 강하게 들어오는 날이었다. 무슨 행운인지 나는, 자신은 꼭 필요한 수술만 권한다는 의사에게 100여만 원에 해당하는 눈두덩이 지방제거 수술도 공짜로 받을 수 있었다.

내 오른쪽 손목에 약간의 장애가 있다. 살면서 두 번이나 오른팔이 부러졌다. 두 번째로 다친 건 2007년 병술년이다. 내리막길에서 자전거를 타다 자동차와 부딪혔는데, 그때 팔과 어깨는 물론, 손목 관절에 무척 중요한 뼈를 다쳤다. 이후 잊고 살았는데 전 직장에서 오랫동안 영상 편집을 하다 보니, 손목을 움직일 때마다 통증이 심해졌다. 병원에서 오른 손목의 관절 연골(TFCC-삼각섬유연골)이 거의 닳아 없어졌다는 걸 알게 됐다. 결국 24년 갑진년에 오른팔의 뼈 중 척골을 절단하고 5밀리미터 정도 단축하여, 관절 연골의 노화를 늦추는 수술을 받기로 했다.

내가 잡은 수술 날짜는 임신(壬申)월 정사(丁巳)일이다. 월운의 한신 임수가 강하게 용신 임수에 뿌리내리고 있다. 그런데 정사일은 내게는 기신에 해당하는 날이다. 내 원국의 병화 때문에 천간의 정임합목은 강하게 이루어지지 않지만, 지지에서는 월운과 일운 때문에 사신(巳申) 형이 된다. 이런 날에 수술을 받아도 괜찮은 걸까?

사실 명리학자들 마다 수술 날짜를 잡는 기준이 제각각 다르다. 의사와 환자의 화합을 강조하는 분은 합화의 방향을 떠나, 연운과 월운, 일운이 합이 되는 날을 길일로 보기도 한다. 합은 새로운 에너지를 만들어내는 기운이니, 합으로 인한 긍정적인 작용을 기대하는 것이다. 옛날 어른들이 궁합을 볼 때, 띠를 기준으로 삼합을 따졌던 것도 같은 이유다.

사실 천간과 지지의 합을 바라보는 관점도, 학파마다 조금씩 기준이 다를 것이다. 예를 들어 천간만 해도, 갑기합이나 을경합처럼 원래의 기운이 강해지는 합도 있지만, 병신합, 정임합, 무계합처럼 두 간지가 만나 완전히 새로운 기운을 만들어내는 합이 있다. 개인적으로 음란지합이라는 부정적인 꼬리표만 떼어놓고 보면, 목 운동이 시작되는 정임합이 생명과 가장 밀접한 관련이 있다고 본다. 정화는 빛이 열로서 공간에 가득 채워진 상태이고, 임수는 인체(人體)의 가장 작은 공간에 가득 담긴 정수(精水)나, 생식의 힘이다. 결국, 남성의 정수와 자궁의 체열이 짝을 이룬다고 하여 생명의 힘이 강하게 생성된다고 해석할 수 있다.

　어떤 분은 의사의 사주를 모르더라도, 일진이 환자에게 기신인 날에 큰 수술을 하는 건 위험하다고 이야기한다. 나는 어쨌든 천간은 정임합, 지지는 사신형이 성립하는 날에 수술을 받기로 했다. 형은 깎고 다듬고 조절하여 끼어 맞추는 조정의 기운이다. 명리학적으로는 구속, 수술, 입원 등을 의미하기도 하니 의사와 환자, 게다가 의사를 보조하는 간호사까지 포함하여 모두에게 형의 기운이 작용하는 날 수술을 받는 게 좋지 않을까 싶었다.

　사주를 알 수만 있다면 일지, 월지, 시지 순으로 내게 도움되는 글자가 있는 의사에게 수술을 받는 것이 가장 좋다. 내게 천을귀인에 해당하는 글자를 상대가 가지고 있거나, 내 원국과 상대방의 지지가 서로 인사신 삼형을 이루면 된다. 물론 천을귀인은 형, 충, 공망되지 않아야 하며 상대방이 가지고 있는, 내게는 용희신에 해당하는 간지가 나와 인사신 삼형을 짜야 한다.

　나의 스승 강헌 선생은 2004년 사망확률 98퍼센트인 대동맥 박리로 쓰러졌지만 다행히 회복되었다. 본인을 치료한 그 주치의에게 현재도 20년 넘게 정기적으로 검진을 받으며, 건강을 유지하고 있다. 스승께는 지지에 인목(寅)과 신금(申)이 있는데, 당시 수술과 치료를 담당했던 주치의의 일지에는 사화(巳)가 있어 스승과 인사신 삼형을 이룬다. 게다가 사화는 스승께 용신급 희신에 해당한다. 스승께 필요한 용신을 가진 의사가 인사신 삼형도 이루니, 스승이 병을 이겨내는 데 큰 도움이 되지 않았을까 싶다.

특수관계인의 조력

관계를 볼 때 대부분의 경우 자신의 원국을 보완하는 오행이 상대에게 있는지를 살핀다. 연인이라면 한 쪽은 금, 수가 많은 사주라 목, 화가 용희신이고, 다른 쪽은 목, 화가 많아 금, 수가 용희신이어야 서로 좋은 관계를 이룰 수 있다고 생각하기 쉽다. 하지만, 이렇게 서로가 서로의 용희신을 완벽하게 맞잡은 관계는 생각과 달리 진전을 이루기가 무척 힘들다. 어이없게도, 원국끼리 공유되는 지점이 거의 없기 때문이다.

오행으로만 따진다면, 나는 상대방의 한신이나 희신을 강하게 쥐고 있고, 상대방은 나의 용희신을 완벽하게 가지고 있는 경우가 더 낫다. 한쪽의 기구신이 상대에게 강하게 존재하더라도, 서로에게 공유되는 지점이 어느 정도는 있어야 한다는 뜻이다. 사실 충과 합, 형은 물론, 상대의 대운도 서로에게 영향을 주기 때문에 단순하게 오행으로만 관계를 살피는 것은 큰 의미가 없다.

시주	일주	월주	연주
	●		
편재	본원	정재	편재
壬	戊	癸	壬
子	申	卯	寅
정재	식신	정관	편관
▲	▲ ●	●	*
壬癸	戊壬庚	甲乙	戊丙甲

97	87	77	67	57	47	37	27	17	7
정재	편관	정관	편인	정인	비견	겁재	식신	상관	편재
癸	壬	辛	庚	己	戊	丁	丙	乙	甲
丑	子	亥	戌	酉	申	未	午	巳	辰
겁재	정재	편재	비견	상관	식신	겁재	정인	편인	비견
양	태	절	묘	사	병	쇠	제왕	건록	관대

사례 1

시주	일주	월주	연주
		*	
정인	본원	상관	편관
辛	壬	乙	戊
丑	寅	卯	申
정관	식신	상관	편인
●	*●	●	●
癸辛己	戊丙甲	甲乙	戊壬庚

91	81	71	61	51	41	31	21	11	1
정재	편관	정관	편인	정인	비견	겁재	식신	상관	편재
乙	甲	癸	壬	辛	庚	己	戊	丁	丙
丑	子	亥	戌	酉	申	未	午	巳	辰
정관	겁재	비견	편관	정인	편인	정관	정재	편재	편관
쇠	제왕	건록	관대	목욕	장생	양	태	절	묘

사례 2

사례 1은 강헌 선생, 사례 2는 나의 기수련 스승인 원철 스님의 명식이다. 강헌 선생은 정미대운에서 대동맥 박리로 쓰러졌다. 원철 스님은 투병 중인 강헌 선생을 치료하기 위해, 2006년 병술년부터 본격적으로 기수련에 매진하기 시작했다.

둘 다 목이 기구신으로, 강헌 선생은 화, 토가 용희신이며 원철 스님은 금, 토가 용희신이다. 오행만 따지자면 서로 큰 인연이 없을 듯 보이지만, 30대부터 자신과 상대에게 용희신에 해당하는 대운이 흐른다는 게 포인트다. 사례 1은 일간이 무토고 극신약한 까닭에, 미토와 축토가 용신이면서도 천을귀인인 간지가 된다. 형이나 충이 되지 않아 사례 1 명식에게는 더욱 요긴한 축토가 바로 사례 2 명식의 시지에 놓여 있다. 게다가 사례 2 명식의 일지에는 사례 1 명식에게 천의성에 해당하는 인목이 자리잡고 있다. 결국 기치료 덕분에 건강을 회복한 만큼, 사례

1 명식이 사례 2 명식에게 특히 천의성과 관련된 쪽으로 큰 도움을 받았다고 볼 수 있다.

명리와 사상체질

사상체질을 위주로 진단하는 한의사를 통해 내가 태양인이라는 걸 알게 됐다. 태양인은 그 수가 너무 적어 구분이 쉽지 않지만, 공통적으로 피부, 호흡계통, 폐, 대장과 관련된 문제를 겪는다고 한다. 화가 강해 금이 약한 나의 경우와 딱 들어맞는다. 병오일주라 물상적으로 태양과 같은 기운을 가진 것도 나와 어울린다.

나는 여름에도 기침, 감기에 시달리는 경우가 잦다. 체질적으로 간이 뜨거워서 폐의 열이 냉각되지 않는 문제가 있다. 잎은 넓은데 뿌리가 빈약해 잎까지 물을 제대로 끌어올리지 못하는 식물과 같은 꼴이다.

태양인은 양기가 강한 만큼 발산하는 성향이 있어, 정신적 소모가 과다한 편이다. 화 기운은 강하고, 수 기운은 약한 나 역시 비슷한 일로 소진될 때가 많아 잘 쉬고 잘 자는 것이 중요하다 하겠다. 신체적으로 뿜어내는 기능을 하는 폐는 큰 대신, 흡취하는 기능을 하는 간이 작아서 생기는 문제이기도 하다. 나는 체질 진단을 받은 이후, 병오년과 정미년에 제대로 방어하기 위해 미리부터 한약을 먹기 시작했다.

시주	일주	월주	연주
●			●
정인	본원	상관	편재
乙	丙	己	庚
未	午	丑	申
상관	겁재	상관	편재
*			*
丁乙己	丙己丁	癸辛己	戊壬庚

나처럼 정기적으로 한약을 먹고 있는 여성 지인의 사주다. 병오의

강한 양기가 연월주로 인해 잘 설기되고 있다. 게다가 여성이라 선천적인 음기로 강한 화기가 어느 정도 제어된다. 이 분은 소양인으로 진단을 받았다. 한의학 역시 음양의 오행에 뿌리를 둔 만큼, 명리학과 연계하여 서로 많은 발전이 이루어지면 좋겠다.

명리영역 기출문제

1. 다음 중 아래 사주의 주체에게 좋은 음식이 아닌 것은? (난이도 하)

시주	일주	월주	연주
정인	본원	편인	정인
乙	丙	甲	乙
未	午	申	丑
상관	겁재	편재	상관
*			*
丁乙己	丙己丁	戊壬庚	癸辛己

① 꿀생강차　　　　　　② 조개구이

③ 커피, 술, 프라이드치킨　　④ 수산물　　⑤ 김치

2. 이 사주의 주체가 계사대운, 임오년에 폐암으로 사망했다고 했을 때, 이를 가장 잘못 해석한 것을 고르면? (난이도 중)

세운	대운
●	*
식신	상관
壬	癸
午	巳
정관	편관
●	*
丙己丁	戊庚丙

시주	일주	월주	연주
●		●	
식신	본원	정관	비견
壬	庚	丁	庚
午	午	亥	辰
정관	정관	식신	편인
●	●	●●	
丙己丁	丙己丁	戊甲壬	乙癸戊

95	85	75	65	55	45	35	25	15	5
정관	편관	정재	편재	상관	식신	겁재	비견	정인	편인
丁	丙	乙	甲	癸	壬	辛	庚	己	戊
酉	申	未	午	巳	辰	卯	寅	丑	子
겁재	비견	정인	정관	편관	편인	정재	편재	정인	상관
제왕	건록	관대	목욕	장생	양	태	절	묘	사

① 민주: "원국의 수와 화가 균형을 갖추고 있어 일간에게 큰 위협은 안 됐겠지만, 대세운에 따라 쉽게 화 기운이 강해질 수 있으니 평소에 금연을 했다면 폐암에 걸릴 가능성이 무척 낮았을 것 같아."

② 형오: "이 분은 일간의 뿌리가 약한 신약한 사주야. 일간을 최우선적으로 지켜야 하기 때문에, 억부적으로 금이 용신이라 할 수 있어."

③ 형민: "금 일간이 주변에 화기가 강하니 금이 상징하는 폐가 평소에도 안 좋았겠지. 그런 상황에서, 운에서도 저렇게 화기가 강하게 들어오니 당연히 돌아가신 게 분명해. 사람이 언제 죽는지는 다 정해져 있어. 원래 용한 역술가는 사주만 봐도, 사람이 언제 죽을지 제대로 알아내는 법이라고."

④ 주현: "누구나 50대 대운은 월주와 충극을 할 수밖에 없어. 기본적으로 충을 하는 것은 나쁜 것도 아니고 좋은 것도 아닌데, 이 사주의 경우 세운 임수가 월주와 합을 하니 조금 복잡해진 면이 생긴 것 같아. 만약 월주와 대운이 일 대 일로 깔끔하게 충극을 했다면 새로운 방향 모색의 시기가 되지 않았을까?"

⑤ 서진: "세운의 임수는 정임합도 하지만, 대운의 계수가 정계충을 하기 때문에 완전히 목으로 기반됐다고 보긴 힘들어. 결국 대운이나 세운 모두 천간의 수들이 지지 화를 극하니, 화로 인한 건강 문제는 어느 정도 방어가 가능한 해가 되지 않겠어?"

3. 아래 두 사주와 관련된 설명으로 옳지 않은 것을 고르면? (난이도 중)

시주	일주	월주	연주
정재	본원	편관	정관
丙	癸	己	戊
辰	巳	未	辰
정관	정재	편관	정관
乙癸戊	戊庚丙	丁乙己	乙癸戊

❶

시주	일주	월주	연주
정재	본원	정재	편재
庚	丁	庚	辛
戌	酉	子	丑
상관	편재	편관	식신
	▲	●	▲●
辛丁戊	庚辛	壬癸	癸辛己

❷

① 강우: "두 사주 모두 일간의 힘이 약한 극신약 사주네. 둘 다 일간을 최우선적으로 지켜야 할 것 같아."

② 연서: "❶ 사주는 지장간을 보면 사중 경금과 진중 계수가, ❷ 사주는 술중 정화가 그나마 일간들에게 버팀목이 되어주지 않을까?"

③ 민찬: "❶ 사주는 대세운에서 계수와 충하는 정화나 계수를 극하는 기토가 들어올 때 건강상 가장 취약해질 것 같아. ❷ 사주는 정화와 충하는 계수를 운에서 만나는 게 반갑지 않을 것 같고."

④ 종하: "억부적으로 한신은 기신을 극하기 때문에, 기신이 과다해서 생기는 문제는 무조건 한신으로 막아야 해. ❶은 한신인 목 오행을, ❷는 토 오행을 끌어오는 방법들을 통해 건강을 챙길 수 있을 거야."

⑤ 주온: "❶ 사주는 일간인 수 기운이 너무 약해서, 만약 초년 대운 때 화가 강하게 들어왔다면 우울증에 취약했을 가능성이 있어. 원국에는 토가 과다하니 만약 ❶의 명주가 여성이라면, 평소 유방암이나 자궁암 같은 부인과 질환에도 유의해야 할 것 같아."

4. 아래 보기 중 건강에 가장 주의해야 할 명식을 고르면? (단, 여기 서는 대세운은 고려하지 않고 원국만 판단하기로 한다.) (난이도 상)

①

시주	일주	월주	연주
	●		●
정관	본원	정관	정재
乙	戊	乙	癸
卯	辰	卯	卯
정관	비견	정관	정관
甲乙	乙癸戊	甲乙	甲乙

②

시주	일주	월주	연주
	●	●	
편관	본원	정관	편인
己	癸	戊	辛
未	丑	戌	丑
편관	편관	정관	편관
**	*		*
丁乙己	癸辛己	辛丁戊	癸辛己

③

시주	일주	월주	연주
	●		●
정인	본원	상관	정재
戊	辛	戊	丙
戌	未	戌	寅
정인	편인	정인	정재
辛丁戊	丁乙己	辛丁戊	戊丙甲

④

시주	일주	월주	연주
편인	본원	비견	편인
辛	癸	癸	辛
酉	卯	巳	酉
편인	식신	정재	편인
▲	**	▲	▲
庚辛	甲乙	戊庚丙	庚辛

365

시주	일주	월주	연주
*	*	*	*
편재	본원	편인	식신
丙	壬	庚	甲
午	寅	午	戌
정재	식신	정재	편관
▲	▲	▲	▲
丙己丁	戊丙甲	丙己丁	辛丁戊

⑤

풀이 노트

1. 정답은 ③번이다. 위 사주는 화 기운이 강한 만큼, 대세운에 따라 월지에 있는 신금(申金)이 쉽게 녹을 위험이 있다. 평소에 화기가 강한 커피, 술, 담배는 물론, 목과 화의 기운이 동시에 강한 프라이드치킨 또한 이 사람에게 좋지는 않다.

   생강차는 토와 금의 음식이다. 꿀생강차나 배꿀즙 등은 오행의 상생상극 중 토생금(土生金)의 원리에 따라 생강이나 배가 가진 금의 기운을 토의 기운인 꿀을 통해 더욱 강화시킨 음식이다. 어패류인 조개구이는 금의 음식이나, 이외 수산물은 수의 음식인 경우가 많다. 잘 숙성된 김치는 금의 음식이다.

2. 정답은 ③번이다. 명리학을 통해 건강상 방어가 필요한 시기는 알 수는 있지만, 그 어느 누구도 죽는 시기를 단정 지을 순 없다. 물론, 용신인 대세운이 기구신으로 기반되거나, 대운과 세운이 전극을 하거나, 대세운이 원국과 열 개 이상 어지럽게 충합을 할 경우 사건이나 사고 발생 가능성은 물론, 건강상의 위험도가 높다. 하지만, 이를 곧이곧대로 죽음과 연결시키는 건 어리

석은 짓이다. 나머지는 전부 맞는 설명이다.

3. 정답은 ④번이다. 억부적으로 한신이 기신을 극하기 때문에, 기신이 과다해서 생기는 문제는 대부분 한신으로 방어할 수 있다. 하지만, ❶과 ❷ 사주처럼 일간의 힘이 너무도 약해, 일간의 힘이 한신으로 설기되는 것조차 부담이 될 때에는 한신도 쓰기가 쉽지 않다. 이렇게 지지에 뿌리가 약한 사주는 일간을 최우선적으로 지켜야 한다. 이런 사주들이 건강면에서 방어가 필요할 때에는, 기신인 관성의 기운을 설기하여 일간에게 힘을 불어넣어주는 인성이 더 큰 도움이 된다. 명리학에는 '강한 자는 설기를 반긴다'는 뜻의 '왕자희설'이란 용어가 자주 사용된다. 대체적으로 극신약한 경우 일간이 지나친 관성에 대적하다 무너져내리기보다, 강한 관성의 기운을 살살 달래서 인성으로 설기하는 것이 더 도움이 된다.

4. ①번은 신약하지만, 일간의 뿌리가 일지에 있는 신왕한 사주다. 신약하더라도 이렇게 신왕한 경우, 극신약한 사주보다 건강상 더 유리한 면이 크다.

②번은 계축일주로, 축토가 조토인 미토, 술토에게 둘러싸인 게 부담스럽다고는 하나 일간 계수에게는 수원지의 역할을 한다. 축토의 지장간이 계수, 신금, 기토로 토생금, 금생수가 되기 때문이다. 따라서 계축일주는 일지가 인성이나 비겁이 아님에도 불구하고, 간여지동급 일주가 된다. 게다가 계수가 무토와 합이 되어 있어 대세운에서 정화가 들어와 일간을 충하더라도 어느 정도 방어가 된다.

③번처럼 신금이 전부 조토로만 둘러싸여 있는 경우, 백사장에 떨어진 반지처럼 신금이 주체성을 잃고 인성의 단점을 크게 드러내기 쉽다. 주변의 조토가 신금을 제대로 생하지 못하는 현상을 일컬어 조토불생금이라 한다. 이 사주는 지장간에 술중 신금이 존재한다 하더라도, 신금이 약하다고 봐야 한다. 인다신약의 사

주로, 대세운에 따라 신금이 쟁충을 당할 경우 건강상 위험도가 높아진다.

④번 역시 ③번처럼 인다신약한 사주다. 하지만, ③번과 달리 월간에 계수 비견이 있어 ③번보다는 건강상 자신을 지키기가 조금 더 수월해졌다. 대세운에서 쟁충이 되는 운이 들어온다 하더라도, 월간 비견 계수가 쟁충으로부터 보호해줄 수 있기 때문이다.

⑤번은 월지가 왕지로 이루어진 화 재성전왕사주다. 일간이 힘이 없지만, 화 기운에 종하며 살아갈 경우 수 기운이 부족함에 따라오는 건강 문제는 자연스레 방어가 된다. 전왕의 특성에 따라, 오히려 수 기운이 대세운에서 들어와 화 재성을 극하는 경우 건강에 문제가 생길 수 있다. 만약, 지지에 전혀 뿌리가 없는 극신약한 임수 일간 사주라면, 앞서 3번 문제에 제시된 계수 일간, 정화일간 사주처럼 평생 건강상 주의가 필요할 것이다.

정리하면, 이 문제에서는 인다하면서 극신약한 ③번이 정답이 된다.

나의 삶을 온전하게 완성하는 길

나는 내 미래에 대한 궁금증을 안고 철학관을 찾다가, 직접 의문을 풀고자 명리학을 공부하기 시작했다. 공부가 부족했던 당시, 이름이 알려진 대가들은 사주를 보면 미래에 대한 답을 줄 수 있지 않을까 궁금해했고, 비법(?)을 하나라도 더 알아내기 위해 외국에서 출간된 오래된 명리서 번역본까지 열심히 구해다 읽기도 했다. 그 과정에서 공부가 조금 깊어지기도 했지만, 한편으로 혼란은 더욱 커져만 갔다. 지식이 쌓일수록, 미래에 대한 의문을 풀 수 있으리라는 확신은 의심으로 바뀌어 갔기 때문이다.

혼란의 안개가 완전히 걷히게 된 건 우습게도, 명리학의 기본인 음양오행을 다시 공부하면서였다. 음과 양은 고정되어 있지 않고 끊임없이 변한다는 것, 이 간단한 사실이 '사람의 운명은 이미 정해져 있고, 아무리 몸부림쳐도 절대 벗어날 수 없다'라는 운명결정론에서 자유로워지게 했다. 동양의 우주론에 대한 가장 기초적인 부분도 제대로 이해하지 못하고 있었으니, 있지도 않은 정답을 찾아 먼 길을 헤맨 어리숙한 과거의 내가 부끄러울 따름이다.

동양의 현자들은 예로부터 인간을 작은 우주로 봤다. 우주의 모든 만물은 절대 고정되거나, 결정되어 있지 않다. 낮은 밤이 되고, 여름은 겨울이 되고, 태어난 것은 결국 사라진다. 하지만 이 또한 변화의 한 과정일 뿐이다. 밤은 다시 낮이 되고, 겨울은 봄을 지나 다시 여름이 된다. 이 흐름 속에서 새로운 생명들은 싹을 틔우고, 세상은 더욱 역동적으로 변한다. 인간의 모체가 되는 우주의 모든 것이 끊임없이 변화하는데, 어떻게 인간의 운명 따위가 고정되고 결정되어 있다고 말할 수 있을까?

영어로 운명을 일컫는 데스티니(Destiny)라는 말을 들으면, 왠지 모르게 무언가 결정되어 있다는 느낌을 강하게 받게 된다. 하지만 동양에서 통용되는 운명(運命)이라는 말에는, 그 자체로 아무것도 결정되어 있지 않다는 뜻이 담겨 있다. 끊임없이 움직이기 때문에 예측이 불가능하다는 것이다. 운(運)이라는 글자는 군대의 행군을 가리킨다. 전투 중인 군대가 끊임없이 진격하고, 머물러 쉬며, 매복했다가, 빠르게 급습하는 모습을 떠올리면 된다. 명(命)은 내가 우주의 한 존재로서 세상에 나왔을 때, 우주로부터 부여받은 기운이다. 정리하면, "'운'과 '명'이 합쳐져 만들어진 '운명'이라는 것은, 내 삶을 내가 어떻게 운영하느냐에 따라 얼마든지 달라질 수 있다"는 것이 내가 명리학을 공부하고 얻게 된 귀한 깨달음이었다.

한국전쟁 이후 오늘과 내일 일을 알 수 없는 아수라장 속에서, 명리학이 민중들에게 많은 위안을 가져다준 것은 사실이다. 하지만 온갖 세속의 논리에 더럽혀진 지금의 명리학은 이제 자본주의와 결합한 하나의 사기가 되어버렸다. 지금도 어느 상담 현장에선 일면식도 없는 상담가가 '네 삶은 네 의지와 상관없이 이미 태어날 때부터 결정되어 있다'는 협박을 일삼는다. 내담자의 인생을 대신 살아줄 것도 아니면서, 공포심을 조장한 권위를 등에 업고 불합리한 거래를 종용한다. 명리학이 최소한의 학문적 합리성마저 잃게 된 건, 어쩌면 당연한 수순이었는지도 모른다.

내가 아는 명리학은 한 인간의 잠재력과 그것의 능력을 최대치로 끌어올릴 수 있는 이론적 바탕을 끊임없이 '과학화'하려는 시도 속에서 발전해왔다. 시리즈로 책을 쓰기로 결심한 건, 현재 내가 처한 상황에서 가장 합리적이고 현명한 결정을 내리도록 도와주는 이 유용한 도구를 조금이라도 더 알리기 위해서다.

지금도 나는 매일 내 사주를 들여다본다. 변화하는 세상의 질서 속에서, 내게 필요한 기운은 무엇이고 그 기운을 어떻게 활용해야 좋을지 살핀다. 그렇게 나는 명리학을 통해, 현 시점에서 매일 내게 더 나은 결정을 내리기 위해 노력하고 있다. 우주적 관점에서는 먼지보다 작은 나지만, 그렇게 내린 결정을 실천할 때마다 내 자신은 우주만큼 존엄해지고, 앞으로도 내게 주어진 삶을 주체로서 충실히 살아가야겠다 다짐하게 된다. 미래에 내가 되고 싶은 모습을 구체적으로 그리며, 현재의 나 자신을 더욱 사랑하는 것, 명리학을 배우고 난 이후 내게 생긴 실질적인 변화다.

여전히 상담 현장에서, 미래에 대해 불안해하는 분들을 자주 만난다. 그분들에겐 어떤 운이 유리하고, 어떤 운이 불리한지, 그 운을 어떻게 활용하고 방어할 수 있는지에 대해 말씀드릴 수 있을 뿐, 미래의 일에 대해선 나도 잘 모른다고 답한다. 하지만 어느 정도 명리를 공부한 분이, 안 좋은 대운이 들어오는 시기를 미리 걱정하면 난 이렇게 말한다. "이 불리한 운은 선생님의 삶을 무너트리기 위해 오는 게 아니라, 선생님을 도와주러 오는 운입니다"라고 말이다.

가재, 게, 새우 같은 갑각류들은 척추동물인 인간과 달리 뼈가 없는 대신, 뼈만큼 단단한 껍질을 외피로 두르고 있다. 이들은 성장하면서 허물을 벗는데, 인간의 손가락도 단숨에 잘라버릴 만큼 힘이 센 게들도 허물을 벗어 말랑말랑해진 순간만큼은 외부의 공격(불리한 대운)에 너무나 취약해진다. 역설적이게도 힘이 세고 크기가 큰 갑각류일수록 위험도는 더 높아지고, 누구에게라도 잡아먹힐 수 있게 된다. 이 이야기가 무척 흥미롭게 다가온 이유는, 내가 성장할 수 있는 순간이야말로 껍질을 벗어 던지고 가장 약해지는 때가 아닌가 싶었기 때문이다.

명리학자 박청화 선생이 명리학을 강의하면서 만든, 희기동소(喜忌同所)라는 용어가 있다. 반가운 일과 꺼리는 일이 모두 한 장소에서 일어나고 사라진다는 뜻이다. 어부는 바다에서 물고기를 잡으며 생계를 유지하지만, 성난 바다의 파도 앞에 한 순간 목숨을 잃을 수도 있다. 군인은 전장에서 살고 전장에서 죽는다. 그렇다고 하여, 어부가 바다를 떠나고, 군인이 전장을 떠나 살아갈 수는 없는 일이다.

인간은 태어나서 죽을 때까지, 각자 자신의 존재 가치를 드러낼 길을 찾아 걷는다. 같은 시간, 같은 공간에 태어나 같은 사주를 가지고 있다고 해서, 두 사람이 같은 운명을 지니는 것도, 같은 삶을 사는 것도 아니다. 자신의 소명을 깨닫고, 자신에게 주어진 명을 완전연소할 수 있는 길을 찾아낸 사람만이 자신을 가장 빛낼 수 있다. 자동차는 바다에서는 아무런 쓸모가 없으며, 배 또한 도로 위에서 아무런 존재 가치를 증명할 수 없다.

그렇다면 나는 어떤 삶을 살아야 나의 가치를 드러낼 수 있을까? 내 삶을 어떻게 운용해야, 더욱 나답고 행복한 삶을 살아갈 수 있을까? 다행인 건, 명리학을 통해 내 사주에 맞는 삶의 방향은 물론, 내가 맞이할 대운 또한 미리 살필 수 있다는 점이다. 모든 것이 완벽하게 균형 잡힌 사주란 존재하지 않는다. 하지만 균형을 깨는 치우쳐진 기운이 나라는 사람의 개성을 형성하고, 특정 영역에서 폭발적인 잠재력을 만들어 낸다. 좋은 사주와 나쁜 사주를 따로 구분할 수 없는 이유가 여기에 있다. 미리 내 사주의 특성을 반영하여 삶의 방향을 설정하고, 그 방향을 구현하기 위한 길을 걷는 사람은 어떤 유혹에도 쉽게 흔들리지 않는다.

명리학을 통해 대운에 따라 펼쳐질 수 있는 환경을 미리 이해하면, 현재 시점에서 최선의 결정을 내릴 수 있다. 이건 마치 특정 시기에 태풍이 온다는 것을 알게 된 어부가, 미리 해야 할 일과 하지 말아야 할 일을 구분하며 대비하는 것과 같다. 나는 큰 흐름을 살피고, 그 시기 때마다 최선의 노력을 다하면 삶은 얼마든지 달라질 수 있다고 믿는다. 불리한 운에는 잠시 물러나고, 유리한 운에는 최선을 다해 나아가는 것, 이것은 운명에 굴복하는 것이 아니라, 자연의 질서에 순응하며 나의 삶을 온전하게 완성하는 길이다.

사실 대운은 태어나면서부터 이미 월주에 의해 결정된다. 이 대운은 합과 충에 의해 드라마틱하게 변하긴 하지만, 어찌되었든 내게 주어지는 대운을 바꿀 수는 없다. 바로 이 지점 때문에, 일부 독자분들이 '어떻게 몸부림 쳐도 될 사람은 되고, 나 같은 사람은 안 되는구나'라며 일종의 운명적 패배주의나, 숙명론에 빠지진 않을까 우려도 된다. 선무

당이 사람 잡는다는 속담처럼, 어설프게 공부하느니 아예 안 하느니만 못한 경우다.

　물론, 큰 틀에서 인간의 힘으로도 도저히 바꿀 수 없는 것들이 있다. 모든 생명은 태어난 이상 언젠가는 죽고, 인간은 자신을 둘러싼 거대한 공동체, 예컨대 국가의 운명을 바꾸기는 힘들다. 태어나면서부터 대운이 결정되어 있다는 점 때문에, 명리학을 소위 '판도라의 상자' 같은 것으로 오해하여 더 깊이 공부하기를 주저한 분들도 있다. 하지만 끊임없이 강조했듯 명리학은 결정론이 아니라, 인간이 가진 미지의 잠재력을 현실에서 최대치로 구현할 수 있도록 돕는 가능성의 학문이다. 명리학이 단순히 피흉취길(避凶就吉)을 위한 학문이 아니라, 안분지족(安分知足)을 위한 학문인 이유도 여기에 있다(개인의 가능성을 끌어올리기 위한, 대세운에 따른 구체적 행동 지침에 대해서는, 곧 이어 출간될 심화편에서 자세히 다룰 예정이다).

　내겐 주어진 '명'을 앞으로의 '운'에 따라 어떻게 끌고 갈지, 이에 대한 우리 스스로의 선택과 방향 설정에 따라 삶은 언제든지 달라질 수 있다. 일기예보에 따라, 더 나은 삶을 계획하고 선택하는 도구로 명리학을 활용할 줄 아는 사람과 그렇지 못한 사람은 전혀 다른 인생을 살아간다. 중요한 건, 내가 통제할 수 없는 일과 통제할 수 있는 일을 파악한 후, 내가 할 수 있는 일들을 선택하고 최선을 다해 행하는 것이다. 어리석은 자는 방황하고, 지혜로운 자는 여행한다. 지금까지 내가 걸어온 길보다, 앞으로 내가 걸어갈 길을 더 기대하는 이에게 명리학은 앞으로도 흔들리지 않고, 당신이 올바른 방향을 선택하도록 돕는 나침반이 되어줄 것이다.

　이전에 출간한 기본편에 이어 이번 중급편까지, 명리학을 통해 자신의 길을 당당히 걸어가고자 마음먹은 용기 있는 독자들에게 진심을 다해 전하고 싶다. 당신의 운명은, 이제 당신의 손에 달려 있다. 오늘 최선을 다해 결정하면, 미래에 어떤 일이 생기더라도 두렵지 않을 것이다. 퍼즐을 모으다 보면, 어떤 그림이 완성될지 모른다. 그렇게 날마다 내가 할 수 있는 일들을 조금씩 실천하며, 지금의 나 자신으로서 나만의 길을 걷자. 앞으로도 꾸준히, 온전하게 지금의 나 자신으로 살아가자.

참고문헌

도서

《명리, 운명을 읽다》(강헌, 돌베개, 2015)
《명리, 운명을 조율하다》(강헌, 돌베개, 2016)
《운명의 해석, 사주명리》(안도균, 북드라망, 2017)
《나의 사주명리 1, 2》(현묘, 날, 2022)
《자평명리 신해》(혜원 나명기, 지식과감성, 2020)

온라인

블로그 〈안녕, 사주명리〉
https://yavares.tistory.com
블로그 〈일호학당〉
http://www.ilhohakdang.com
블로그 〈코스몬소다〉
https://blog.cosmonsoda.com
블로그 〈다시 배우는 사주명리〉
https://www.sajustudy.com
인스타그램 〈구름연못〉
Insta ID : lacdenuage_kr
유튜브 채널
〈철공소닷컴〉,〈사람공부〉,〈산책처럼, 사주〉,〈명담재〉
이외
철공소 〈강헌의 인문명리학〉
https://k-fortune.com

추천도서

입문

《조용헌의 사주명리학 이야기》(조용헌, RHK, 2014)

《나의 사주명리 1》(현묘, 날, 2022)

《명리, 운명을 읽다》(강헌, 돌베개, 2015)

《명리심리학》(양창순, 다산북스, 2020)

《나의 운명 사용설명서》(고미숙, 북드라망, 2022)

초급

《나의 사주명리 2》(현묘, 날, 2022)

《운명의 해석, 사주명리》(안도균, 북드라망, 2017)

《춘하추동 신사주학 춘》(박청화, 청화학술원, 2005)

《명리명강》(김학목, 판미동, 2016)

중급

《명리, 운명을 조율하다》(강헌, 돌베개, 2016)

《명리 3권 : 일주편》(강헌, 돌베개, 2024 출간예정)

《운을 묻고 명을 답하다》(정희태·김태경, 계축문화사, 2019)

《피클 일주론 사주명리학의 꽃》(조재렬, 책과나무, 2020)

《사주경영학》(김원, 비즈니스북스, 2017)

《사주심리학1, 2》(낭월, 삼명, 2018)

《알기쉬운 용신분석》(낭월, 동학사, 1999)

고급

《자평명리신해》(나명기, 지식과 감성, 2020)

《용신》(낭월, 삼명, 2013)

《운세》(낭월, 삼명, 2020)

《사주풀이 Z엔진》(박청화, 신지평, 2010)

《명리학의 이해 1, 2》(루즈지, 사회평론아카데미, 2018)

이외

《새벽에 혼자 읽는 주역인문학 1, 2》(김승호, 다산북스, 2015)

《내 팔자가 세다고요?》(릴리스, 북센스, 2020)

《당신에게도 세 번의 대운은 반드시 찾아온다》(소림, 트로이목마, 2023)

《신령님이 보고 계셔》(홍칼리, 위즈덤하우스, 2021)

* 명리학 고전을 읽게 될 경우에는 가급적《적천수천미》,《자평진전》,《궁통보감》순으로 읽으
   시길 권합니다.